东京梦华录

[宋] 孟元老 著

韩元 编译

北方联合出版传媒(集团)股份有限公司

万卷出版有限责任公司

图书在版编目（CIP）数据

东京梦华录 / (宋) 孟元老著；韩元编译. — 沈阳:
万卷出版有限责任公司, 2022.11
ISBN 978-7-5470-6026-1

Ⅰ. ①东… Ⅱ. ①孟… ②韩… Ⅲ. ①开封—地方史—史料—北宋②《东京梦华录》—译文 Ⅳ. ①K296.13

中国版本图书馆CIP数据核字（2022）第102321号

出 品 人：王维良
出版发行：北方联合出版传媒（集团）股份有限公司
万卷出版有限责任公司
（地址：沈阳市和平区十一纬路29号　邮编：110003）
印 刷 者：辽宁新华印务有限公司
经 销 者：全国新华书店
幅面尺寸：160mm × 230mm
字　　数：340千字
印　　张：19.5
出版时间：2022年11月第1版
印刷时间：2022年11月第1次印刷
责任编辑：张洋洋
责任校对：张　莹
装帧设计：徐春迎
ISBN 978-7-5470-6026-1
定　　价：78.00元
联系电话：024-23284090
传　　真：024-23284448

前　言

宋代孟元老所著的《东京梦华录》，是了解宋代风俗民情、典章制度的重要文献，该书主要记载了宋徽宗崇宁（1102）至宣和（1125）年间北宋都城汴京的社会百态。主流观点认为该书在“宫禁”“典礼”“仪卫”等方面“不无谬误”（《百川书志》卷五），且与《宋史》所载“颇有异同”，只是具有“互相考证”（《四库全书总目》卷七十）的文献价值，但在记述“市井游观”“岁时货物”“祠宇楼观”等方面，颇能体现出宋代“烂漫”之“遗习”，体现出较高的文化和文学价值。

《东京梦华录》著录于史部“地理类”，但和普通“地理类”史籍不同，作者在该书中寄寓了深厚的故国之思，这与《武林旧事》《梦粱录》《都城纪胜》《西湖老人繁胜录》等颇为相似。据作者自序，本书的语言“鄙俚，不以文饰”，其目的在于“上下通晓”，而胡应麟也认为“其辞颇猥俚”。乍看之下，的确如此。比如，卷之十“贺诣郊坛行礼”条在介绍“宫架乐”时，曰：“有土烧成如圆弹而开窍者，如笙而大者，如箫而增其管者。”作者大概是知道乐器的名称，只是为了“上下通晓”才用了这种表述方式。再比如，全书第一条“东都外城”曰：“诸门名皆俗呼。其正名如西水门曰利泽，郑门本顺天门，固子门本金耀门。”这也是语言从俗的一个例证，但《东京梦华录》的语言绝非仅有“鄙俚”和“猥俚之言”，书中有很多辞藻华美的例子。比如：

大抵都城左近皆是园圃，百里之内，并无閴地。次第春容满野，暖律暄晴，万花争出。粉墙细柳，斜笼绮陌。香轮暖辗，芳草如茵。骏骑骄嘶，杏花如绣。莺啼芳树，燕舞晴空。红妆按乐于宝榭层楼，白面行歌近画桥流水。举目则秋千巧笑，触处则蹴踘疏狂。寻芳选胜，花絮时坠金樽；折翠簪红，蜂蝶暗随归骑。于是相继清明节矣。（卷之六“收灯都人出城探春”）

行文由散笔铺叙逐渐向字句整齐过渡，直至工整典型的骈体文出现，最后回落到散文叙事中。再比如：

卖花者以马头竹篮铺排，歌叫之声，清奇可听。晴帘静院，晓幕高楼。宿酒未醒，好梦初觉。闻之莫不新愁易感，幽恨悬生，最一时之佳况。（卷之七“驾回仪卫”）

和上例相比，这一段虽然句式整齐，但线性的叙事流动性非常清晰，作者的“新愁”“幽恨”在卖花声和宿酒初醒时才显得真切可感，这种“佳况”也必须有佳文才足以匹配。再比如：

盖六月中别无时节，往往风亭水榭，峻宇高楼。雪槛冰盘，浮瓜沉李。流杯曲沼，苞鲊新荷。远迩笙歌，通夕而罢。（卷之八“是月巷陌杂卖”）

所用文辞虽然也有堆金叠玉之嫌，但其词句之清新、态度之从容还是很容易感觉到的，与“轴装曲谱金书字，树记花名玉篆牌”（李庆孙《富贵曲》）的炫富心态截然不同。其他类似的辞采华美的例子尚有不少，作者所作《梦华录序》“灯宵月夕，雪际花时，乞巧登高，教池游苑……”云云，是极为工整的骈文，很好地表现出了北宋的繁华富庶。

《东京梦华录》因为铺排叙事的原因，颇类汉大赋罗列众物的功能，但不时安插的琐细闲笔也极为生动，具有一定的文学性。比如：

（其卖麦面）用太平车或驴马驮之，从城外守门入城货卖，至天明不绝。更有御街州桥至南内前，趁朝卖药及饮食者，吟叫百端。（卷之三“天晓诸人入市”）

此段所写为“天晓诸人入市”，即入市则车水马龙，人声嘈杂，但作者在嘈杂的声音中拣择了“吟叫百端”的叫卖声，使其具有了审美的意义。再比如：

冬月，盘兔、旋炙猪皮肉、野鸭肉、滴酥、水晶脍、煎夹子、猪脏之类，直至龙津桥须脑子肉止，谓之“杂嚼”，直至三更。（卷之二“州桥夜市”）

罗列多种食物的写法，是该书通见的现象，本无足奇，但“杂嚼”二字的总结瞬间使全文具有口齿生津的效果。曹植《与吴季重书》曰：“过屠门而大嚼，虽不得肉，贵且快意。”孟元老笔下的食物，虽谈不上“快意”，但也可称得上“适意”，“杂嚼”之“杂”，自可风味百种。

问题是，作为一本旨在“上下通晓”的书，为何其文本却呈现出鄙俚与华丽相间的风格呢？其实这正是本书的内容与作者的情感基调所决定的。书名《东京梦华录》中“东京”与“梦华”是两个核心词汇，既在“辇毂之下”，则必须表现出昔日之盛世，于是物产、仪仗的罗列自然是题中应有之义，以此来表现出富庶、威严的国家形象。

全书对食物的介绍与品题使人印象深刻。比如卷二“州桥夜市”“东角楼街巷”“饮食果子”，卷三“马行街铺席”，卷四“食店”“饼店”等，所列食物品种繁多，应接不暇。和清代袁枚的《随园食单》不同，本书所写之食物皆为市井饮食，有豪放气、烟火气、洒脱感，而袁枚所著食谱则略显小资，有些孤芳自赏，在与民同乐、以俗为雅方面似乎稍有不及。从作者心态来看，既是“梦华”，则其回忆记录之时必然带着一种怀念和自豪的心态，这其中有个人的情感，也有家国的寄托。我们不妨先从词汇上略作分析，作者在提及故都的繁盛，乃至奢侈之时，用了很多双重否定、否定、叠词等，所言虽异，其实则同。

双重否定者，比如：

莫非雕甍画栋，峻桷层榱。（卷之一“大内”）

莫非玉羁金勒，宝镫花鞯。（卷之七“驾登宝津楼诸军呈百戏”）

莫非锦绣盈都，花光满目。（卷之七“驾回仪卫”）

纯白而大者，曰“喜容菊”，无处无之。（卷之九“重阳”）

用否定词者，比如：

贵家看棚，华彩鳞砌，略无空闲去处。（卷之十“郊毕驾回”）

夜市北州桥又盛百倍，车马阗拥，不可驻足，都人谓之“裹头”。（卷之三“马行街北诸医铺”）

尹常卖，《五代史》；文八娘，叫果子。其余不可胜数。（卷之五“京瓦伎艺”）

有月池、梅亭、牡丹之类，诸亭不可悉数。（卷之七“驾幸琼林苑”）

用叠词者，比如：

处处拥门，各有茶坊、酒店，勾肆、饮食。（卷之三“马行街铺席”）

团团转走，谓之“打旋罗”，街巷处处有之。（卷之六“十六日”）

动使各各足备，不尚少阙一件。（卷之四“会仙酒楼”）

或绝冷、精浇、膘浇之类，人人索唤不同。（卷之四“食店”）

从这些记载不难发现，作者在记述时一定带着骄傲自豪的语气。因为非如此，不足以见当时之盛况，不足以动故国之思。再比如“自有假赁鞍马者，不过百钱”（卷之四“杂赁”）、“主人只出钱而已，不用费力”（卷之四“筵会假赁”）中“不过”“而已”等词汇，都是作者自豪感的直接证明。

但即便是在国力强盛、经济繁荣的北宋，也存在外患的忧虑，作为生活在天子脚下的作者，如何处理这一现象也成为关注点。首先，作者如实地记载了宋与辽的外交往来，比如，开卷第一条“东都外城”释“陈桥门”曰：“大辽人使驿路。”称“大辽”，也间接地反映出宋与辽的军事乃至综合国力的对比。而且在卷之九“宰执亲王宗室百官入内上寿”条又说：“惟大辽加之猪羊鸡鹅兔连骨熟肉为看盘，皆以小绳束之。”可见宋朝对辽国的特殊恩荣，在卷之六“元旦朝会”条，更是记载对辽国使副的特殊待遇，比如“唯大辽、高丽就馆赐宴”“选能射武臣伴射”“中的，则赐闹装、银鞍马、衣着、金银器物有差”等，作者在维护宋朝外交尊严时，非常注意措辞，往往有春秋笔法在其中。比如在“大辽”之外，加上“高丽”，就使得辽国的特殊程度有所降低。“中的”之后“有差”的赏赐也意在表明政由上出，君臣有分。而此条末尾“翌日，人使朝辞。朝退，内前灯山已上彩，其速如神”一语，更是将辽国使臣置于盛会之外，表明中原的礼乐文化与外国自然不同，在作者生活的南渡时代，这大概是对故国情感最好的回忆和维护。

本书以元刻本的文字为底本，底本缺漏处，用通行本补录，并对标点和译文进行了部分调整。本书在译注过程中参考了中华书局邓之诚《东京梦华录注》、杨春俏《东京梦华录》（中华经典名著全本全注全译丛书）、伊永文《东京梦华录笺注》以及中州古籍出版社王永宽《东京梦华录》（国学经典丛书）等，在此一并致谢。由于译注者水平有限，书中难免会有讹误、不妥之处，还望读者、专家不吝指正。

韩　元

2022 年 1 月

目　　录

卷之三

卷之四

卷之五

卷之六

卷之七

卷之九

卷之十

梦华录序

仆从先人宦游南北，崇宁癸未[1]到京师，卜居[2]于州[3]西金梁桥西夹道之南。渐次长立[4]，正当辇毂之下[5]，太平日久，人物繁阜[6]，垂髫[7]之童，但习鼓舞，班白[8]之老，不识干戈，时节相次，各有观赏。灯宵月夕，雪际花时，乞巧登高，教池[9]游苑。举目则青楼画阁，绣户珠帘。雕车[10]竞驻于天街，宝马争驰于御路。金翠耀目，罗绮飘香。新声巧笑于柳陌花衢，按管调弦于茶坊酒肆。八荒[11]争凑，万国咸通。集四海之珍奇，皆归市易[12]；会寰区之异味，悉在庖厨。花光满路，何限春游。箫鼓喧空，几家夜宴。伎巧则惊人耳目，侈奢则长人精神。瞻天表[13]则元夕、教池、拜郊、孟享[14]。频观公主下降，皇子纳妃。修造则创建明堂[15]，冶铸则立成鼎鼐。观妓籍[16]则府曹衙罢，内省宴回；看变化[17]则举子唱名[18]，武人换授[19]。仆数十年烂赏叠游[20]，莫知餍足。一旦兵火，靖康丙午[21]之明年，出京南来，避地江左[22]，情绪牢落，渐入桑榆[23]。暗想当年，节物风流，人情和美，但成怅恨。近与亲戚会面，谈及曩昔，后生往往妄生不然[24]。仆恐浸久[25]，论其风俗者失于事实，诚为可惜。谨省记编次成集，庶几开卷得睹当时之盛。古人有梦游华胥[26]之国，其乐无涯者，仆今追念，回首怅然，岂非华胥之梦觉哉？目之曰《梦华录》。然以京师之浩穰[27]，及有未尝经从处，得之于人，不无遗阙。倘遇乡党[28]宿德[29]，补缀周备，不胜幸甚。此录语言鄙俚，不以文饰者，盖欲上下通晓尔，观者幸详焉。绍兴丁卯岁[30]除日，幽兰居士孟元老序。

注释

[1] 崇宁癸未：崇宁，宋徽宗年号。癸未，指崇宁二年（1103）。

[2] 卜居：选择居住。《楚辞》有《卜居》篇。又,《史记》卷四《周本纪》:“成王使召公卜居，居九鼎焉。”

[3] 州：汴州，开封旧称。

[4] 渐次长立：渐次，逐渐、次第。长立，长大而成人。

[5] 辇毂之下：谓天子脚下。辇毂，指皇帝的车辇、车轮。

[6] 人物繁阜：人多曰繁，物多曰阜。《诗经·小雅·頍弁》:“尔酒既旨，尔肴既阜。”

[7] 垂髫（tiáo）：指儿童垂下的还没有扎起来的头发。陶渊明《桃花源记》:“黄发垂髫。”

[8] 班白：指头发黑白相间。班，通“斑”。《孟子》:“颁白者不负戴于道路矣。”赵岐注:“颁者，斑也，头半白斑斑者也。”

[9] 教池：教习水军的大池子，这里指汴京城内的金明池。

[10] 雕车：有雕镂文饰的车子。辛弃疾《青玉案·元夕》:“宝马雕车香满路。”

[11] 八荒：八方的荒远之地。《尚书》有“荒服”。贾谊《过秦论》:“并吞八荒之心。”

[12] 市易：贸易。

[13] 天表：天生美好的仪容，这里特指天子的容貌。李纲《苏武令》:“拥精兵十万，横行沙漠，奉迎天表。”

[14] 拜郊、孟享：在郊祀时祭拜上天，在庙祭时祭拜先祖。孟享，亦作“孟飨”，因为在每年的孟时（孟春、孟夏、孟秋、孟冬）举行，故称为“孟享”。又，吴自牧《梦粱录》:“七月孟秋，例于上旬内车驾诣景灵宫，行孟享之礼。”周密《武林旧事》:“黎明，上御玉辂，从以四辂，导以驯象，千官百司，法驾仪仗，锦绣杂遝，盖十倍孟飨之数。”

[15] 明堂：古代帝王理政、朝会、祭天、养老、教学的场所，最为隆重庄严。《孟子·梁惠王下》："夫明堂者，王者之堂也。"

[16] 妓籍：载入乐籍的妓女。吴曾《能改斋漫录》："而妓籍中有小鬟妓，尚幼，公颇属意。"

[17] 变化：这里特指身份地位的改变，如鱼化龙之类。《周易·乾》："乾道变化，各正性命。"贾谊《鹏鸟赋》："万物变化兮，固无休息。"

[18] 唱名：大声念出中举者的姓名。宋代陈均《宋九朝编年备要·皇朝编年备要卷第三》："(雍熙二年)三月，亲试举人，初唱名赐第。"

[19] 换授：指武官调任、改派。《旧唐书》卷一百一十七《崔宁传》："蜀将必不敢动，然后换授他帅，以收其权。"

[20] 烂赏叠游：恣意赏玩，多次重游。

[21] 靖康丙午：指宋钦宗靖康元年(1126)，即作者在汴京生活的第二十四年。

[22] 江左：即江东，长江下游的东部地区。

[23] 桑榆：晚年。曹植《赠白马王彪》："年在桑榆间，影响不能追。"

[24] 妄生不然：随意地产生"不是这样"的想法。

[25] 浸久：时间渐渐久了以后。浸，通"寖"。《管子·君臣上》："行公道而托其私焉，寖久而不知，奸心得无积乎？"

[26] 华胥：梦境。《列子·黄帝》："黄帝梦游华胥国，华胥之人，其国无帅长，自然而已。"

[27] 浩穰：指人口众多。穰，丰盛。

[28] 乡党：家乡。《释名》："五百家为党。"《论语》有《乡党》篇。《孟子·万章上》："乡党自好者不为，而谓贤者为之乎？"

[29] 宿德：年老而有德行者。《东观汉记·北海敬王睦传》："睦谦恭好士，名儒宿德，莫不造门。"

[30] 绍兴丁卯岁：指绍兴十七年，即1147年。

译文

我跟随先父仕宦的足迹游历了南北各地，在宋徽宗崇宁二年来到京师，选择居住在汴州城城西金梁桥西边夹道的南侧。在天子脚下，我逐渐长大成人。太平的日子很久了，人物繁多，物产也丰富。头发尚未扎起来的孩子，只知道学习打鼓跳舞；双鬓斑白的老人，没有经历过干戈动乱。在岁时佳节相继时，各自有观赏的事物。在灯笼高挂、月光明亮的夜晚，在大雪飞舞、百花绽放的时刻，人们乞巧、登高，在金明池操练禁军，在琼林苑尽情游览，抬头望去，看到的就是青楼画阁，珠帘绣户。雕镂的车子竟相在天街停留，宝贵的马匹在御路上争相奔驰，金翠之色耀人眼目，罗绮丝绸飘着香气。在柳径花街，能听到新曲和巧笑之声；而茶铺和酒馆，则是演奏管弦的场所。四面八方的人争相聚集在这里，万国之民众无不与此会通。这里聚集四海的奇珍异宝，都会在市场上交易；各区域的异味佳肴，都在这里的饭馆之中。花的色彩铺满道路，怎么会限制百姓春游呢？箫鼓之声喧天，不知多少家在此举行宴会！歌伎之巧，使人耳目为之惊讶；奢侈之风，则会使人精神倍增。在正月十五时，在金明池观看禁军操练时，在天坛举行郊祀时，在帝王举行庙祭时，能够看到皇帝的容颜。可以多次看到公主下嫁、皇子纳妃的场面。在工程修建方面，主要代表性成就是建造了明堂；在冶炼铸造方面，主要代表性成就是铸造了鼎鼐。在政府放衙下班和内省宴会结束后，可以观看名妓；在科举放榜之后，武将授衔之时，可以看到人事的变化。我几十年在此屡次、重复地游赏，不知道疲倦，也不感到足够。突然发生兵乱，在宋钦宗靖康元年的次年，我离开京城来到南方，在江左的杭州避难，情绪低落，逐渐进入暮年。暗自回想当年的情景，时节名物中的风流，人情交往中的和美，只促成了自己的惆怅和遗恨。最近与亲戚会面时，谈及了往事种种，后辈往往荒诞地表现出不以为然。我害怕时间久了，后人再讨论当时的风俗时，会失去事实，这样就太可惜了。于是谨慎地将这些事情编次成集，或许开卷之时可以目睹当时京城的盛况。古代有梦游到华胥国，感到快乐无边的人，我今天追念往昔，回首往事怅然若失，这难道不是梦游华胥国而觉醒了吗？所以将其题作《梦华录》。但是京城过于广大和繁杂，对自己没有到过的地方，我又从他人那里得到资料，所以本书没有遗缺不足的地方。如果能遇到家乡年老有道德的人，对此书进行增加补缀的话，那就不胜幸运了。这本《梦华录》语言有些鄙野俚俗，不加以修饰，是想让上下之人都能读懂，观看此书的人可以详细体味。宋高宗绍兴十七年除夕之日，幽兰居士孟元老序。

卷之一

从东水门外七里，曰虹桥。其桥无柱，皆以巨木虚架，饰以丹雘，宛如飞虹，其上下土桥亦如之。

东都外城

东都外城[1]，方圆四十余里。城濠曰护龙河[2]，阔十余丈。濠之内外，皆植杨柳，粉墙朱户，禁人往来。城门皆瓮城[3]三层，屈曲开门[4]，唯南薰门[5]、新郑门、新宋门、封丘门，皆直门两重[6]，盖此系四正门，皆留御路[7]故也。新城南壁，其门有三：正南门曰南薰门；城南一边，东南则陈州门，傍有蔡河[8]水门；西南则戴楼门，傍亦有蔡河水门。蔡河正名惠民河，为通蔡州故也。东城一边，其门有四：东南曰东水门，乃汴河[9]下流水门也，其门跨河，有铁裹窗门，遇夜如闸垂下水面[10]，两岸各有门，通人行路。出拐子城，夹岸百余丈。次则曰新宋门；次曰新曹门；又次曰东北水门，乃五丈河之水门也。西城一边，其门有四：从南曰新郑门；次曰西水门，汴河上水门也；次曰万胜门；又次曰固子门；又次曰西北水门，乃金水河水门也。北城一边，其门有四：从东曰陈桥门，乃大辽人使[11]驿路；次曰封丘门，北郊御路；次曰新酸枣门；次曰卫州门。诸门名皆俗呼。其正名如西水门曰利泽，郑门本顺天门，固子门本金耀门。新城每百步，设马面[12]、战棚[13]，密置女头[14]，旦暮修整，望之耸然。城里牙道[15]，各植榆柳成阴。每二百步，置一防城库，贮守御之器。有广固兵士[16]二十指挥，每日修造泥饰，专有京城所[17]提总其事。

注释

[1] 东都外城：汴京的外城。

[2] 护龙河：范成大使金纪行组诗中有《护龙河》之题，小序曰："在新宋门外，中有纲船数十艘。"诗曰："新郭门外见客舟，清涟浅浅抱城楼。六龙行在东南国，河若能神合断流。"

[3] 瓮城：在城门之外修建的方形或半圆形的护城小门，是古代城防的重要组成部分。瓮城下部是圆的，上部逐渐收窄，其形如瓮，故名。

[4] 屈曲开门：瓮城的城门一般设置在城墙的侧面，与其所保护的城门不在同一条直线上，这样是为了防止敌人用攻城槌等武器直接攻入城内。

[5] 南薰门：取意于上古"南风之薰兮，可以解吾民之愠"之句，唐代有南薰殿。

[6] 皆直门两重：指瓮城的城门与南薰门、新郑门、新宋门、封丘门在同一条直线上，这是为了方便皇帝车驾的通行，其防守也更强。

[7] 御路：皇帝车驾所经过的道路。

[8] 蔡河：又称蔡水，即古沙水，其故道与汴水相通，在今开封市东。宋初，自开封市西南导闵水入城，合之于蔡，漕运大兴。开宝六年之后，蔡河又称为惠民河。

[9] 汴河：又称汴水，自开封市西北的蒗荡渠，经开封、杞县、民权，流入商丘，又向东北折入山东曹县南部，流经安徽萧县北，注入江苏徐州的泗水，此河段又称获水。

[10] 如闸垂下水面：因为东水门的城门正好建在汴河之上，所以城门白天向上升起时便于通行，夜晚则像水闸一样落下防止盗贼潜入。

[11] 大辽人使：即辽国使者。称"大辽"是因为去北宋未远，故沿用。

[12] 马面：在古代城防时，城墙每隔一段距离就建一个突出来的矩形的墩台，以防止敌人从侧面偷袭。

[13] 战棚：古代城墙上用来防御之用的可以活动的棚屋。沈括《梦溪笔谈·官政一》："边城守具中有战棚，以长木抗于女墙之上，大体类敌楼，可以离合。设之，顷刻可就，以备仓卒城楼摧坏，或无楼处受攻，则急张战

棚以临之。”

[14] 女头：城墙上类似于垛子一类的建筑。

[15] 牙道：官府修筑的道路。

[16] 广固兵士：专门从事城墙加宽加固工程的士兵。

[17] 京城所：主管京城城墙及修缮事务的官署。《续资治通鉴长编》卷二百八十七：“诏：提辖修京城所于广固军士内选及等者，给群牧司马教习武艺，俟有精熟，引见，填配管城武骑、白马宁朔指挥阙额。”

译文

汴京城的外城，方圆有四十余里。城濠叫作护龙河，宽十几丈，城濠的内外都种植了杨柳，墙是粉色的，门户是红色的，禁止人们往来。城门都有三重瓮城，城门是在城墙转弯处开设的。只有南薰门、新郑门、新宋门、封丘门是两重直着开设的门，大概这是四个正门，都预留了皇帝车辇通行的原因。新城的南城墙，有三座城门：正南的门叫作南薰门；城墙南面的一边，东南方向的是陈州门，旁边有蔡河的水门；西南方向的是戴楼门，旁边也有蔡河的水门。蔡河的正名是惠民河，称为蔡河是因为它通往蔡州。东面城墙的这一边，有四座城门：东南方向的叫作东水门，是汴河下流的水门，这座城门跨越汴河，有铁裹的门窗，到夜晚时像闸门一样垂下水面，两岸都各自有门，供行人来往。河水流出拐子城，两岸之间有一百多丈。其次是新宋门；其次是新曹门；再次是东北方向的水门，是五丈河上面的水门。城墙西面的这一边，有四座城门：从南边数是新郑门，其次是西水门，是汴河上面的水门；其次是万胜门；再次是固子门；再次是西北水门，是金水河上的水门。城墙北面的这一边，有四座城门：从东边数是陈桥门（是辽国使臣进城的驿路），其次是封丘门（是通往北方郊祀的御路）；其次是新酸枣门，其次是卫州门。这些城门都采用了通俗的称呼。它们的正名，比如说西水门叫利泽门，郑门本来叫顺天门，固子门本来叫金耀门。新城每一百步远，会设置一处马面战棚，密集地建筑箭垛，早晨和晚上都会进行修整，远远望去挺拔耸立。在城里的巷道，都会种植榆柳，绿树成荫。每隔两百步，设置一处防守城池的兵库，贮存着守御的兵器，有广固的兵士二十人作为指挥，每天用泥土修整建造城墙，专门设置京城所负责总揽该事务。

·《清明上河图》局部，汴京郊外，流水人家，图右侧有车队路过。

旧京城

旧京城[1]，方圆约二十里许。南壁[2]，其门有三：正南曰朱雀门，左曰保康门，右曰新门。东壁，其门有三：从南，汴河南岸角门子[3]，河北岸曰旧宋门，次曰旧曹门。西壁，其门有三：从南曰旧郑门，次汴河北岸角门子，次曰梁门。北壁，其门有三：从东曰旧封丘门，次曰景龙门，乃大内[4]城角，实箓宫[5]前也。次曰金水门。

注释

[1] 旧京城：指唐代的汴州城，本为后周都城，唐时在此基础上翻修，宋朝将其作为里城（阙城），文献记载见于《宋会要辑稿·方域一》。

[2] 南壁：南边的城墙。

[3] 角门子：即下条之“角门”，指建筑物角边的小门、旁门。

[4] 大内：皇宫。韩愈《论佛骨表》：“今闻陛下令群臣迎佛骨于凤翔，御楼以观，舁入大内。”

[5] 实箓宫：即宝箓宫，见本书卷之二“东角楼街巷”条。“实”乃“宝”之误。

译文

旧京城，方圆大概有二十多里。在城墙的南边，有三座城门：正南边是朱雀门，左边是保康门，右边是新门。在城墙的东边有三座城门：从南边汴河南岸的角门子数起，河的北岸是原有的宋门，其次是原有的曹门。在城墙的西边有三座城门：从南边数是原有的郑门，其次是汴河北岸的角门子，其次是梁门。在城墙的北边，有三座城门：从东边数起是原有的封丘门，其次是景龙门，是在皇宫大内城角的宝箓宫的前面。其次是金水门。

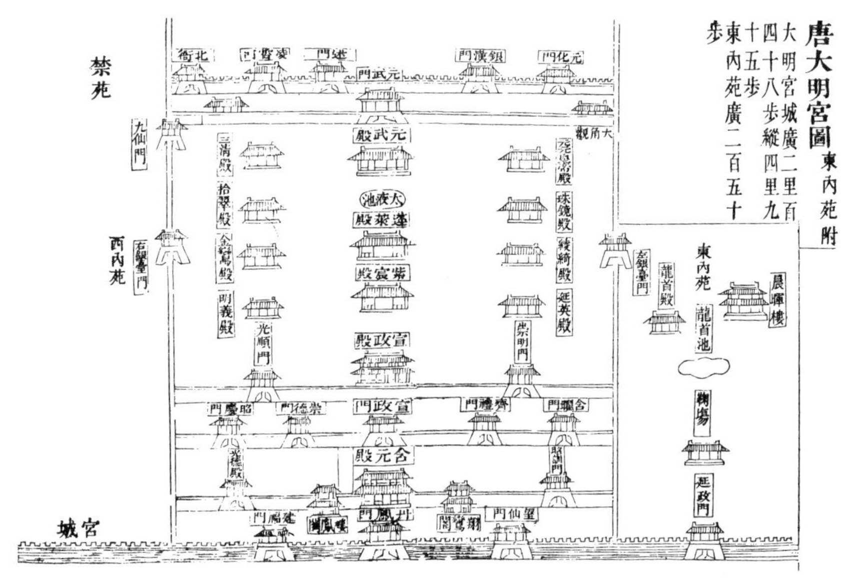

·选自《长安志》，北宋宋敏求著，清毕沅校，清乾隆四十九年刻本。

河道

穿城河道有四。南壁曰蔡河，自陈蔡由西南戴楼门入京城，辽绕[1]自东南陈州门出，河上有桥十一，自陈州门里，曰观桥，在五岳观后门。从北，次曰宣泰桥，次曰云骑桥，次曰横桥子，在彭婆婆宅前。次曰高桥，次曰西保康门桥，次曰龙津桥，正对内前[2]。次曰新桥，次曰太平桥，高殿前宅[3]前。次曰粜麦桥，次曰第一座桥，次曰宜男桥，出戴楼门外曰四里桥。中曰汴河，自西京洛口分水入京城，东去至泗州，入淮，运东南之粮。凡东南方物，自此入京城，公私仰给焉。自东水门外七里，至西水门外，河上有桥十三：从东水门外七里，曰虹桥。其桥无柱，皆以巨木虚架[4]，饰以丹艧[5]，宛如飞虹，其上下土桥亦如之。次曰顺成仓桥，入水门里曰便桥，次曰下土桥，次曰上土桥，投西角子门，曰相国寺桥。次曰州桥[6]，正名天汉桥。正对于大内御街，其桥与相国寺桥皆低平不通舟船，唯西河平船可过。其柱皆青石为之，石梁、石笋楯栏[7]，近桥两岸，皆石壁，雕镌海马、水兽、飞云之状，桥下密排石柱，盖车驾御路也。州桥之北岸御路，东西两阙[8]，楼观对耸；桥之西有方浅船[9]二只，头置巨干[10]铁枪数条，岸上有铁索三条，遇夜绞上水面，盖防遗火舟船矣。西去，曰浚仪桥，次曰兴国寺桥，亦名马军衙桥。次曰太师府桥，蔡相宅[11]前。次曰金梁桥，次曰西浮桥，旧以船为之桥，今皆用木石造矣。次曰西水门便桥，门外曰横桥。东北曰五丈河，来自济、郓，般挽[12]京东路粮斛[13]入京城，自新曹门北入京，河上有桥五：东去曰小横桥，次曰广备桥，次曰蔡市桥，次曰青晖桥、染院桥。西北曰金水河[14]，自京城西南分京、索河水，筑堤，从汴河上用木槽架过，从西北水门入京城，夹墙遮拥[15]，入大内，灌后苑池浦矣。河上有桥三：曰白虎桥、横桥、五王宫桥之类。又曹门小河子桥，曰念佛桥，盖内诸司辇官[16]、亲事官[17]之类，军营皆在曹门，侵晨上直[18]，有瞽者[19]在桥上念经求化，得其名矣。

注释

[1] 辽绕：即缭绕。

[2] 内前：即大内之前，谓正对皇宫。

[3] 高殿前宅：北宋殿前都指挥使高俅的前宅。

[4] 虚架：在虚空中铺架。

[5] 丹雘（huò）：红色的涂料。雘，通“臒”。《续资治通鉴》卷一百四十七“淳熙七年”：“从至翠寒堂，栋宇不加丹雘。”

[6] 州桥：范成大使金纪行组诗中有一题即为《州桥》，前有小序：“南望朱雀门，北望宣德楼，皆旧御路也。”诗曰：“州桥南北是天街，父老年年等驾回。忍泪失声询使者，几时真有六军来？”

[7] 石笋楯（shǔn）栏：用石头制成的像笋一样的栏杆。楯，栏杆。

[8] 阙：古代建筑用语，指宫门前独立的两个台（观）。

[9] 方浅船：指船身方形且船舱较浅的船，是为了方便通过皇城中类似于相国寺桥之类的低平之桥。

[10] 巨干：巨大的桅杆。干，通“杆”。

[11] 蔡相宅：权相蔡京的宅第。

[12] 般挽：搬运，牵挽。般，通“搬”。

[13] 粮斛：装粮食的斛，这里指粮食。岳飞《画守襄阳等郡札略》：“且以正兵六万为固守之计，就拨江西、湖南粮斛。”斛，一种容器，方形，小口。

[14] 金水河：范成大使金纪行组诗中有《金水河》，小序曰：“在旧封丘

门外河中，多大石，皆艮岳所赚。”诗曰：“菜市桥西一水环，宫墙依旧俯清湾。谁怜磊磊河中石，曾上君王万岁山。”

[15] 夹墙遮拥：在河水的两岸砌墙，顺着水流的方向，将其与外界遮挡起来，围护起来。或是为了保证所引河水的清洁。

[16] 辇官：掌管皇帝车辇器物的官员。《续资治通鉴长编》卷九十九，有“供御辇官六十二人”之记载。

[17] 亲事官：供中央政府官署使用的官员，宋代吴曾《能改斋漫录·事始二》：“省寺所用使令者，名亲事官，自唐已有之。按，唐王守澄奏：‘宰相宋申锡、亲事官王师文等，同谋反逆。’”又，陆游《老学庵笔记》卷五：“亲事官闻之，白伯父曰：‘夫人请吏部。’”

[18] 侵晨上直：黎明时分要去上班。侵晨，拂晓时分。宋代赵彦卫《云麓漫钞》卷十：“绍兴三十一年七月二十六日侵晨，日出如在水面，色淡而白。”上直，值班。《晋书·王济传》：“和峤性至俭，家有好李，帝求之，不过数十。济候其上直，率少年诣园，共啖毕，伐树而去。”

[19] 瞽（gǔ）者：盲人。《论语·子罕》：“子见齐衰者、冕衣裳者与瞽者，见之，虽少必作，过之必趋。”

译文

穿过城门的河道有四条。穿过南边城墙的是蔡河，从陈蔡由西南的戴楼门进入京城，从东南的陈州门环绕而出。河上有桥十一座。从陈州门的里面算起是观桥在五岳观的后门。往北，其次是宣泰桥，其次是云骑桥，其次是横桥子在彭婆婆的住宅前，其次是高桥，其次是西保康门桥，其次是龙津桥正对着皇宫前面。其次是新桥，其次是太平桥，在殿前都指挥使高俅的宅第前，其次是粜麦桥，其次是第一座桥，其次是宜男桥，河道出戴楼门外是四里桥。贯穿城中的是汴河，从西京洛阳的洛河河口分出水流，进入京城，向东流到泗州，进入淮河，漕运东南的粮食。凡是东南的物产，都从这条河进入京城，公私所需都仰仗这条河的给养。从东水门之外的七里到西水门之外，河上有十三座桥。从东水门外七里开始，是虹桥，这座桥没有柱子，都是用巨大的木头从空中架构的，用红色的涂料装饰，好像飞动的彩虹一样，

·《清明上河图》局部，矗立在汴河之上的虹桥，人头攒动，商贩行人的忙碌见证着当时商业的繁华。汴河上有船只经过，众人忙碌。画面富有动态感，细节之处见东京繁华。

上土桥和下土桥也是依此建造的。其次是顺成仓桥，进入到水门里的是便桥，其次是下土桥，其次是上土桥，转入到西边角子门的是相国寺桥。其次是州桥，正名叫作天汉桥，正对着皇宫前的御街，这座桥与相国寺桥都是又低又平，不通行舟船的，只有西河的平船可以通过。州桥的桥柱都是用青色的石头做成的，用石梁和石笋做成桥的栏杆，靠近桥的河岸都是用石头做的墙壁，雕刻着海马、水兽、飞云的形状。桥下密集地排列着石柱，大概是皇帝车辇经过的御路。州桥北岸的御路，东西两座门阙，楼观相对耸立。州桥的西边有两只方形的浅船，船头放置着几条有巨大枪杆的铁枪，河岸上有三条铁索，到夜晚时将其拧在水面上，大概是为了防止舟船失火。往西有浚仪桥，其次是兴国寺桥，也叫马军衙桥，其次是太师府桥，在太师蔡京的府第前。其次是金梁桥。其次是西浮桥，以前用船做浮桥，现在都用木头和石头来造桥了。其次是西水门便桥，门外是横桥。东北方向是五丈河。来自济州、郓城的漕船，搬运京东路的粮食进入京城，是从新曹门的北边进入京城。五丈河上有五座桥：向东数去是小横桥，其次是广备桥，其次是蔡市桥，其次是青晖桥、染院桥。西北方向是金水河，从京城的西南将京河、索河的水分流过来并建筑堤岸，从汴河的上面用木槽将河水横架而过，从西北水门进入京城，用夹墙将河水遮挡围护起来，进入皇宫灌入后面苑囿的池塘里。金水河上面有三座桥，它们是白虎桥、横桥、五王宫桥之类的。还有曹门小河子桥叫作念佛桥，大概是内诸司的辇官、亲事官之类，以及军营都在曹门安居、驻扎的原因。在凌晨去皇宫上班时，有盲人在桥上念唱佛经以求超脱，故而因此得名。

大　内

大内正门，宣德楼。列五门，门皆金钉朱漆，壁皆砖石间甃[1]，镌镂龙凤飞云之状，莫非雕甍画栋，峻桷层榱[2]，覆以琉璃瓦，曲尺朵楼[3]，朱栏彩槛，下列两阙亭相对，悉用朱红杈子[4]。入宣德楼正门，乃大庆殿，庭设两楼，如寺院钟楼，上有太史局[5]，保章正[6]测验刻漏，逐时刻[7]执牙牌奏。每遇大礼，车驾斋宿，及正朔朝会于此殿。殿外左右横门曰左右长庆门。内城南壁有门三座，系大朝会趋朝路[8]。宣德楼左曰左掖门，右曰右掖门。左掖门里乃明堂，右掖门里西去乃天章、宝文等阁[9]。宫城至北廊约百余丈。入门，东去，街北廊乃枢密院[10]，次中书省，次都堂，宰相朝退，治事于此。次门下省，次大庆殿。外廊横门北去百余步，又一横门，每日宰执趋朝，此处下马；余侍从、台谏[11]于第一横门下马，行至文德殿，入第二横门。东廊，大庆殿东偏门。西廊，中书、门下后省。次修国史院，次南向小角门，正对文德殿。常朝殿[12]也。殿前东西大街，东出东华门，西出西华门。近里[13]又两门相对，左右嘉肃门也。南去，左右银台门。自东华门里皇太子宫入嘉肃门。街南，大庆殿后门、东西上阁门；街北，宣祐门。南北大街西廊，面东曰凝晖殿，乃通会通门，入禁中矣。殿相对东廊门楼，乃殿中省六尚局[14]、御厨。殿上常列禁卫两重，时刻提警，出入甚严。近里，皆近侍中贵[15]。殿之外皆知省、御药[16]、幕次[17]、快行[18]、亲从官、辇官、车子院、黄院子[19]、内诸司兵士，祗候[20]宣唤；及宫禁[21]买卖进贡，皆由此入。唯此浩穰，诸司人自卖饮食珍奇之物，市井之间未有也。每遇早晚进膳，自殿中省对凝晖殿，禁卫成列，约栏[22]不得过往。省门上有一人呼喝，谓之“拨食家”。次有紫衣、裹脚子向后曲折幞头[23]者，谓之“院子家”，托一合[24]，用黄绣龙合衣笼罩，左手携一红罗绣手巾，进入于此，约十余合，继托金瓜合二十余面进入，非时[25]取唤，谓之“泛索”。宣祐门外，西去，紫宸殿，正朔[26]受朝于此。次曰文德殿，常朝所御。次曰垂拱殿，次曰皇仪殿，次曰集英殿，御宴及试举人于此。后殿曰崇政殿、保和殿、内书阁曰睿思殿。后门曰拱宸门。东华门外，市井最盛，盖禁中买卖在此，凡饮食，时新[27]花果，鱼虾鳖蟹，鹑兔脯腊[28]，金玉珍玩、衣着，无非天下之奇。其品味[29]若[30]数十分，客要一二十味下酒，随索目下便有之[31]。其岁时果瓜蔬茹新上市，并茄瓠之类新出，每对[32]可直三五十千，诸阁分争以贵价取之。

注释

[1] 间甃（zhòu）：相互交错地垒砌。甃，用砖砌。

[2] 峻桷（jué）层榱（cuī）：此为互文词组，指高峻的、一层又一层的椽子。《说文解字》：“秦名为屋椽，周谓之榱，齐鲁谓之桷。”

[3] 朵楼：主楼左右的小楼。

[4] 杈（chà）子：设置在官府之前用木条交叉制成的架子，用以阻挡人马通行的路障，也称“行马”。

[5] 太史局：宋代时隶属秘书省，主要负责测验天文，考定历法，每日向朝廷报告所观测的日月星辰、气候等，并为皇室举行的重大典礼如祭祀、冠礼、婚礼等选定日期。

[6] 保章正：观测、记录天文的官员。《唐六典》卷十“保章正一人，从八品上”。注曰：“《周礼·春官》太史属有‘保章氏’，掌天星，以志星辰日月之变动，辨其凶吉。”

[7] 逐时刻：即逐时逐刻，在每一（正）时、每一刻。

[8] 大朝会趋朝路：大朝会之时趋朝之路也。

[9] 天章、宝文等阁：天章阁，宋代皇宫的藏书阁，始建于真宗天禧四年（1020），仁宗时于此设阁臣，有学士、直学士、待制、直阁侍从之职。宝文阁，北宋时收藏仁宗、英宗御书，以及御制文集的藏书阁，神宗时设有学士、直学士、待制等职。

[10] 枢密院：中央官署名，五代至元代之时，最高的军事机构。

[11] 台谏：唐、宋两朝的侍御史、殿中侍御史、监察御史掌纠弹，通称为“台官”，谏议大夫、拾遗、补阙、正言掌规谏，通称“谏官”，合称“台谏”。

[12] 常朝殿：日常用作朝会的大殿。

[13] 近里：附近，靠近。元代王伯成《天宝遗事诸宫调·禄山泣杨妃》：“近里话也不合题，说着早森森地。”

[14] 六尚局：掌管宫廷供奉之官的总称，各代所指不一。宋代指尚食、尚药、尚酝、尚衣、尚舍、尚辇。《唐六典》所载之“六尚”为尚宫、尚仪、尚服、尚食、尚寝、尚工。

[15] 中贵：宫中有权势的太监。李白《古曲》：“中贵多黄金，连云开甲宅。”

[16] 御药：掌管禁中医药的官员，隶属于入内内侍省。

[17] 幕次：临时搭建的帐篷。李复言《续玄怪录·辛公平上仙》：“臻与公平止西廊幕次。肴馔馨香，味穷海陆。”

[18] 快行：宋代宫廷中负责快速传递命令，或在皇帝出行时随从操持衣物器用的官员。叶梦得《石林燕语》卷五：“宰执每岁有内侍省例赐新火、冰之类，将命者曰‘快行家’。”吴自牧《梦粱录·士人赴殿试唱名》：“其三魁听快行宣唤数次，方敢应名而出。”

[19] 黄院子：内廷杂役人员，因身穿黄衣，故名。本书卷之七《驾登宝津楼诸军呈百戏》曰：“有黄衣老兵谓之‘黄院子’。”宋时又有“皂院子”，盖身穿黑衣者。

[20] 祇（zhī）候：宋代官名。分置于东、西上阁门，与阁门宣赞舍人

并称阁职，供官府奔走、驱使之用。

[21] 宫禁：名词，宫禁之中。

[22] 约栏：设栏以阻挡。《宋史》卷九十三《河渠志》："为今之策，正宜因其所向，宽立堤防，约栏水势，使不至大段漫流。"

[23] 幞（fú）头：用以包裹头部的纱罗软巾。金代韩道昭《五音集韵》卷十三："幞头，周武帝所制，戴幅巾出四脚以幞头，及名焉，亦曰'头巾'。"

[24] 合：通"盒"，下文同此。

[25] 非时：不按一定的时间规律。

[26] 正朔：农历正月初一。

[27] 时新：时令的，新鲜的。元稹《离思》（其三）："红罗着压逐时新，杏子花纱嫩曲尘。"

[28] 脯腊：干肉。《周礼・天官・腊人》："掌干肉，凡田兽之脯腊、膴胖之事。"郑玄注："薄析曰脯。棰之而施姜、桂曰锻脩。腊，小物全干也。"

[29] 品味：花样。

[30] 若：大概。

[31] 随索目下便有之：随时索取，眼下便可提供。

[32] 每对：每一对（两个），盖当时采取成对的售卖方式。

译　文

皇宫的正门是宣德楼。排列着五座大门，门上都用金钉和红漆装饰，墙壁都是用砖石相间砌成的，镌刻雕镂着龙、凤、飞云的形状，到处都是雕刻彩绘的梁栋，高峻的、一层又一层的椽子，用琉璃瓦覆盖其上，还有弯曲的朵楼、红色的栏杆和彩色的门槛，下面排列着两个相对的阙亭，全都用红色的杈子。进入宣德门的正楼，就到了大庆殿，庭院之内设有两座楼，就像寺院里的钟鼓一样，上面设有太史局，其中官职为保章正的官员需要检验刻漏的准确性，按照时刻手拿牙牌奏时。每当遇到大的礼仪，皇帝的车驾在此斋戒、住宿，以及每月正朔、朝会之时都在这个大殿里。殿外左右的横门称为左、右长庆门。内城南边的城墙有三座墙，是举行大的朝会时通往皇宫的路。宣德楼左边是左掖门，右边是右掖门。左掖门的里面就是明堂，从右掖门里向西就是天章阁、宝文阁等。宫城到北廊有一百多丈，进入右掖门朝东去，街北的长廊就是枢密院，其次是中书省，其次是都堂，宰相退朝之后在这里处理公务，其次是门下省，其次就是大庆殿。外廊横门向北一百多步，又有一个横门，每天宰相众官员上朝时，在此处下马；其余的侍从、台谏在第一个横门处下马，步行到达文德殿，进入第二个横门。东廊，就是大庆殿的东偏门。西廊，就是中书省、门下省的后面。其次是修国史院，其次朝南的小角门，正对着文德殿，是常用以朝会的大殿。殿的前面有东、西两条大街，向东直出东华门，向西直出西华门。将近一里左右，又有两座门相对而立，是左、右嘉肃门，再朝南去分别是左、右银台门。从东华门的皇太子宫进入嘉肃门，街的南边是大庆殿的后门，东上阁门、西上阁门，街的北边是宣祐门。宣祐门南北大街的西廊，面朝东的是凝晖殿，通往会通门，就到达禁中了。与凝晖殿相对的东廊门楼，是殿中省六尚局、御厨。殿上经常排列两重禁卫，时刻提神警卫，出入非常严格。靠近里边的都是亲近帝王的侍奉、朝中的权贵。殿门外面都是知省、御药、幕次、快行、亲从官、辇官、车子院、黄院子、内诸司的兵士、祗候等，听从传唤；宫禁之中进行买卖，用来进贡时，都由此进入。只有此处最为繁盛，诸司之人自行买卖饮食和珍奇的物品，是市井中所见不到的。每当遇到皇帝早晚进膳的时候，从殿中省到凝晖殿，禁军侍卫排成队列，拦住行人不得过往。省门上有一人喝呼，称为“拨食家”。然后有紫衣、裹脚子，他们向后将幞头曲折起来，称为“院子家”，手里托着一个食盒，用黄色的绣着龙的合衣笼罩着，左手拿着一个红罗绣手巾，于此间进入，大概有十几盒，然后托着装有二十几面金瓜食盒进入，不时地索取、叫唤，称为“泛索”。宣祐门外，向西是紫宸殿，每月正朔之时在这里接受朝拜，然后是文德殿，日常朝会所使用的宫殿。其次是垂拱殿，其次是皇仪殿，其次是集英殿，皇帝的御宴、礼部贡举，都在这里举行。后面的殿堂是崇政殿、保和殿，内书阁叫作睿思殿。后门叫作拱宸门。东华门的外面，市井最为繁盛，大概是因为宫禁中的买卖位于此地，但凡是饮食、时令新鲜的花果、鱼虾鳖蟹，用鹌鹑、兔子做成的干肉，金玉器皿、珍玩奇宝等，没有不是天下所稀奇的。其中的花样大致有几十种，买客选要其中的一二十种下酒，随时索取，眼下就可以提供。其中时令的瓜果、蔬菜这些新上市的，加上茄子、葫芦之类，新出的每一对，其价值可以达到三五千钱，皇宫的众多部门争相以高价购买。

内　诸　司

内诸司[1]皆在禁中，如学士院[2]、皇城司[3]、四方馆[4]、客省[5]、东西上阁门[6]、通进司[7]、内弓剑枪甲军器等库，翰林司[8]茶酒局也，内侍省[9]、入内内侍省、内藏库[10]、奉宸库[11]、景福殿库、延福宫、殿中省[12]、六尚局（尚药、尚食、尚辇、尚醞、尚舍、尚衣）、诸阁分[13]、内香药库、后苑作[14]、翰林书艺局、医官局、天章等阁，明堂颁朔布政府[15]。

注　释

[1] 内诸司：皇宫之内的、为皇室提供各种服务的机构。

[2] 学士院：宋代时亦称“翰林院”，实际上类似皇帝的顾问。

[3] 皇城司：宋代特务机构，所隶官司有探事司、冰井务。为皇帝刺探情报、监察舆情，类似于明代锦衣卫。《宋九朝编年备要·皇朝编年备要卷第三》：“（太平兴国六年）十一月，置皇城司。”

[4] 四方馆：古代外交机构。隋炀帝时置，用以接待四夷及外国使臣，分设使者四人，各主一方贸易、往来诸事，隶属于鸿胪寺。唐代属中书省，以通事舍人掌其事。宋时为内诸司之一。《宋史》卷一百六十六《职官志第一百九十九》有“四方馆”之详细记载。

[5] 客省：唐代地方官员、使者进京朝觐，以及外国使节来京时的下榻之处。《资治通鉴》卷一百二十四《宋纪六》：“其夜，呼畔置客省。”胡三省注：“客省，凡四方之客入见者居之，属典客令。”

[6] 东西上阁门：即东上阁门使、西上阁门使的合称。宋朝置此官，掌管朝会、宴飨、供奉赞相礼仪等事。见《宋史》卷一百六十六《职官志第一百一十九》。

[7] 通进司：属门下省，主官为给事中。掌受三省、枢密院、尚书省六部与各寺、监的奏牍，将其进呈宫内，并将得到批示后文书颁布于外。见《宋史》卷一百六十一《职官志第一百一十四》。

[8] 翰林司：《南宋馆阁录》："翰林司三人，供应汤茶，系翰林司差到。"

[9] 内侍省：为皇帝近侍，掌管宫廷内部事务的机构。北齐置中侍中省、长秋寺，隋朝时改称内侍省，唐代时称内侍省、内侍监，专任宦官。宋代在内侍省的基础上又增加了入内内侍省。见《宋史》卷一百六十六《职官志第一百一十九》。

[10] 内藏库：皇宫内贮存金帛的仓库，隶属太府寺。《宋九朝编年备要·皇朝编年备要卷第三》："（太平兴国四年）十月，置内藏库。"注曰："上幸左藏库，见金帛山积，乃命分左藏北库为内藏库。"

[11] 奉宸库：宋代收藏金玉的仓库。康定元年（1040），将宜圣殿库、穆清殿库、崇圣殿库、受纳真珍库、乐器库合并，称为"奉宸库"，隶属太府寺。《宋九朝编年备要·皇朝编年备要卷第十一》："（康定元年九月，）置奉宸库。"注曰："在景福宫内，旧名'宜圣殿'等五库，今合为一。"

[12] 殿中省：掌管皇帝日常生活的官署。魏晋之后在门下省设置殿中监，隋时设殿内省，唐代改为殿中省，所属有尚食、尚药、尚衣、尚舍、尚乘、尚辇等六局。参看《通典》卷二十六《职官八》"殿中监"条。

[13] 阁分：又称"合子""合分"，宋代对妃嫔的称呼。本书卷之七"驾幸临水殿观争标赐宴"条有"两边列十阁子"之语。宋代周密《武林旧事·宫中诞育仪例略》："宫中凡合分有娠，将及七月，本位医官申内东门司及本位提举官奏闻门司特奏。""诸阁分"或指为后宫嫔妃提供生活料理的机构。

[14] 后苑作：指后苑造作所，为皇宫提供器玩、服饰之类的机构。《宋史》卷一百六十五《职官志第一百一十八》："凡进御器玩、后妃服饰，雕文

错采工巧之事，分隶文思院后苑造作所。”

[15] 明堂颁朔布政府：宋代举行明堂礼仪，颁朔、布政的府治，又见于《东京梦华录》卷二“宣德楼前省府宫宇”条。颁朔，周制，周天子在每年季冬时把来年的历日颁布于天下诸侯，称为“颁朔”。《周礼·春官·太史》：“颁告朔于诸侯。”

译文

内诸司都在皇宫之中，比如学士院、皇城司、四方馆、客省、东上阁门、西上阁门、通进司、内弓剑枪甲军器等库，翰林司（茶、酒局），内侍省、入内内侍省、内藏库、奉宸库、景福殿库、延福宫、殿中省、六尚局（尚药、尚食、尚辇、尚酝、尚舍、尚衣）、诸阁分、内香药库、后苑作、翰林书艺局、医官局、天章等阁，明堂颁朔布政府。

外　诸　司

外诸司：左右金吾街仗司[1]、法酒[2]库、内酒坊、牛羊司、乳酪院、仪鸾司（帐设局也）、车辂院、供奉库、杂物库、杂卖务、东西作坊、万全（造军器所）、修内司[3]、文思院上下界[4]、绫锦院、文绣院、军器所、上下竹木务、箔场[5]、车营致远务[6]、骡务、驼坊、象院、作坊物料库[7]、东西窑务[8]、内外物库、油醋库、京城守具所、鞍辔库、养马曰左右骐骥院、天驷十监、河南北十炭场、四熟药局[9]、内外柴炭库、军头引见司[10]、架子营（楼店务、店宅务）、榷货务、都茶场[11]、大宗正司[12]、左藏、大观、元丰、宣和等库、编估局、打套所[13]。诸米麦等：自州东虹桥，元丰仓、顺成仓；东水门里广济、里河折中、外河折中、富国、广盈、万盈、永丰、济远等仓，陈州门里麦仓。子州北夷门山、五丈河诸仓，约共有五十余所。日有支纳下卸[14]，即有下卸指军兵士，支遣即有袋家[15]，每人肩两石布袋。遇有支遣，仓前成市。近新城，有草场二十余所。每遇冬月，诸乡纳粟秆草，牛羊阗塞道路，车尾相衔，数千万辆不绝，场内堆积如山。诸军打请[16]，营在州北，即往州南仓，不许雇人般担[17]，并要亲自肩来，祖宗之法也。

注　释

[1] 金吾街仗司：掌管殿内宿卫，车驾巡幸时勘箭、喝探之事，以及送诸道节度使旌节。金吾分左金吾、右金吾，始见《汉书》，应劭注曰："吾者，

御也，掌执金革以御非常。”颜师古注曰：“金吾，乌名也，主辟不祥。天子出行，职主先导，以御非常，故执此乌之象，因以名官。”

[2] 法酒：指朝廷举行重大礼仪的酒宴时，因进酒需有礼，故称法酒。后泛指用于宫廷宴饮的酒。宋代陈师道《后山诗话》：“子瞻谓孟浩然之诗，韵高而才短，如造内法酒手而无材料尔。”

[3] 修内司：宋代掌管宫殿、太庙修缮事务的机构，隶属于将作监。

[4] 文思院上下界：掌管皇宫金银器制造以及彩缯、装钿之类的机构。元代马端临《文献通考》卷五十七“少府监”条之“文思院”说：“掌造金银、犀玉、工巧之物，金彩、绘素、装钿之饰，以供舆辇、册宝、法物及凡器服之用。”上下界，与下文“上下竹木务”类似，当是等级、分工不同所致。

[5] 箔场：《宋史》卷一百六十五《职官志第一百一十八》曰：“箔场，掌抽算竹木蒲苇，以供帘箔内外之用。”苏辙《请户部复三司诸案札子》：“近以箔场竹箔积久损烂，创令出卖，上下皆以为当。”

[6] 车营致远务：即车营务、致远务。《宋史》卷一百六十四《职官志第一百一十七》：“车营致远务，掌分养杂畜以供负载、般运。”

[7] 作坊物料库：《宋史》卷一百六十五《职官志第一百一十八》：“作坊物料库掌收铁锡、羽箭、油漆之属。”

[8] 东西窑务：清代周城《宋东京考》卷三：“东西窑务，掌陶土为砖瓦以给营缮及瓶缶之用。”

[9] 四熟药局：《宋东京考》卷三：“四熟药局、和剂局、惠民局，掌合药出卖以济民疾苦。”熟药，经过加工的药材。

[10] 军头引见司：宋代官署名，隶属入内内侍省。宋代孙逢吉《职官分纪》卷三十五“御前忠佐军头引见司”条曰：“国朝初曰军头引见司，端拱元年改军头司为御前忠佐军头司，引见司为御前忠佐引见司……军头司掌崇政殿供奉官及诸州驻泊捕捉权管之事，引见司掌军头之名籍、诸军拣阅引见。”

[11] 榷货务、都茶场：元代马端临《文献通考》卷六十《职官考十四》

“榷货务都茶场”条曰：“榷货务掌折博、斛米、金帛之属，以朝官诸司使副内侍二人监。太平兴国中，以先平岭南及交阯，诸国入贡通关市议，于京师置榷易院。大中祥符中，并入榷货务。建炎中兴，又创都茶场，给卖茶引，随行在所于榷货务置场，虽分两司，而提辖监官并通衔管干。”

[12] 大宗正司：负责教育训导王室、亲族的机构。宗正为三公九卿制中的九卿之一。

[13] 编估局、打套所：《宋史》卷一百六十五《职官志第一百一十八》：“编估局、打套局，二局系拣选市舶、香药、杂物等，第会其直，以待贸易。”

[14] 支纳下卸：支取、缴纳、向下卸载。

[15] 袋家：扛米麦袋子的劳工。

[16] 打请：宋元之时，军队领取粮草的称谓。《宋会要辑稿·食货五三》：“行在诸仓遇打请日，令户部前一日据合支数，令本仓般量出廒于廊屋下安顿，遇天晴，于砖石上垛放支遣。”

[17] 般担：搬运、担负。般，通“搬”。

译文

皇宫之外众多机构是：左右金吾街仗司、法酒库、内酒坊、牛羊司、乳酪院、仪鸾司（又叫帐设局）、车辂院、供奉库、杂物库、杂卖务、东西作坊、万全（制造军器的场所）、修内司、文思院上下界、绫锦院、文绣院、军器所、上下竹木务、箔场、车营致远务、骡务、驼坊、象院、作坊物料库、东西窑务、内外物库、油醋库、京城守具所、鞍辔库、左右骐骥院（即养马的地方）、天驷十监、河南河北十个炭场、四熟药局、内外柴炭库、军头引见司、架子营（包括楼店务、店宅务）、榷货务、都茶场、大宗正司，左藏、大观、元丰、宣和等仓库，编估局、打套所。众多米麦仓库：从汴州东边的虹桥数起，有元丰仓、顺成仓，东水门的里面有广济仓，里河折中仓、外河折中仓，富国仓、广盈仓、万盈仓、永丰仓、济远仓等。陈州门里有麦仓。加上汴州北边有夷门山、五丈河等仓库，大约共有五十多个仓库。每天都有支取、缴纳、卸载等事，于是就有指挥下卸的士兵，支取遣送之事就有袋家，每人肩上扛着容量为两石的布袋。每当遇到支遣的时候，仓库前就像集市一样。靠近新城的地方有二十多所草料场。每当遇到冬天的月份，众多乡县交纳粟秆草的牛车填满了整个道路，车尾相互衔接，有成千上万辆，络绎不绝。草料场内堆积如山。诸军营在州城之北的，领取粮草时要到州城之南的仓库，不许雇用人搬运担负，都要亲自来用肩挑走，这是祖宗传下来的规矩。

·《清明上河图》局部，城门高大威武，像是展翅的飞鸟，房檐下有三层斗拱，漆染米色。楼上有人在观望察看，楼内有一面大鼓，原为宵禁使用，楼下有骆驼商队路过，行人在路上络绎不绝。

卷之二

坊巷御街，
自宣德楼一直南去，
约阔二百余步，
两边乃御廊，
旧许市人买卖于其间。

御　街

坊巷御街[1]，自宣德楼一直南去，约阔二百余步，两边乃御廊，旧许市人买卖于其间。自政和间官司禁止，各安立黑漆杈子，路心[2]又安朱漆杈子两行，中心御道，不得人马行往，行人皆在廊下朱杈子之外。杈子里有砖石甃砌御沟水两道，宣和间尽植莲荷，近岸植桃、李、梨、杏，杂花相间。春夏之间，望之如绣。

注　释

[1] 御街：又称“天街”，指宣德楼至南薰门之间的宽阔街道，因皇驾经常于此经过，故名。

[2] 路心：道路中央。

译　文

夹在街坊和巷子中的御街，从宣德楼一直向南，街道大约有两百多步宽，街的两边是御廊，以前允许市人在这里买卖。到宋徽宗政和年间时，官府禁止了买卖，两边各自安装了黑漆的杈子，路的中央又安装了两排红漆的杈子。在御道的中心，人马不得行走往来，行人都在御廊之下、朱杈子之外。杈子的内侧有用砖石砌成的两道御沟，宣和年间全都种上了莲叶荷花，御沟的近岸种植了桃树、李树、梨树、杏树，杂花相互交错，春夏之间，一眼望去就好像锦绣一样。

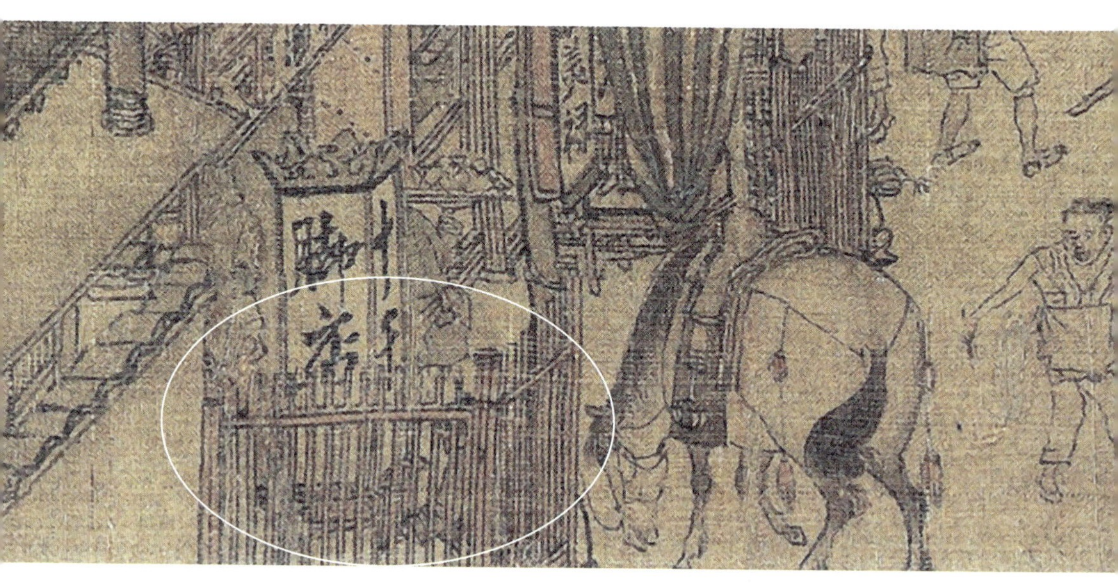

•《清明上河图》局部，杈子是用来隔绝人车马的装置。

宣德楼前省府宫宇

宣德楼前，左南廊对左掖门，为明堂颁朔布政府、秘书省；右廊南对右掖门。近东则两府八位[1]，西则尚书省。御街大内前南去，左则景灵东宫[2]，右则西宫。近南大晟府[3]，次曰太常[4]寺。州桥曲转大街，面南曰左藏库。近东郑太宰宅[5]、青鱼市内行、景灵东宫。南门大街以东，南则唐家金银铺、温州漆器什物铺、大相国寺，直至十三间楼[6]、旧宋门。自大内西廊南去，即景灵西宫，南曲对即报慈寺街、都进奏院[7]、百种圆药铺[8]，至浚仪桥大街。西宫南皆御廊杈子，至州桥投西大街，乃果子行。街北都亭驿，大辽人使驿也。相对梁家珠子铺。余皆卖时行[9]纸画、花果铺席。至浚仪桥之西，即开封府。御街一直南去，过州桥，两边皆居民。街东，车家炭、张家酒店，次则王楼山洞梅花包子、李家香铺、曹婆婆肉饼、李四分茶[10]。至朱雀门街西过桥，即投西大街，谓之“曲院街”，街南遇仙正店，前有楼子，后有台，都人谓之“台上”。此一店最是酒店上户，银瓶酒七十二文一角，羊羔酒[11]八十一文一角。街北薛家分茶、羊饭、熟羊肉铺。向西去皆妓馆舍，都人谓之“院街”。御廊西即鹿家包子。余皆羹店、分茶、酒店、香药铺、居民[12]。

注释

[1] 两府八位：两府，指东西府。宋代陈绎《新修东府记》：“自熙宁三

年秋七月，兴作东西府，凡八位，总千二百楹。”王安石《张侍郎示东府新居诗因而和酬二首》题下李壁注曰：“又建东西府，以居执宰，与右掖门相对，每府四位，俗号八位。”叶梦得《石林诗话》卷中亦有记载。

[2] 景灵东宫：宋代李心传《建炎以来朝野杂记·景灵东西宫》甲集卷二“景灵东西宫”条：“祖宗以来，帝后神御，皆寓道释之馆。神宗元丰中，始仿汉原庙之制，即景灵宫之东西为六殿，每殿皆有馆御，前殿以奉宣祖以下御容，而后殿以奉母后，各揭以美名。徽宗崇宁初，以景灵无隙地，乃于驰道之西立西宫，以神宗为馆御首，哲宗次之，号旧宫为景灵东宫。”

[3] 大晟（shèng）府：北宋时掌管宫廷音乐的机构，崇宁四年（1105）置。

[4] 太常：掌管宗庙礼仪的官员，汉代时位列九卿之首，地位崇高。

[5] 郑太宰：指郑居中，宰相王珪之婿，宋徽宗时期任太宰。

[6] 十三间楼：王辟之《渑水燕谈录》卷九“杂录”第二条：“周显德中，许京城民居起楼阁，大将军周景威先于宋门内，临汴水建楼十三间，世宗嘉之，以手诏奖谕。景威虽奉诏，实所以规利也。今所谓‘十三间楼子’者是也。”

[7] 都进奏院：都，总领。进奏院，唐代即有此署，指各个地方上的行政机构的驻京办事处。《宋史》卷一百六十一《职官志第一百一十四》曰：“进奏院，隶给事中，掌受诏敕及三省枢密院宣札，六曹、寺、监、百司符牒，颁于诸路。凡章奏至，则具事目上门下省。若案牍及申禀文书，则分纳诸官司。”宋人苏舜钦曾担任监进奏院一职。

[8] 百种圆药铺：百种各式的丸药。圆药，即丸药。

[9] 时行：当下流行的。

[10] 分茶：宋代时的一种茶艺，将沸水注入装有茶末的茶杯后，使之呈现出不同的波纹形状。陆游《临安春雨初霁》有“晴窗细乳细分茶”之句。

[11] 羊羔酒：北宋时一种名贵的酒。《本草纲目》载其酿法，需“用米一石”“肥羊肉七斤”，故名。宋代陈元靓《岁时广记》卷四“饮羔酒”条，

可略见其名贵之状。又，苏轼《二月三日点灯会客》有“试开云梦羔儿酒，快泻钱塘药玉船”。赵次公注曰：“即今之羊羔酒也。”

[12] 居民：即民居。

译文

宣德楼的前面，左边的南廊正对着左掖门，是明堂颁朔布政府、秘书省的所在，右边的南边正对着右掖门。靠近东边的一侧，则是两府八位，靠西边的是尚书省。御街皇宫向南而去，左边则是景灵东宫，右边则是景灵西宫。靠近南边的则是大晟府，其次是太常寺。到州桥转弯处是东西两条大街，面向南边的是左藏库，靠近东边的是郑太宰的宅院、青鱼市的内部鱼行。景灵东宫南门大街的东面，靠南的是唐家金银铺、温州漆器什物、大相国寺，一直到十三间楼、旧宋门。从皇宫西廊

·《清明上河图》局部，繁碌的街市上，充斥着琳琅满目的商铺，各色各样的商品在坊间售卖。酒店、旅店混杂其中，见证了北宋汴梁城的繁华与豪盛。

向南，就是景灵西宫，南边转弯处所对的即是报慈寺街、都进奏院、百种圆药铺，一直到浚仪桥大街。景灵西宫的南面，都有御廊杈子，至州桥时转向西大街，是果子行。街北的都亭驿，是辽国使者的驿站，对着梁家珠子铺，其余的都是卖时下流行的纸画、花果的铺子。到了浚仪桥的西边，就是开封府。沿着御街一直南去，走过州桥，两边都是民居。街的东边是车家炭、张家酒店，其次是王楼山洞梅花包子、李家香铺、曹婆婆肉饼、李四分茶。到朱雀门的西边街道，走过桥，就到了西大街，称为曲院街。曲院街的南边就会遇到仙正店，店的前面有楼子，后面有楼台，都城里的人称之为“台上”。这一家店面最能称得上是酒店中的上品，银瓶装的酒一角值七十二文，羊羔酒一角值八十一文。曲院街北边有薛家分茶、羊饭、熟羊肉铺。向西而去，都是妓馆屋舍，都城里的人称之为“院街”。御廊的西边就是鹿家包子，其余都是羹店、分茶、酒店、香药铺、民居。

朱雀门外街巷

出朱雀门东壁，亦人家。东去大街、麦秸巷、状元楼，余皆妓馆，至保康门街。其御街东，朱雀门外，西通新门瓦子[1]，以南杀猪巷，亦妓馆。以南，东西两教坊[2]，余皆居民或茶坊。街心市井，至夜尤盛。过龙津桥南去，路心又设朱漆杈子，如内前。东，刘廉访[3]宅；以南，太学、国子监。过太学，又有横街，乃太学南门。街南熟药惠民南局。以南五里许，皆民居。又东去横大街，乃五岳观后门大街，约半里许，乃看街亭，寻常车驾行幸，登亭，观马骑于此。东至贡院什物库[4]、礼部贡院[5]、车营务、草场。街南葆真宫，直至蔡河云骑桥。御街至南薰门里街，西五岳观，最为雄壮。自西门东去观桥、宣泰桥，柳阴牙道，约五里许，内有中太一宫[6]、佑神观[7]。街南，明丽殿、奉灵园。九成宫，内安顿九鼎[8]。近东即迎祥池[9]，夹岸垂杨，菰蒲莲荷，凫雁游泳其间，桥亭台榭，棋布相峙，唯每岁清明日，放万姓烧香游观一日。龙津桥南，西壁，邓枢密[10]宅，以南武学巷内，曲子张宅、武成王庙。以南，张家油饼、明节皇后宅。西去大街，曰大巷口。又西曰清风楼酒店，都人夏月多乘凉于此。以西老鸦巷口，军器所，直接第一座桥。自大巷口南去，延真观，延接四方道民于此。以南西去，小巷口，三学[11]院，西去，直抵宜男桥小巷，南去即南薰门。其门寻常士庶殡葬车舆，皆不得经由此门而出，谓正与大内相对。唯民间所宰猪，须从此入京，每日至晚，每群万数，止十数人驱逐，无有乱行[12]者。

注释

[1] 瓦子：又称瓦舍、瓦肆，是宋代出现的兼容商业和娱乐性质的场所，一般以表演曲艺、杂技为主。

[2] 教坊：古代舞乐机构，唐时置，隶属太常寺，掌管教习俳优杂剧。后来朝廷祭祀则用教坊雅乐，岁时宴乐则用教坊俗乐，宋金元明大体因之，至清废止。唐朝崔令钦撰有《教坊记》可参看。

[3] 刘廉访：其名未详。廉访，宋代职官名，即廉访使者，主管监察诸事。

[4] 贡院什物库：堆放与贡院有关的杂物的仓库。什物，泛指日用零碎之物。

[5] 礼物贡院：贡院，古代科举考试的场所。唐代李肇《唐国史补》卷下："开元二十四年，考功郎中李昂，为士子所轻诋。天子以郎署权轻，移职礼部，始置贡院。"

[6] 太一宫：祭祀太乙神的宫殿，汉代时长安有太一宫，亦称"太乙宫"。宋代王安石有《题太一宫壁》诗二首。

[7] 佑神观：全称为"佑神观使"，宋代常见的祠禄官，是一种只享受俸禄而无须到岗的虚职。

[8] 九成宫，内安顿九鼎：李濂《汴京遗迹志》："崇宁元年，方士魏汉津请备百物之象铸九鼎。四年三月，九鼎成。诏于中太一宫之南为殿以奉安，各周以垣，上施睥睨，墁以方色之土。外筑垣环之，名曰'九成宫'。中央曰帝鼎，其色黄，祭以土，王日为大祠，币用黄，乐用宫架。北方曰宝鼎，其色白，祭以冬至，币用皂。东北曰牡鼎，其色白，祭以立春，币用皂。东方曰苍鼎，其色碧，祭以春分，币用青。东南曰冈鼎，其色绿，祭以立夏，币用绯。南方曰彤鼎，其色紫，祭以夏至，币用绯。西南曰阜鼎，其色黑，祭以立秋，币用白。西方曰皛鼎，其色赤，祭以秋分，币用白。西北曰魁鼎，其色白，祭以立冬，币用皂。八鼎皆为中祠，乐用登歌，享用素馔，复于帝鼎之宫立大角鼎星之祠。"

[9] 迎祥池：即凝祥池。

[10] 邓枢密：指邓洵武，政和六年（1116）知枢密院。

[11] 三学：佛教用语，谓戒、定、慧。

[12] 乱行：走乱行列，乱跑乱窜。

译文

出了朱雀门，东边也是居民。向东去的大街，有麦秸巷、状元楼，其余都是妓馆，一直到保康门街。在御街东边的朱雀门外，向西通往新门瓦子，南边是杀猪巷，也都有妓馆，再往南是东、西两座教坊，其余都是民居，或者是茶坊。朱雀街中心的市井，到了夜晚尤其繁盛。过龙津桥向南，道路的中心又设置了朱漆的杈子，如同皇宫前的御街。东面是刘廉访的宅院，往南是太学、国子监。过了太学之后又有横街，就到了太学的南门。横街的南边是熟药惠民南局。往南大约五里都是民居。再往东去就是横大街，就到了五岳观的后门。在横大街半里左右，就到了看街亭，平日里皇帝车驾临幸时，登上看街亭，在这里观看马车骑从。再向东就到了贡院什物库、礼部贡院、车营务、草场。街的南面是葆真宫，一直到蔡河的云骑桥。御街至南薰门之内，街西的五岳观最为雄壮。自西门向东而去，观桥、宣泰桥，一路上绿柳成荫，都是官府砌的牙道，大约五里左右，内部有中太一宫、佑神观。街的南边是明丽殿、奉灵园。九成宫，内部安顿九鼎。靠近东边就是迎祥池，两岸种植着垂杨，水中有菰蒲、莲叶、荷花，凫雁在池中游泳，桥、亭、台、榭，像棋子一样排布对峙，只有在每年清明节这一天，允许百姓烧香游观一天。龙津桥南边靠西的一面是邓枢密的宅院，南面的武学巷内，有曲子张宅、武成王庙。再往南是张家油饼、明节皇后的宅院。向西所到的大街是大巷口，再往西是清风楼酒店，都城里的人在夏季的月份里大多在此乘凉。往西是老鸦巷口军器所，直接通往第一座桥。从大巷口往南，有延真观，在这里延接四方而来的道士。南边往西走，就到了小巷口三学院，向西直接到达宜男桥小巷，往南就到了南薰门。这个门，平时士人、百姓殡葬的车辆，都不能从此出去，因为此门与皇宫正好相对。只有民间宰杀的猪，必须从这座门进入都城。每天到了夜晚，每一群猪都有上万头，只有十几个人驱赶着，没有走乱行列的。

·《清明上河图》局部，从图上来看有一群猪在街上，行人不慌不忙。

·《清明上河图》局部，这是一家肉铺，挂着斤六十足的标识，肉铺的老板在津津有味地听书，铺子里有人正在剁肉。

州桥夜市

出朱雀门，直至龙津桥。自州桥南去，当街水饭[1]、熬肉[2]、干脯[3]。王楼前獾儿、野狐肉脯，鸡。梅家、鹿家鹅、鸭、鸡、兔、肚肺、鳝鱼、包子、鸡皮、腰肾、鸡碎[4]，每个不过十五文。曹家从食[5]。至朱雀门，旋煎[6]羊白肠、鲊脯、爎冻鱼头、姜豉、剿子、抹脏[7]、红丝、批切[8]羊头、辣脚子、姜辣萝卜。夏月，麻腐鸡皮、麻饮细粉、素签、沙糖冰雪冷元子[9]、水晶皂儿、生淹水木瓜、药木瓜、鸡头穰[10]、沙糖绿豆甘草冰雪凉水、荔枝膏、广芥瓜儿、咸菜、杏片、梅子姜、莴苣笋、芥辣瓜儿、细料馉饳儿、香糖果子、间道糖荔枝、越梅、鋋刀紫苏膏、金丝党梅、香枨[11]元，皆用梅红匣儿盛贮。冬月，盘兔、旋炙[12]猪皮肉、野鸭肉、滴酥、水晶脍、煎夹子、猪脏之类，直至龙津桥须脑子肉止，谓之"杂嚼"，直至三更。

注释

[1] 水饭：稀饭、粥，用水浸过的米饭。大概指粥用水煮开后再将其放入到凉水中降温后食用。

[2] 熬肉：一种用文火慢慢熬制的肉。

[3] 干脯：肉干。《韩诗外传》："御者进干脯、粱糗。"

[4] 鸡碎：鸡杂碎。

[5] 从食：非主食的，犹副食、小食、轻食。

·《清明上河图》局部，虹桥上的小吃摊和饮子摊（类似于现在的饮料）。在虹桥上设立摊位，为来往的行人提供便利。小吃摊售卖食物，旁边的饮子摊出售饮料，宋代的香饮子种类繁复，有些店家添加自己独特的香料，同时具有不同的口味和一定的药效。

[6] 旋煎：现场煎、烤的。旋，立刻、立即。

[7] 抹脏：切成薄片的猪、羊等动物的内脏。

[8] 批切：斜着用刀削，与上文之“抹”皆厨师用刀之术语。苏轼《和何长官六言五首》(其三)：“贫家何以娱客，但知抹月批风。”赵次公注曰：“馔食者有批有抹，‘抹月批风’又戏言之。”

[9] 元子：即“丸子”，因“丸”与宋钦宗赵桓之“桓”音近，故改为“元”以避讳。

[10] 鸡头穰：鸡头，芡食。晋代崔豹《古今注》卷下：“芡，鸡头也，一名雁头，一名芰叶，似荷而大，叶上蹙皱如沸，实有芒刺，其中如米，可以度饥。”穰，同“瓤”。

[11] 枨：同“橙”。

[12] 旋炙：现烤的。一说将食材放在烤架上旋转着烧烤。

译文

出了朱雀门，就一直到了龙津桥。从州桥入南，当街有卖水饭、熬肉、干脯的。王楼的前面有卖用獾儿、野狐的肉制成的肉干和鸡肉的，还有梅家、鹿家的鹅、鸭、鸡、兔、肚肺、鳝鱼、包子、鸡皮、腰肾、鸡碎，每一个不超过十五文钱，曹家的副食店也在这里。到了朱雀门，有现煎现烤白羊肠、鲊脯、爜冻鱼头、姜豉、剿子、抹脏、红丝、批切羊头、辣脚子、姜辣萝卜。夏天时，卖的有麻腐鸡皮、麻饮细粉、素签、沙糖冰雪冷元子、水晶皂儿、生淹水木瓜、药木瓜、鸡头穰、沙糖绿豆甘草冰雪凉水、荔枝膏、广芥瓜儿、咸菜、杏片、梅子姜、莴苣笋、芥辣瓜儿、细料馉饳儿、香糖果子、间道糖荔枝、越梅、鑑刀紫苏膏、金丝党梅、香枨元，全都用梅红色的匣子盛装贮存。冬天时，卖的有盘兔、旋炙猪皮肉、野鸭肉、滴酥水晶脍、煎夹子、猪脏之类，一直到龙津桥的须脑子肉为止，称为“杂嚼”，买卖一直持续到三更天。

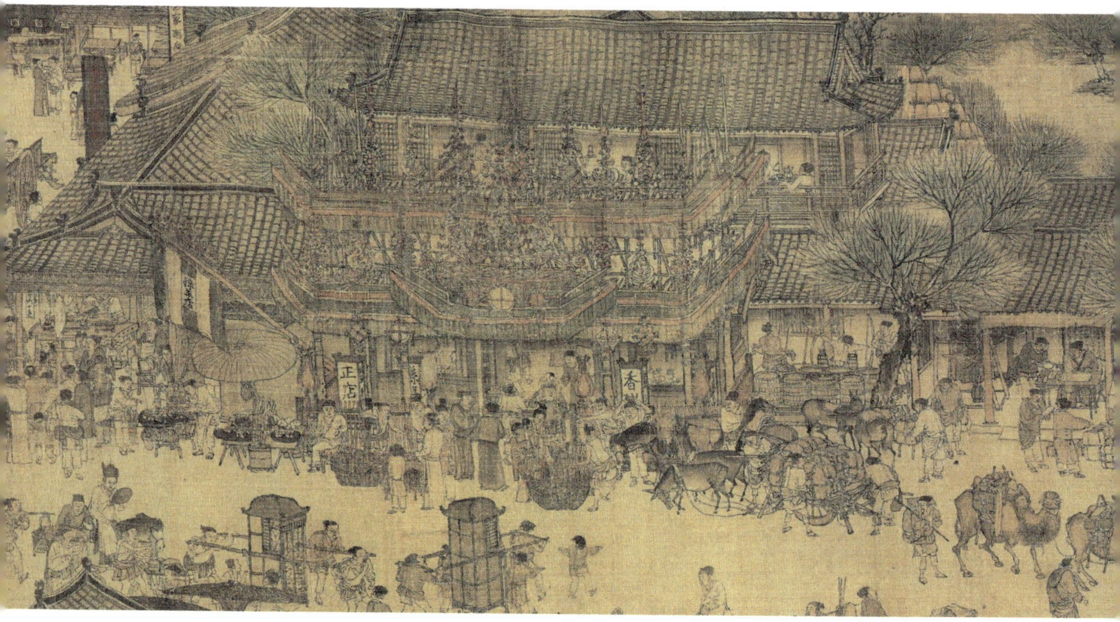

·《清明上河图》局部，孙羊店前的小吃摊。

·《清明上河图》局部，售卖物品的摊货郎。

虹桥上人头攒动，桥的两边有形形色色的摆摊人，有售卖小吃的，卖饮子的。孙羊店门口也有售卖小吃的摊位，可以说明当时大酒店生意和小摊位生意可以一同生存。而《清明上河图》中随处可见的摊位、货郎说明当时汴梁经济的繁荣昌盛。

东角楼街巷

自宣德东去东角楼，乃皇城东南角也。十字街南去，姜行、高头街。北去，从纱行至东华门街、晨晖门、宝箓宫，直至旧酸枣门，最是铺席要闹[1]。宣和间，展夹城牙道矣。东去乃潘楼街，街南曰“鹰店”，只下[2]贩鹰鹘客，余皆真珠、匹帛、香药铺席。南通一巷，谓之“界身”，并是金银、彩帛交易之所，屋宇雄壮，门面广阔，望之森然。每一交易，动即[3]千万，骇人闻见。以东，街北曰潘楼酒店，其下每日自五更市合[4]，买卖衣物、书画、珍玩、犀玉。至平明，羊头、肚肺、赤白腰子、奶房、肚胘、鹑兔、鸠鸽野味，螃蟹、蛤蜊之类讫，方有诸手作人上市，买卖零碎作料。饭后，饮食上市，如酥蜜食、枣䭔[5]、澄砂团子、香糖果子、蜜煎雕花之类。向晚卖何娄[6]头面、冠梳[7]、领抹[8]、珍玩、动使[9]之类。东去则徐家瓠羹店。街南桑家瓦子，近北则中瓦，次里瓦。其中大小勾栏[10]五十余座。内中瓦子莲花棚、牡丹棚，里瓦子夜叉棚、象棚最大，可容数千人。自丁先现、王团子、张七圣辈，后来可有人于此作场[11]。瓦中多有货药、卖卦、喝故衣[12]、探搏[13]、饮食、剃剪纸画[14]、令曲之类。终日居此，不觉抵暮。

注释

[1] 要闹：紧要而热闹的。唐代张继《寄元员外》：“门巷不教当要闹，诗篇转觉足工夫。”

[2] 下：动词，住下、下榻。

[3] 动即：动不动就。动，动辄。

[4] 市合：开市。

[5] 枣餬（hú）：一种镶嵌着枣子的饼状面食。餬，《玉篇》卷九“食部”：“餬，户乌切，饼也。”

[6] 何娄：即何楼，泛指假货。宋代江少虞《新雕皇朝类苑》卷五十九“何楼”条：“世人语虚伪者为‘何楼’，似是污滥之称，其实不然。国初，京师有何家楼，其下卖物皆污滥者，故人以此目之，今楼已废，语犹相传。”

[7] 冠梳：发髻上安插的梳子，当时流行的一种冠饰。宋代陆游《入蜀记》卷六：“未嫁者率为同心髻，高二尺，插银钗至六只，后插大象牙梳，如手大。”《宋史》卷一百五十三《舆服志》第一百六：“先是宫中尚白角冠梳，人争仿之，谓之内样。其冠名曰‘垂肩’等，至有长三尺者，梳长亦逾尺。议者以为服妖，遂禁止之。”

[8] 领抹：缝制、搭配在衣领边的装饰物。

[9] 动使：日常使用的器具。《朱子语类》卷八：“因说索面，曰：‘人于饮食、动使之物，日极其精巧，到得义理，却不理会，渐渐昏蔽了，都不知。”

[10] 勾栏：大城市中固定的娱乐场所，宋元时期很多杂剧、戏曲在勾栏上演，一般设有舞台、看台的功能区域，看台有层层台阶，以方便众人观看，类似于今天的剧院。元代杜仁杰有套曲《庄家人不识勾栏》，对勾栏及其演出有较为详细的描写。

[11] 作场：民间艺人在某一场所开始演出。陆游《小舟游近村舍舟步归》：“斜阳古柳赵家庄，负鼓盲翁正作场。”

[12] 喝故衣：吆喝着售卖旧衣服。

[13] 探搏：搏，通“博”。可能是用探摸（抓阄）方式来售卖的一种博戏。

[14] 剃剪纸画：按照图样进行裁剪的纸画。

译 文

从宣德楼向东，一直到东角楼，这是皇城的东南角。从十字街向南而去，是姜行、高头街。向北而去，从纱行可至东华门街、晨晖门、宝箓宫，一直到旧酸枣门，是商铺最重要热闹的场所，宣和年间拓展为皇城边的夹城和官道了。向东而去就是潘楼街，街的南边是鹰店，只让贩卖鹰鹘的客人住下，其余都是卖珍珠、布匹、绢帛、香药的店铺。向南通往一个巷子，叫作“界身”，全部都是金银彩帛交易的地方。房屋殿宇非常雄壮，店铺的门面广阔，看上去森严起敬。每一次交易额，动不动就达到千万，使人听后感到害怕。东边街道的北面是潘酒楼店。在这座酒楼的下面，每日五更天的时候集市就开始了，买卖衣物、书画，珍玩犀玉；到天亮时，卖有羊头肚肺、赤白腰子、奶房、肚胘，鹌鹑、兔子、斑鸠、鸽子等野味，还有螃蟹、蛤蜊之类海鲜。等这些食物摊卖完收摊之后，才有众多手工艺人上市，售卖零碎的手工原材料。早饭过后，饮食品上市，比如酥蜜食、枣䭔、澄砂团子、香糖果子、蜜煎雕花之类。到傍晚时，卖的有粗糙假冒的头面、冠梳、领抹、珍玩、日常使用器具之类的。沿着道路往东走，是徐家瓠羹店。街的南面是桑家瓦舍，靠近北边则是中瓦子，其次是里瓦子。其中有大、中、小的勾栏五十多座。其中里边的中瓦子的莲花棚、牡丹棚，里瓦子的夜叉棚、象棚规模最大，可以容纳几千人。自从丁先现、王团子、张七圣这些人在此演出后，可有人也在此处占据场地演出。瓦舍中多有卖药、卖卦、吆喝售卖旧衣服、抓阄售卖货物、售卖饮食、修剪整理纸画、演唱曲子之类的。整天在这里居住，不知不觉就到了日暮时分。

潘楼东街巷

潘楼东去十字街，谓之“土市子”，又谓之“竹竿市”。又东十字大街，曰从行裹角[1]茶坊。每五更点灯，博易[2]买卖衣服、图画、花环、领抹之类，至晓即散，谓之“鬼市子”。以东，街北赵十万宅街。街南，中山正店、东榆林巷、西榆林巷。北，郑皇后宅。东曲首向北墙畔，单将军庙，乃单雄信[3]墓也，上有枣树，世传乃枣槊[4]发芽生长成树，又谓之“枣冢子巷”。又投东[5]，则旧曹门。街北山子茶坊，内有仙洞、仙桥，仕女往往夜游吃茶于彼。又李生菜小儿药铺、仇防御药铺。出旧曹门，朱家桥瓦子。下桥，南斜街、北斜街，内有泰山庙，两街有妓馆。桥头人烟市井，不下州南。以东牛行街、下马刘家药铺、看牛楼酒店，亦有妓馆，一直抵新城。自土市子南去，铁屑楼酒店、皇建院街，得胜桥郑家油饼店，动二十余炉，直南，抵太庙街、高阳正店，夜市尤盛。土市北去，乃马行街也，人烟浩闹。先至十字街，曰鹩儿市，向东曰东鸡儿巷，西向曰西鸡儿巷，皆妓馆所居。近北街曰杨楼街，东曰庄楼，今改作和乐楼。楼下乃卖马市也。近北曰任店，今改作欣乐楼。对门马铛家羹店。

注 释

[1] 裹角：犹拐角。元代郑廷玉《后庭花》第四折曰：“我出的这衙门来，转过隅头，抹过裹角，来到李顺家里。”

[2] 博易：以博而易，即用赌博的方式交易。

[3] 单雄信：（？—621），今山东菏泽人，隋末农民起义军领袖，勇武过人，善使马槊，人称“飞将”。瓦岗起义后，跟随李密，参加偃师之战，兵败后归王世充，王世充兵败后随之向李世民投降，后被处死。

[4] 枣槊：用枣木做的槊柄。枣槊是单雄信使用的兵器。

[5] 投东：向东边走。刘长卿《至饶州寻陶十七不在寄赠》：“谪宦投东道，逢君已北辕。”

译文

潘楼向东至十字街，称为“土市子”，又唤作“竹竿市”。再往东的十字大街，叫作从行裹角茶坊，每天五更的时候点灯，交易买卖衣服、图画、花环、领抹等，到天亮的时候散去，称之为“鬼市子”。再往东，街的北面是赵十万的宅第，街的南面是中山正店、东榆林巷、西榆林巷，北边是郑皇后宅第。东边弯曲往北的墙边是单将军庙，就是单雄信的墓地。上面有枣树，世人相传是枣木柄的槊发芽长成的这棵树，又称为枣冢子巷。又向东则是旧曹门，街的北面是山子茶坊，里面有仙洞仙桥，仕女往往在夜晚于此游玩，在那里吃茶。又有李生菜小儿药铺、仇防御药铺。出了旧曹门，就到了朱家桥瓦子。下桥以后就是南斜街、北斜街，里面有泰山庙，两条街都有妓馆，桥头望去，人烟集市，与汴州城南不相上下。东面是牛行街、下马刘家药铺、看牛楼酒店，也有妓馆，一直抵达新城。从土市子往南而去，有铁屑楼酒店、皇建院街。得胜桥附近的郑家油饼店，动辄有二十几个炉子。一直向南抵达太庙街、高阳正店，夜市尤其繁盛。土市子向北而去则是马行街，人烟浩渺热闹。先到十字街，叫作鹩儿市，向东叫作东鸡儿巷，向西叫作西鸡儿巷，都是妓馆所在的地方。靠近北街的地方叫作杨楼街，东边是庄楼，现在改成了和乐楼。楼下是卖马的集市。靠近北边的叫作任店，现在改成了欣乐楼。对门是马铛家羹店。

·《清明上河图》局部，图中赵太丞家的医药铺，能看到门上左侧半边楹联为“五劳七伤调理科”，医药铺前方两座立式广告分别为“治酒所伤真方集香丸”和“大理中丸医肠胃药”。

酒　　楼

凡京师酒店，门首皆缚彩楼欢门[1]。唯任店，入其门，一直主廊，约百余步，南北天井，两廊皆小阁子[2]。向晚，灯烛荧煌，上下相照，浓妆妓女数百，聚于主廊槏[3]面上，以待酒客呼唤，望之宛若神仙。北去杨楼，以北穿马行街，东西两巷，谓之大小货行，皆工作伎巧[4]所居。小货行通鸡儿巷妓馆，大货行通笺纸店。白矾楼[5]，后改为丰乐楼，宣和间更修，三层相高，五楼相向，各有飞桥栏槛，明暗相通，珠帘绣额，灯烛晃耀。初开数日，每先到者赏金旗，过一两夜则已。元夜，则每一瓦陇[6]中皆置莲灯一盏。内西楼后来禁人登眺，以第一层[7]下视禁中。大抵诸酒肆瓦市，不以[8]风雨寒暑，白昼通夜，骈阗[9]如此。州东宋门外仁和店、姜店。州西，宜城楼、药张四店、班楼，金梁桥下，刘楼。曹门，蛮王家、乳酪张家。州北八仙楼，戴楼门张八家园宅正店。郑门河王家、李七家正店，景灵宫东墙，长庆楼。在京正店七十二户，此外不能遍数，其余皆谓之“脚店”[10]。卖贵细下酒，迎接中贵饮食，则第一白厨。州西安州巷张秀，以次[11]保康门李庆家，东鸡儿巷郭厨，郑皇后宅后宋厨，曹门砖筒李家，寺东骰子李家，黄胖家。九桥门街市酒店，彩楼相对，绣旆相招，掩翳天日。政和后来，景灵宫东墙下长庆楼尤盛。

注释

[1] 欢门：宋代时酒店、食店门前常见的用五彩布帛绑缚成的装饰。

[2] 小阁子：单独用餐的小房间，类似于今天的包房。

[3] 槏（qiǎn）：窗户边的柱子。

[4] 工作伎巧：能工巧匠，善于创作的人。

[5] 白矾楼：宋代吴曾《能改斋漫录》卷九“地理”之“白矾楼”条：“京师东华门外景明坊有酒楼，人谓之矾楼。或者以为楼主之姓，非也。本商贾鬻矾于此，后为酒楼，本名白矾楼。”

[6] 瓦陇：屋顶上用瓦铺成的类似于田垄的高低相间的行列。

[7] 第一层：从上往下数第一层，即最高的一层。

[8] 不以：不论，不管。《元史·刑法志一》：“虽有牙符而无织成圣旨者，不以何人，并勿启，违者处死。”

[9] 骈阗（pián tián）：聚集填充，也称为“骈填”“骈田”。

[10] 脚店：供客人临时歇脚的店铺。《清明上河图》绘有“十千脚店”，可参看。

[11] 以次：接下来是。

译文

凡是京师的酒店，门首上都绑缚着五彩布帛装饰的门楼，只有任店，入其店门一直向前都是主廊，大约有一百多步，南北天井两边的走廊都是小阁子。到了晚上，灯烛辉煌，上下相照，在主廊窗户边的柱子旁聚集数百名画有浓妆的妓女，等待酒客的呼唤，远远望上去就好像神仙一样。往北去是杨楼，向北穿过马行街，有称为大、小货行的东、西两条巷子，都是手工艺人、能工巧匠所住的地方。小货行通往鸡儿巷妓馆，大货行通往笺纸店、白矾楼，此楼后来改为丰乐楼，宣和年间重新进行了修整，楼有三层，竞相争高，五座楼相对而立，每座楼有飞空的桥梁和栏槛，光线明暗相通，珠帘拂动，绣额争辉，灯烛之光晃动而耀眼。楼阁刚开放的前几天，每次先到达的顾客会获得一面金旗，过了一两夜就停止了。元夕之夜，每一处瓦舍中都放置一盏莲花灯。内西楼后来因为从最高的一层向下看可以看到皇宫中，所以就禁止人们登临眺望，大抵而言，这些酒店瓦舍，不管大风暴雨、严寒酷暑，从白天营业到黑夜，人们都是通宵达旦地聚集在这里。汴州城东边的宋门外有仁和店、姜店，汴州城西有宜城楼、药张四店、班楼，金梁桥下是刘楼，曹门旁边是蛮王家、乳酪张家。汴州城北是八仙楼，戴楼门旁边有张八家园宅的正店，郑门河王家、李七家正店，景灵宫东边的城墙是长庆楼。在京城内的正店有七十二户，除此之外的店铺不能一一遍数，其余的都称为“脚店”。售卖精细而昂贵的下酒物，迎接朝中贵人饮食的，则是第一白厨。汴州城西是安州巷张秀，依次是保康门李庆家，东鸡儿巷的郭厨，郑皇后宅第后面的宋厨，曹门附近有砖筒李家，大相国寺东边的骰子李家，黄胖家。九桥门街市的酒店，彩楼相对而立，锦绣的旗帜迎风招展，掩盖遮蔽了天日。宋徽宗政和年间之后，景灵宫东边城墙下的长庆楼的生意尤其红火繁盛。

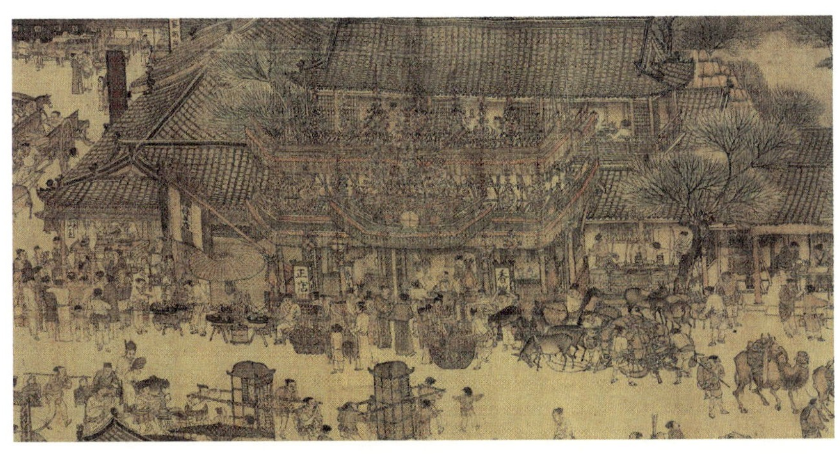

·《清明上河图》局部，孙羊店在醒目位置。从图上来看有三层，门店前面搭建起华丽的彩帛做装饰，门口左边摆放“孙羊”二字的牌子，右边摆放香醪牌子，表明自己家有好酒。两侧又挂有栀子灯，说明有店中陪酒服务。孙羊店前彩帛飞扬，人来人往，可见当时酒楼生意的红火与繁盛。

饮食果子

凡店内卖下酒厨子，谓之“茶饭量酒[1]博士”。至店中小儿子[2]，皆通谓之“大伯”。更有街坊妇人，腰系青花布手巾，绾危髻[3]，为酒客换汤、斟酒，俗谓之“焌糟”。更有百姓入酒肆，见子弟少年辈饮酒，近前小心供过[4]，使令[5]买物命妓，取送钱物之类，谓之“闲汉”。又有向前换汤[6]、斟酒、歌唱，或献果子、香药之类，客散得钱，谓之“厮波”。又有下等妓女，不呼自来，筵前歌唱，临时以些小[7]钱物赠之而去，谓之“札客”，亦谓之“打酒坐”。又有卖药或果实、萝卜之类，不问酒客买与不买，散与坐客，然后得钱，谓之“撒暂”。如此处处有之。唯州桥炭张家、乳酪张家，不放前项[8]人入店，亦不卖下酒，唯以好淹藏[9]菜蔬，卖一色[10]好酒。所谓茶饭者，乃百味羹、头羹、新法鹌子羹、三脆羹、二色腰子[11]、虾蕈、鸡蕈、浑炮等羹、旋索粉、玉棋子、群仙羹、假河鲀[12]、白渫齑、货鳜鱼、假元鱼、决明兜子、决明汤齑、肉醋托胎衬肠、沙鱼两熟、紫苏鱼、假蛤蜊、白肉、夹面子茸割肉、胡饼、汤骨头、乳炊羊、肫羊、闹厅羊、角炙腰子、鹅鸭排蒸、荔枝腰子、还元腰子、烧臆子、入炉细项、莲花鸭签、酒炙肚胘、虚汁垂丝羊头、入炉羊、羊头签、鹅鸭签、鸡签、盘兔、炒兔、葱泼兔、假野狐、金丝肚羹、石肚羹、假炙獐、煎鹌子、生炒肺、炒蛤蜊、炒蟹、渫蟹、洗手蟹[13]之类，逐时旋行[14]索唤，不许一味有阙，或别呼索[15]变造[16]下酒，亦即时供应。又有外来托卖炙鸡、燠鸭、羊脚子、点羊头、脆筋、巴子、姜虾、酒蟹、獐巴、鹿脯、从食蒸作[17]、海鲜、时果、旋切莴苣、生菜、西京笋。又有小儿子，着白虔布衫，青花手巾，挟白磁缸子，卖辣菜。又有托小盘卖干果子，乃旋炒银杏、栗子、河北鹅梨、梨条、梨干、梨肉、胶枣、枣圈[18]、梨圈、桃圈、核桃肉、牙枣[19]、海红[20]、嘉庆子[21]、林檎[22]旋、乌李、李子旋、樱桃煎、西京雨梨、夫梨、甘棠梨、凤栖梨、镇府浊梨、河阴石榴、河阳查子、查条、沙苑榅桲[23]、回马孛萄、西川乳糖、狮子糖、霜蜂儿、橄榄、温柑、绵枨、金橘、龙眼、荔枝、召白藕、甘蔗、漉梨、林檎干、枝头干、芭蕉干、人面子[24]、巴览子[25]、榛子、榧子[26]、虾具之类。诸般蜜煎香药、果子罐子、党梅、柿膏儿、香药、小元儿、小腊茶[27]、鹏沙元之类。更外卖软羊诸色[28]包子、猪羊荷包、烧肉干脯、玉板鲊、犯鲊、片酱[29]之类。其余小酒店，亦卖下酒，如煎鱼、鸭子、炒鸡兔、煎燠肉、梅汁、血羹、粉羹之类。每分不过十五钱。诸酒店必有厅院，廊庑掩映，排列小阁子，吊窗[30]花竹，各垂帘幕，命妓歌笑，各得稳便。

注释

[1] 量酒：酒保。《京本通俗小说·西山一窟鬼》："却不是别人，是净慈寺对门酒店里量酒。"

[2] 小儿子：年轻的男子。

[3] 危髻：高高耸起的发髻。

[4] 供过：侍奉。明代陆楫《古今说海·江行杂录说纂七》引宋人洪巽《旸谷漫录》曰："京都中下之户，不重生男。每生女则爱护如捧璧擎珠，甫长成则随其资质，教以艺业，用备士大夫采拾娱侍，名目不一，有所谓身边人、本事人、供过人……"

[5] 使令：差遣、使唤。《孟子·梁惠王上》："便嬖不足使令于前与？"

[6] 换汤：更换烫酒的热水。

[7] 些小：微小的。苏轼《乞降度牒修北岳庙状》："缘近岁民间屡值灾歉，施利微薄，只了得递年逐旋些小修补。"

[8] 前项：前面提到的各类各项。

[9] 淹藏：犹"腌藏"，用盐腌渍以贮藏保存。

[10] 一色：清一色的。

[11] 二色腰子：红、白两种颜色的腰子。

[12] 河鲀：即河豚。

[13] 洗手蟹：凉拌、生食的螃蟹。宋代傅肱《蟹谱》下篇"食品"条载："北人以蟹生析之，酤以盐梅，芼以椒橙，盥手毕即可食，目为洗手蟹。"

[14] 旋行：立刻就要。

[15] 呼索：呼唤、索要。

[16] 变造：泛指烹饪。《续资治通鉴长编》卷四百八十六："俟刈麦讫，以所进麦约合用数，先以黄绢袋封贮，付所司，令变造礼食，于临幸次日献之。"

[17] 从食蒸作：蒸成的面食点心。从食，副食、点心。宋代吴自牧《梦粱录》卷十六"荤素从食店"："更有专卖素点心从食店，如丰糖糕、乳糕、栗糕……七宝包儿等点心。"

[18] 枣圈：宋代寇宗奭《本草衍义》"大枣"："青州枣去皮核，焙干为枣圈，在都下，为奇果。"

[19] 牙枣：《本草衍义》卷十八"大枣"："又有牙枣，先众枣熟，亦甘美，但微酸，尖长。"

[20] 海红：橘之一种。宋代韩彦直《橘录》卷上"海红柑"条："海红柑，颗极大，有及尺以上围者，皮厚而色红，藏之久而味愈甘。木高二三尺，有生数十颗者，枝重委地，亦可爱。是柑可以致远，今都下堆积道旁者多此种。初因近海，故以'海红'得名。"

[21] 嘉庆子：即李子。宋代程大昌《演繁露》卷十五"嘉庆李"条："韦述《两京记》：'东都嘉庆坊有李树，其实甘鲜，为京城之美，故称嘉庆李。'今人但言嘉庆子，岂称谓既熟，不加'李'亦可记也？"

[22] 林檎：一种水果。左思《三都赋》："其园则有林檎、枇杷。"李善注："林檎，实似赤柰而小，味如梨。"

[23] 沙苑榅桲:《本草衍义》卷十八"榅桲"："食之须净去上浮毛，不尔，损人肺。花亦香，白色，诸果中唯此多生虫，少有不虫者。"宋代梅尧臣有《得沙苑榅桲戏酬》诗。

[24] 人面子：李时珍《本草纲目》卷三十三"人面子"：《草木状》云，出南海，树似含桃，子如桃，实无味，以蜜渍可食。其核正如人面可玩。祝穆《方舆胜览》云：'出广中，大如梅、李，春花、夏实、秋熟，蜜煎甘酸可食，其核两边似人面，口目鼻皆具。"

[25] 巴览子：亦称"巴榄子"。朱弁《曲洧旧闻》卷四："巴榄子如杏核，色白，褊而尖长，来自西番。比年近畿人种之亦生，树似樱桃，枝小而极低。惟前马元忠家开花、结实。后移植禁御，予尝游其圃，有诗云'花到上林开'，即谓此也。"

[26] 榧（fěi）子：常绿乔木，也称香榧。味甘、性平，可入药，亦可食用，有杀虫、消积之功效。

[27] 腊茶：宋代茶品之一种。腊，取早春之意。因为茶水呈现乳色，与溶蜡相似，也称"蜡茶"。欧阳修《归田录》卷一："腊茶出于剑建，草茶盛于两浙。"

[28] 诸色：各种各样。色，货色。

[29] 片酱:《本草纲目》卷四十四"鳣鱼"条引《翰墨大全》云："江淮人以鲟鳇鱼作鲊，名曰'片酱'，亦名'玉板鲊'也。"

[30] 吊窗：可以从外面将其向上吊起来的窗子，有通风、采光、交流之用。

译 文

凡是酒店里售卖下酒物的厨子，则称为"茶饭量酒博士"。至于店中的年纪尚小的男孩，都通通称为"大伯"。还有街坊中的妇女，腰间系着青花布手巾，绾着高高的发髻，为喝酒的客人更换烫酒的热水并斟酒，通俗地将之称为"焌糟"。还有普通

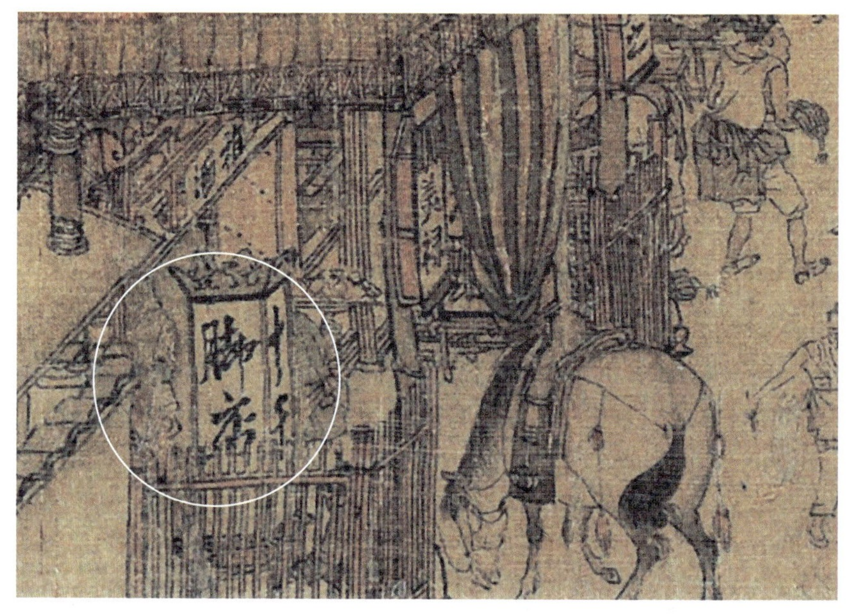

·《清明上河图》局部，十千脚店，在宋代京城，能够得到官方认可的，可以自行酿酒的大酒楼叫作正店，像孙羊店。一些规模小的酒店，不能自行酿酒，只能售卖从正店批发来的酒，这样的小店叫作脚店。

民众进入酒店，看到纨绔子弟、花花少年一类的人在饮酒，就凑向前，陪着小心在一旁听候差遣，或是让他们代买货物，或是让他们召唤妓女，或是让他们提取、运送钱物之类的，这些被称为“闲汉”。还有的向前换汤、斟酒、唱歌，或是呈献果子、香药之类的，客人散去后会得到一些钱，这些被称为“厮波”。还有一些下等妓女，不待人呼唤，自己来到这里，在筵席前唱歌，客人们就临时用一些数额小的钱物赠送，让她们离开，这些下等妓女被称为“札客”，也称为“打酒坐”。还有一些卖药或者是果实、萝卜之类的小商小贩，不去问喝酒的客人是否购买，直接分散给在坐的客人，（等客人吃了或者用了）他们再来收钱，这类小商贩称为“撒暂”。这几类在大酒店谋生活的人，一般大酒店都会有。只有州桥的炭张家、乳酪张家，不让前面的这几类人进入店内，也不售卖普通下酒的菜品，只提供上好的腌藏菜蔬，售卖的是清一色的好酒。酒店提供的所谓饮食叫作“茶饭”，就是百味羹、头羹、新法鹌子羹、三脆羹、红白腰子、虾蕈、鸡蕈、浑炮等羹、旋索粉、玉棋子、群仙羹、假河豚、白渫齑、货鳜鱼、假元鱼、决明兜子、决明汤齑、肉醋托胎衬肠、沙鱼两熟、紫苏鱼、假蛤蜊、白肉、夹面子茸割肉、胡饼、汤骨头、乳炊羊、肫羊、闹厅羊、角炙腰子、鹅鸭排蒸、荔枝腰子、还元腰子、烧臆子、入炉细项、莲花鸭签、酒炙肚胘、虚汁垂丝羊头、入炉羊、羊头签、鹅鸭签、鸡签、盘兔、炒兔、葱泼兔、假野狐、金丝肚羹、石肚羹、假炙獐、煎鹌子、生炒肺、炒蛤蜊、炒蟹、炸蟹、洗手蟹之类，按照时令随时索取呼唤，不允许任何一种品味有缺失，或者索要别样的菜肴，临时制作下酒菜，也要立即就能供应得上。还有外面的商人来酒店做依托来卖炙鸡、爊鸭、羊脚子、点羊头、脆筋、巴子、姜虾、酒蟹、獐巴、鹿脯、从食蒸作、海鲜、时果、旋切莴苣、生菜、西京笋。还有穿着白虔布衫，戴着青花手巾，拿着白瓷缸子的小孩儿售卖辣菜。还有托着小盘子卖干果的，包括旋炒银杏、栗子、河北鹅梨、梨条、梨干、梨肉、胶枣、枣圈、梨圈、桃圈、核桃肉、牙枣、海红柑、

· 河边随处可见的食店悬挂着彩旗吸引顾客

嘉庆子、林檎旋、乌李、李子旋、樱桃煎、西京雨梨、夫梨、甘棠梨、凤栖梨、镇府浊梨、河阴石榴、河阳查子、查条、沙苑榅桲、回马孛萄、西川乳糖、狮子糖、霜蜂儿、橄榄、温柑、绵橙、金橘、龙眼、荔枝、召白藕、甘蔗、漉梨、林檎干、枝头干、芭蕉干、人面子、巴览子、榛子、榧子、虾具之类，各种用蜂蜜煎炒的香药、果子罐子、党梅、柿膏儿、香药、小元儿、小腊茶、鹏沙丸子之类。还会向外售卖用柔软的羊肉制成的各种各样的包子、猪羊荷包、烧肉干脯、玉板鲊、犯鲊、片酱一类的食物。其余的小酒店，也售卖一些下酒的菜品，比如煎鱼、鸭子、炒鸡兔、煎燠肉、梅汁、血羹、粉羹之类，一份不超过十五文钱。大多数的酒店都有院子和大厅，走廊与庭庑相互掩映，沿着廊庑会设有包间排列在楼上，屋子里采用吊床，同时在台上摆放着花竹等盆景，当各自垂下帘幕，与妓女唱歌欢笑，周围互不打扰，各自安稳而方便。

卷之三

东京般载车，大者曰“太平”，上有箱无盖，箱如构栏而平，板壁前出两木，长二三尺许……

马行街北诸医铺

马行北去，乃小货行、时楼、大骨传药铺，直抵正系旧封丘门，两行[1]金紫医官药铺，如杜金钩家、曹家独胜元[2]；山水李家，口齿咽喉药；石鱼儿、班防御[3]、银孩儿、柏郎中家，医小儿[4]；大鞋任家，产科。其余香药铺席、官员宅舍，不欲遍记。夜市北州桥又盛百倍，车马阗拥，不可驻足，都人谓之“裹头”。

注　释

[1] 两行：街道的两边。

[2] 独胜元：特效丸药。独胜，谓得其秘方，唯有此药奏效。

[3] 班防御：宋代刘昉《幼幼新书》有“班防御方”，注曰“京师医官”。盖为班防御之药方也。

[4] 医小儿：专门医治小儿门诊，犹今之小儿科。

译　文

从马行沿路往北去，就到了小货行、时楼、大骨传药铺，一直向前走就到了正对着前封丘门，街道的两边是太医院金紫医官的药铺，比如杜金钩家、曹家的特效丸药，山水李家所制口齿咽喉的特效药；石鱼儿、班防御、银孩儿、柏郎中家，主治小儿科；大鞋任家，主治妇产科。还有其他的香药店铺、官员的宅院，这里就不一一地记载了。这里的夜市比北州桥又要繁盛百倍，车马填满了整个街道，行人几乎都没有下脚的地方，京城里的人称之为“裹头”。

·《清明上河图》局部，右上角有牌匾上书写“杨家应症医铺”，可以看到有一人领着小女孩往药铺方向走去，应该是到医铺中看病的，女孩和其他行人注视的方向有一人驾着驴车，车上还半躺着一人，应该是看好病之后准备离开。

大内西右掖门外街巷

大内西去，右掖门、祆庙[1]，直南，浚仪桥。街西，尚书省。东门至省前横街，南即御史台，西即郊社[2]。省南门正对开封府后墙，省西门谓之“西车子曲”，史家瓠羹、万家馒头，在京第一。次曰吴起庙[3]。出巷，乃大内西角楼大街。西去，踊路街，南，太平兴国寺后门。北对启圣院，街以西，殿前司，相对清风楼、无比客店、张戴花洗面药、国太丞、张老儿、金龟儿、丑婆婆药铺、唐家酒店，直至梁门，正名阊阖。出梁门西去，街北建隆观，观内东廊，于道士卖齿药，都人用之。街南，蔡太师宅[4]，西去，州西瓦子，南自汴河岸，北抵梁门大街，亚其里瓦[5]，约一里有余。过街，北即旧宜城楼。近西去，金梁桥街、西大街、荆筐儿药铺、枣王家金银铺。近北巷口，熟药惠民西局。西去，瓮市子，乃开封府刑人[6]之所也。西去，盖防御药铺，大佛寺，都亭西驿，相对京城守具所。自瓮市子北去大街，班楼[7]酒店，以北，大三桥子，至白虎桥，直北，即卫州门。

注释

[1] 祆（xiān）庙：祆教祭祀火神的寺院。宋代张邦基《墨庄漫录》卷四：“东京城北有祆庙。祆神本出西域，盖胡神也，与大秦穆护同入中国。俗以火神祠之。京师人畏其威灵，甚重之。”

[2] 郊社：古人在郊外祭祀天地的地方。周代冬至时祭天，称“郊”；

夏至时祭地，称为“社”。

[3] 吴起庙：吴起（？—前381），战国时卫国左氏（今山东省定陶县西）人，著名军事家、政治家，与孙武、孙膑齐名，著有兵书《吴子》，后因改革触动楚国贵族利益而遭杀害，后人在魏国大梁（开封市西北）为其立墓。宋时，此墓或已在城内也。《史记》有《孙子吴起列传》。

[4] 蔡太师宅：蔡京的私宅。

[5] 亚其里瓦：掩盖了其中的里瓦。里瓦，见上文注。亚，掩盖、掩映。其，其中的。

[6] 刑人：对犯人用刑。刑，动词，行刑、动刑。

[7] 班楼：《汴京遗迹志》卷八：“宜城楼、班楼，俱在大梁门外街北。”

译文

从皇宫向西，是右掖门和祭祀火神的寺院，一直向南走就到了浚仪桥街，街的西边是尚书省的东门，到尚书省前的横街时，向南就是御史台，向西就是祭祀天地的地方。尚书省的南门正对着开封府的后墙，尚书省西门的巷子称为“西车子曲”，这里有史家的瓠羹、万家的馒头，在京城中名列第一位。紧挨着的就是吴起庙。出了巷子，就到了皇宫的西角楼。大街向西去是踊路街，向南是太平兴国寺的后门，向北和启圣院相对，大街以西是殿前司，与其相对的有清风楼、无比客店、张戴花洗面药、国太丞、张老儿、金龟儿、丑婆婆药铺、唐家酒店，一直延伸到梁门，其正式的名称是阖闾门。出梁门向西而去，街的北面是建隆观，观内东边的走廊，有一个姓于的道士售卖治牙齿的药，京城里的人都用这药。街的南边是蔡京太师的宅第，往西走就是汴州城的西瓦子。向南从汴河岸边，向北到达梁门大街，将其中的里瓦都掩盖了，大约有一里多路。过了街的北面，就到了以前所称呼的宜城楼。靠西边走去，就到了金梁桥街、西大街、荆筐儿药铺、枣王家金银铺。靠近北边的巷子口，是熟药惠民西局。向西到达瓮子市，是开封府对犯人动刑的地方。再往西走，是盖防御药铺、大佛寺、都亭西驿，并且对面是京城的守具所。瓮市子往北而去的大街上，有一所班楼酒店，再往北是大三桥子，到达白虎桥，一直往北就到了卫州门。

大内前州桥东街巷

大内前，州桥之东，临汴河大街，曰相国寺[1]。有桥，平正如州桥，与保康门相对。桥西贾家瓠羹、孙好手馒头。近南即保康门，潘家黄耆圆[2]、延宁宫（禁女[3]道士观，人罕得入）。街西，保康门瓦子；东去，沿城皆客店，南方官员、商贾、兵级[4]，皆于此安泊。近东，四圣[5]观、袜袎巷。以东，城角定力院[6]，内有朱梁高祖御容[7]。出保康门外，新建三尸庙[8]、德安公庙。南至横街，西去，通御街，曰麦稍巷[9]口，以南，太学东门，水柜街，余家染店。以南，街东法云寺。又西去横街、张驸马宅。寺南，佑神观后门。

·《清明上河图》局部，图中所见桥上繁荣热闹，商人分列两边售卖商品，行脚商人游走在行人间络绎不绝。此桥因形似彩虹，故称为“虹桥”。

注释

[1] 相国寺：范成大使金纪行杂诗有《相国寺》一题，小序曰："寺榜犹祐陵御书。寺中杂货，皆胡俗所需而已。"诗曰："倾檐缺吻护奎文，金碧浮图暗古尘。闻说今朝恰开寺，羊裘狼帽趁时新。"

[2] 潘家黄耆圆：即潘家售卖黄耆丸的地方。黄耆丸，大概是一种用黄耆制成的丸药。黄耆，多年生草本。夏季开花，黄色，根甚长，性温、味甘，可入药。《本草纲目》卷十二"黄耆"条有详细记载。今通俗作黄芪。

[3] 禁女：宫女。元代赵文《赠媒者》(其一)："青鸾解报仙郎信，红叶能传禁女情。"

[4] 兵级：北宋时对兵丁和级节的合称。级节，低级的军佐，也指地方狱吏。

[5] 四圣：紫微北极大帝手下的天蓬、天猷、翊圣、真武四名将领。宋代诗人林景熙、高似孙皆有《四圣观》诗，可参看。

[6] 定力院：《汴京遗迹志》卷十一："定力院，在蔡河东水门之北，元末兵毁。"

[7] 朱梁高祖御容：五代时后梁的皇帝朱温的画像。

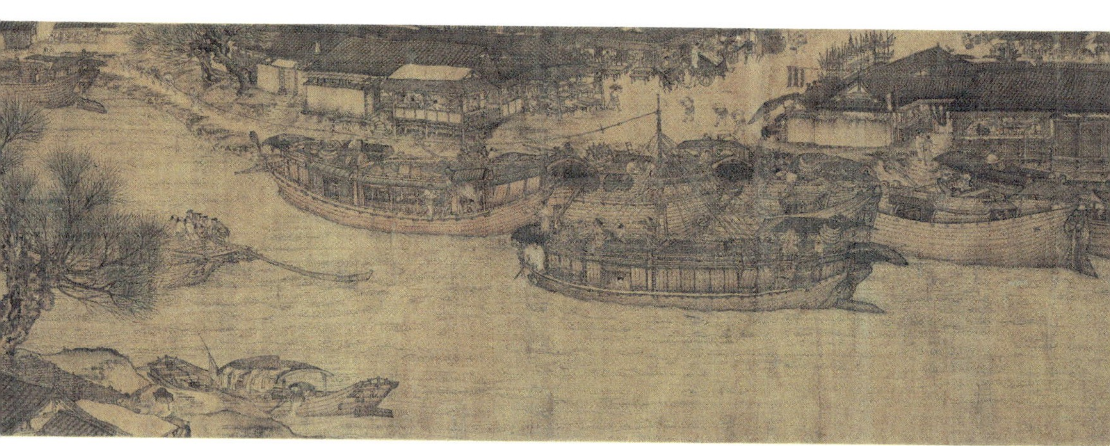

[8] 三尸庙：供奉三尸神的庙宇。三尸，道教术语，也称“三尸神”“三虫”“三彭”“三毒”等。宋代张君房《云笈七签》卷八十一存二：“上尸名彭倨，在人头中，伐人上分，令人眼暗、发落、口臭、面皱、齿落。中尸名彭质，在人腹中，伐人五藏，少气、多忘，令人好作恶事，啖食物命，或作梦寐倒乱。下尸名彭矫，在人足中，令人下关搔扰，五情勇动淫邪，不能自禁。”又，《宋东京考》卷十六曰：“三尸庙，在保康门外，祀三尸神也。始建未详，后废。按修真家言，凡人身中有三尸神，常以庚申日，乘人寐时，将本人罪过奏闻上帝，减其禄命。上尸名彭踞，中尸名彭踬，下尸名彭蹻，每遇庚申日守夜不寐，则三尸不得上奏。”

[9] 麦稍巷：当即卷二“朱雀门外街巷”条之“麦秸巷”。

译文

在皇宫前州桥的东面，靠近汴河大街的地方叫相国寺，有一座桥又平又正，像州桥一样，在保康门的对面。桥的西边是贾家瓠羹、孙好手馒头，靠近南面的就是保康门旁边的潘家黄耆圆、延宁宫（是禁女道士所居的道观，常人很少能够进入）。街的西边是保康门瓦子。向东而去，沿着城墙都是客店，南方的官员、商贾、兵丁、级节，都在这里安脚停留。靠近东边是四圣观、袜袎巷。东边的城角是定力院，院子里面收藏有五代时期后梁高祖朱温的画像。从保康门向外出，能看到新建成的三尸庙、德安公庙。有一个叫麦稍巷口，向南能到达横街，向西能到达通御街，它的南向是太学的东门、水柜街的余家染店。向南面街的东边是法云寺。再往西向去，就到了横街张驸马的住处。法云寺的南边是佑神观的后门。

相国寺内万姓交易

相国寺，每月五次开放，万姓交易。大三门[1]上，皆是飞禽、猫犬之类，珍禽奇兽，无所不有。第二、三门，皆动用什物。庭中设彩幕、露屋[2]、义铺[3]，卖蒲合[4]、簟席、屏帷[5]、洗漱、鞍辔、弓剑、时果、脯腊之类。近佛殿，孟家道冠王道人蜜煎，赵文秀笔及潘谷墨[6]占定[7]，两廊皆诸寺师姑[8]卖绣作、领抹、花朵、珠翠、头面[9]、生色[10]销金花样、幞头、帽子、特髻冠子[11]、绦线[12]之类。殿后资圣门前，皆书籍、玩好、图画，及诸路[13]罢任官员土物、香药之类。后廊皆日者[14]、货术[15]、传神[16]之类。寺三门阁上并资圣门，各有金铜铸罗汉五百尊[17]、佛牙[18]等，凡有斋供，皆取旨方开。三门左右，有两瓶琉璃塔[19]，寺内有智海、惠林、宝梵、河沙、东西塔院，乃出角院舍，各有住持僧官，每遇斋会，凡饮食茶果，动使器皿，虽三五百分[20]，莫不咄嗟而办[21]。大殿两廊，皆国朝名公笔迹：左壁画炽盛光佛降九曜、鬼百戏，右壁佛降鬼子母揭盂[22]。殿庭供献乐部、马队之类。大殿朵廊[23]，皆壁隐楼殿人物[24]，莫非精妙。

注　释

[1] 大三门：即相国寺之大门。王林《燕翼诒谋录》(不分卷)："太宗皇帝二年，命重建三门，为楼其上，甚雄。宸墨亲填书金字，曰'大相国寺'，五月壬寅赐之。"

[2] 露屋：殿庭之下临时束缚而成的小屋。周必大《文忠集》卷一百七十二："上曰：'只就节庙。'予曰：'庭下缚露屋亦可。'"

[3] 义铺：售货的摊位、铺子。

[4] 蒲合：用蒲草编的席子。宋代俞琰《席上腐谈》卷上："《郊特牲》云：'莞簟之安，而蒲越蒿鞂之尚。'《左氏传》云：'大路越席。'越，户括反。今钱塘市肆所卖蒲合，即越也。以越为合，声之讹耳。"

[5] 屏帷：屏风、帷幕，犹言室内。《资治通鉴·唐昭宗乾宁四年》："仆料猜防出于骨肉，嫌忌生于屏帷。"

[6] 潘谷墨：潘谷所制之墨。潘谷，宋代歙州人，制墨大师，所制之墨被宋徽宗收藏，时称"八松烟"。苏轼有《赠潘谷》诗，施注曰："《志林》：'卖墨者潘谷，余不识其人，然闻其所为，非市井人也。墨既精妙，而价不二。士或不持钱求，不计多少与之。此岂徒然哉？余尝与之诗云：一朝入海寻李白，空看人间画墨仙。一是，忽取欠墨钱券焚之，饮酒三日，发狂浪走，遂赴井死。人下视之，盖趺坐井中，手尚持数珠也。'"又，《孙志祖寄墨》曰："徂徕无老松，易水无良工。珍材取乐浪，妙手惟潘翁。"

[7] 占定：固定，牢牢地占据。《旧唐书》卷一百五十七《王彦威传》："军用钱物，一切通用，悉随色额占定，终岁支给，无毫厘之差。"

[8] 师姑：尼姑，女僧人。宋代庄季裕《鸡肋编》卷上："京师僧讳和尚，称曰大师；尼讳师姑，呼为女和尚。"

[9] 头面：首饰。

[10] 生色：用单一颜色的介质产生多种颜色的效果。

[11] 特髻冠子：先用铁丝等编成一个圆形框架，在上面编排假发，形成一个假髻戴在头上，充当冠的功能。今有实物，开封大学大观博物馆收藏。宋代高承《物氏纪源》卷三"特髻"条曰："燧人始为髻，至周王后首服为副编。郑云：'三辅谓之假髻。'今'特髻'，其遗事也"。《二仪实录》曰："燧人氏，妇人束发为髻。髻，继也，言女子必有继于人也，但以发相缠而无物系缚。"《朱子语类》卷九十一："古人戴冠，郭林宗时戴巾，温公幅巾是其类也。古人衣冠，大庇如今之道士。道以冠为礼，不戴巾。妇人环髻，今

之特髻是其意也，不戴冠。”

[12] 绦线：泛指杂色的丝带、丝线。宋代祝穆《事文类聚》别集卷二十“性行”部“辩铃铎”载：“夫鹰隼击物，或入林中，而绊足绦线偶为木枝所绾，则振翼之际，铃声可寻而索也。”

[13] 诸路：各路，犹各省市。路，宋代行政区划的单位，全国共分二十一路，如江南西路、福建路、淮南东路等。

[14] 日者：古代专门从事占候卜筮的人。《史记》有《日者列传》。

[15] 货术：兜售方术。货，动词，售卖。

[16] 传神：亦占卜之类，通过某种符验以推测、传达天神之意。杜甫《戏作诽谐体遣闷二首》（其二）有“瓦卜传神语”之语，蔡梦弼注曰：“楚巫击瓦，观其文理分析，以定凶吉，谓之‘瓦卜’。”又，画师为他人作画像亦称“传神”，陆游有《题传神》《自题传神》《赠传神水鉴》等诗。

[17] 罗汉五百尊：佛教常用语，指修成“阿罗汉果”的五百高僧。

[18] 佛牙：指释迦牟尼死后留下来的牙齿。

[19] 两瓶琉璃塔：两座用琉璃制成的瓶塔。瓶，量词。瓶塔，佛教用语，瓶指用以分配佛舍利之瓶，瓶塔即纳此瓶之塔。

[20] 分：通“份”。

[21] 咄嗟而办：很快就能办好。咄嗟，一呼一诺之间，形容时间之短暂。《世说新语·汰侈》：“石崇为客作豆粥，咄嗟便办。”

[22] 鬼子母揭盂：著名佛教故事图。鬼子母，又称母夜叉，专吃人间小孩。后佛祖以其人之道还治其人之身，将其子用琉璃钵罩住，鬼子母可以望见其子，然最终不能获得，于是鬼子母率领众鬼百十余人，打算奋力揭开钵（盂），但最终没能成功。后鬼子母幡然悔悟，成为了人间儿童的护法神。明代仇英有工笔画《揭钵图》，可参看。

[23] 朵廊：大殿左右的走廊。朵，两旁的，“朵殿”“朵楼”皆此意。

[24] 壁隐楼殿人物：用壁隐的方式雕塑楼殿、人物。壁隐，类似于浮雕的一种雕塑方式，通常在墙壁、柱子上表现。《水经注》卷八“菏水”条：“四壁隐起，雕刻为君臣、官属、龟龙麟凤之文，飞禽走兽之像。”

译文

相国寺每个月开放五次，目的是为了百姓万民进行交易。大山门上面全都是飞禽猫狗一类的动物，珍贵奇异的禽兽，无所不有。第二、第三门都是买卖平常生活需要使用的杂物。庭院中设置彩色的帐幕、露天的棚铺、买卖的摊位，售卖用蒲草编的席子、用竹篾编的席子、屏风帏幕、洗涮用品、鞍辔辔头、刀弓剑戟、时令蔬果、脯干腊肉之类的。在靠近佛殿的地方，被售卖孟家道冠的摊位、王道人蜜煎食物的摊位、赵文秀的笔摊和潘谷的墨锭摊占据。在两边走廊占据的都是众寺庙法师尼姑售卖的刺绣作品、领抹、花朵、珠翠、头面、生色销金花样、幞头、帽子、特髻冠子、绦线之类的饰品。在庭殿的后面、资圣门的前面，售卖的都是书籍、珍玩、图画以及各路被罢免的官员贩卖的一些当地土特产、香料等东西。在后面的走廊上流

•《清明上河图》局部，图中大门处可见两名守门大将，在偏右位置可看见一僧人。正门的屋檐有动工，可见该寺院的等级。文中相国寺虽然是一座佛家寺庙，但是周边经济却很发达，在寺院中有固定地点售卖针织品和饰品，还有书籍、珍玩以及各类土特产，说明北宋时期经济的繁荣。

动的都是算命占卜、兜售方术的人。相国寺大三门的楼阁里和资圣门的上面，各自都有用金、铜铸造的五百尊罗汉、佛牙等宝物，要是遇到想要献斋、供奉的人，都需要获得皇帝的批准才能打开。在三门的左右两侧各有两座琉璃塔，寺院内部有智海、惠林、宝梵、河沙四座小佛塔，东西的两座塔院是寺后的院舍，每个院舍都各自有住持和僧官。每次遇到斋戒盛会的时候，只要是需要提供饮食酒水、茶叶果品，提供使用的器皿等，即使多达三五百份，（对于相国寺的僧人们）也都是可以快速办理的。在寺中的大殿两边走廊上留存的都是当朝著名人物的手迹，左边的墙壁上画着《炽盛光佛降九曜鬼百戏》图，右边的墙壁上画着《佛降鬼子母揭盂》图，在大殿的殿庭上还供奉着献礼的乐队、马队（的塑像）。大殿左右的走廊上，都是用壁隐的手法塑造的楼殿、人物，无不精妙绝伦。

寺东门街巷

寺东门大街，皆是幞头、腰带、书籍、冠朵[1]铺席[2]，丁家素茶[3]。寺南即录事巷、妓馆。绣巷皆师姑绣作居住。北即小甜水巷，巷内南食店甚盛，妓馆亦多。向北，李庆糟姜[4]铺。直北，出景灵宫东门前。又向北曲，东税务街、高头街，姜行后巷，乃脂皮画曲妓馆。南、北讲堂巷、孙殿丞药铺、靴店。出界北巷，巷口宋家生药铺，本铺中两壁，皆李成[5]所画山水。自景灵宫东门大街向东，街北旧乾明寺，沿火[6]，改作五寺三监[7]。以东，向南曰第三条甜水巷。以东，熙熙楼客店，都下着数[8]。以东，街南高阳正店，向北入马行。向东，街北曰车辂院，南曰第二甜水巷。以东，审计院[9]。以东，桐树子韩家[10]，直抵太庙前门。南往观音院，乃第一条甜水巷也。太庙北入榆林巷，通曹门大街，不能遍数也。

注释

[1] 冠朵：冠笄一类的，插缀在冠上的装饰品。朵，朵子。司马光《书仪》："笄，如今朵子之类，所以缀冠者。"

[2] 铺席：商铺、地摊。宋代陈元靓《岁时广记》卷十"寺院灯"条："诸香药铺席、茶坊酒肆，灯烛各出新奇。"

[3] 素茶：素的茶食糕点。

[4] 糟姜：元代鲁明善《农桑衣食撮要》卷下"八月"之"糟姜"条：

“社前取姜，用布擦去皮，每一斤用盐二两，腊糟一升腌藏，用干净罐盛顿，忌生水湿器。”梅尧臣有《答刘原甫寄糟姜》诗，可参看。

[5] 李成（919—967）：五代宋初时著名画家，字咸熙，号营丘，京兆长安（今西安）人，喜画平林寒远之境。《渑水燕谈录》卷七、《图画见闻志》卷三、《挥麈录·前录》卷三、《宣和画谱》卷十一等皆有其生平记载。代表作有《读碑窠石图》《寒林平野图》《晴峦萧寺图》《茂林远岫图》等。

[6] 沿火：因为火灾。沿，缘、因。

[7] 五寺三监：据旧署西湖老人的《西湖繁盛录》所载，指太常寺、大府寺、司农寺、大理司、宗正寺、将作监、军器监、国子监。又，宋代洪迈《夷坚志》丁卷一“杨戬毁寺”条：“崇宁以来既隆道教，故京城佛寺多废毁，先以崇夏寺地为殿中省。政和中，又以乾明寺为五寺三监。”

[8] 着数：数得着的，屈指可数的。

[9] 审计院：《梦粱录》卷九“六院四辖”条：“审计院者，自官禁朝廷百僚以下，至于内侍御士，及于诸军兵卒，凡赋禄者，以式法审其名数。而其辟召者，惟郊礼赐缗已。乃审禄有疑予，则诏以法。凡四方之计籍，上于大农，则逆其会。凡有司议调度会赋，出则诹焉。”

[10] 桐树子韩家：指北宋高官韩氏一家。韩亿在景祐四年（1037），授参知政事，自居宰辅，其三子韩绛（子华）、五子韩维（持国），先后官至宰相。因其家门前有梧桐树，故世人称为“桐树子韩家”。吴曾《能改斋漫录》卷十“桐木韩家”曰 ：“韩子华兄弟皆为宰相，门有梧桐，京师人以‘桐木韩家’呼之，以别魏公也。子华下世，陆农师为作挽章云：‘棠棣行中排宰相，梧桐名上识韩家。’皆记其实也。”《苕溪渔隐丛话·后集》卷二十二亦有记载。

译 文

在相国寺东门的大街上都是售卖幞头、腰带、书籍、冠朵等店铺，还有丁家素食茶点店。相国寺的南边就是录事巷、妓馆。绣巷里居住的是一些尼姑，她们以刺绣来谋生。相国寺的北面就是小甜水巷，巷子里面南方口味的饭馆非常繁盛，妓馆也很多。再往北面走，是李庆糟姜铺，要是一直向北走，就可以到达景灵宫东门的前面。又向北转弯，路过东税务街、高头街，在姜行后面的巷子是脂皮画曲妓馆。南、北讲堂巷里有孙殿丞药铺和靴子店。出了界身北巷，巷子口有一家宋家生药铺，在药铺中左右两边的墙壁上是李成亲笔描绘出的山水画。从景灵宫东门大街向东走，街的北面就是以前的乾明寺，因为火灾，这里后来改成了五寺三监办公地。往东走有一条向南方向的巷子，叫作第三条甜水巷，继续往东是熙熙攘攘的楼阁客店，这个客店在整个京城都是鼎鼎有名的。再往东向走，街的南面是高阳正店，往北就到了马行。再往东走，街的北边是车辂院，南边是第二条甜水巷。再往东走是审计院，继续往东是韩氏一家，他家门前有一棵梧桐树因此得名，一直走到头抵达太庙的前门。这里往南走是观音院，也就是第一条甜水巷了。太庙往北走就进入到榆林巷，这个巷子连接着曹门大街，曹家大街上的店铺屋舍众多，就无法一一数清了。

·《清明山河图》局部，繁荣热闹的街巷展现出当时汴梁都城的商业发展规模。

上清宫

上清宫[1]，在新宋门里街北。以西，茆山[2]下院。醴泉观，在东水门里。观音院，在旧宋门后，太庙南门。景德寺，在上清宫背。寺前有桃花洞，皆妓馆。开宝寺[3]，在旧封丘门外斜街子，内有二十四院，惟仁王院最盛。天清寺，在州北清晖桥。兴德院，在金水门外。长生宫，在鹿家巷。显宁寺，在炭场巷北。婆台寺，在陈州门里。兜率寺，在红门道。地踊佛寺，在州西草场巷街南。十方静因院[4]，在州西油醋巷。浴室院，在第三条甜水巷。福田院，在旧曹门外。报恩寺，在卸盐巷。太和宫，女道士，在州西洪桥子大街。洞元观，女道士，在班楼北。瑶华宫，在金水门外。万寿观，在旧酸枣门外，十王宫前。

注释

[1] 上清宫：道教寺观。《云笈七签》卷三："其三清境者，玉清、上清、太清是也。"

[2] 茆山：即"茅山"，亦道教寺观。

[3] 开宝寺：北齐时所建，唐代时改为"封禅寺"，宋太祖开宝三年时，改为此额。宋代高随《物事纪原》卷七"开宝寺"条有详细记载，可参看。

[4] 十方静因院：佛教词汇。十方，佛教指上天、下地、东、西、南、北、生门、死位、过去、未来。静因院，即"净因院"。王安石有《欲往净因寄泾州韩持国》，苏轼有《净因院画记》。

译 文

上清宫，在新宋门里面大街的北边。上清宫以西，是茆山下院。醴泉观，在东水门的里面。观音院，在旧宋门的后面，也就是太庙的南门。景德寺，在上清宫的背后，寺的前面有桃花洞，都是妓馆。开宝寺在以前封丘门外的斜街子，里面有二十四院，只有仁王院最为繁盛。天清寺在汴州城北的清晖桥旁。兴德院在金水门外边。长生宫在鹿家巷里。显宁寺在炭场巷的北边。婆台寺在陈州门的里边。兜率寺在红门道。地踊佛寺在汴州城西草场巷街道的南边。十方静因院在汴州城西的油醋巷。浴室院在第三条甜水巷。福田院在旧曹门的外面。报恩寺在卸盐巷。太和宫的女道士道观在汴州城西洪桥子大街。洞元观的女道士道观在班楼以北。瑶华宫在金水门外。万寿观在以前的酸枣门以外十王宫的前面。

马行街铺席

马行北去，旧封丘门外，祆庙斜街、州北瓦子。新封丘门大街，两边民户铺席，外余诸班直[1]军营，相对至门，约十里余。其余坊巷院落，纵横万数，莫知纪极[2]。处处拥门，各有茶坊、酒店，勾肆[3]、饮食。市井经纪之家，往往只于市店旋买饮食，不置家蔬。北食则矾楼前李四家、段家熝物、石逢巴子[4]，南食则寺桥金家、九曲子周家，最为屈指[5]。夜市直至三更尽，才五更又复开张。如要闹去处，通晓不绝。寻常四梢[6]远静去处，夜市亦有燋酸豏[7]、猪胰胡饼、和菜饼、獾儿、野狐肉、果木翘羹[8]、灌肠、香糖果子之类。冬月虽大风雪阴雨，亦有夜市：㓸子、姜豉、抹脏、红丝、水晶脍、煎肝脏、蛤蜊、螃蟹、胡桃、泽州饧、奇豆、鹅梨、石榴、查子[9]、榅桲、糍糕、团子、盐豉汤之类。至三更，方有提瓶卖茶者。盖都人公私荣干[10]，夜深方归也。

注 释

[1] 班直：宋代御前当值的禁卫军。宋代章如愚《山堂考索·后集》："宋朝兵制：凡禁军之亲近者，号诸班直。"一般分为行门班、殿前左班、殿前右班、内殿直班、金枪班、银枪班、弓箭班等二十四班，总称诸班直。

[2] 纪极：穷尽、尽头。《左传·文公十八年》："聚敛积实，不知纪极。"

[3] 勾肆：勾栏、瓦肆一类的供艺伎之人演出的场所。明代陶宗仪《辍耕录·射字法》："用拊掌法代击鼓，殊无勾肆市井俗态，此天下太平，优游

无事，谩以取一时之笑乐耳。”

[4] 石逢巴子：石逢家的把子肉。巴，通“把”。清代潘永因《宋稗类钞》卷三十一引《枫窗小牍》曰：“旧京工伎固多奇妙，即烹煮盘案，亦复擅名，如玉楼梅花包子……段家爊物、石逢巴子肉。”

[5] 最为屈指：尤可称道者，屈指可数者。

[6] 四梢：四肢末梢，这里指京城四周的边缘地区。

[7] 酸䭔（xiàn）：一种素食的面点。宋代郭彖《睽车志》卷四：“素令日以僧食啖之。酸䭔至，顿食五十枚。”

[8] 果木翘羹：大概是一种用果木、草本做成的羹汤。翘，连翘，果实可入药，花为黄色，四瓣。先花后叶，花开时枝条金黄，又称“一串金”。

[9] 查子：楂子，与榅桲相似而形体稍小。

[10] 荣干：本指求荣干禄、冒荣干进、贪荣干运等行为，这里泛指请托办事。张九龄《敕处分十道朝集使》：“不当冒荣干进，苟利其身。”

译文

马行街向北到以前的封丘门外面，有袄庙斜街、州北瓦子。现在的封丘门大街，两边都是民居和店铺，除此之外的，是各部值班的军营相对而立，一直排到新封丘门，大约有十多里。其余的街巷院落，纵横交错，不知道具体的数字。到处都是拥挤的门庭，各处都有茶坊酒店，勾栏、酒肆以提供酒食。街巷里做生意的人家，往往只在集市的饭店买现成的吃喝，自己家里不购买蔬菜。北方风味的食物，有矾楼前李四家、段家爊物、石逢巴子的店铺，南方风味的食物，则有寺桥的金家、九曲子周家最为有名。这里的夜市一直到三更天才结束，刚到五更时就又开张了。如果是热闹的地方，就不会停止直接通宵。即使在周围稍微远一点安静一点的地方，夜市也有卖燋酸䭔、猪胰胡饼、和菜饼、獾儿、野狐肉、果木翘羹、灌肠、香糖果子之类的。在寒冷的冬月，即使有大风天、雨雪等天气，也还是会有夜市，卖的商品有爊子、姜豉、抹脏、红丝、水晶脍、煎肝脏、蛤蜊、螃蟹、胡桃、泽州饧、奇豆、鹅梨、石榴、查子、榅桲、糍糕、团子、盐豉汤之类。到三更天的时候，才有提着瓶子卖茶水的。大概是因为京城里的人办理公事或是私事，要到深夜才能回家。

·《清明上河图》局部，汴梁城经济繁荣，在虹桥上有售卖各类商品的商人，设有各类摊位。

般载杂卖

东京般载车[1]，大者曰“太平”，上有箱无盖，箱如构栏而平，板壁前出两木，长二三尺许，驾车人在中间，两手扶捉[2]鞭（绥）[3]驾之，前列骡或驴二十余，前后作两行；或牛五七头拽之。车两轮与箱齐，后有两斜木脚拖。夜中间悬一铁铃，行即有声，使远来者车相避。仍于车后系骡驴二头，遇下峻险桥路，以鞭唬之，使倒坐缍车[4]，令缓行也。可载数十石。官中车惟用驴差小耳。其次有“平头车”，亦如“太平车”而小，两轮前出长木作辕木，梢横一木，以独牛在辕内，项负横木[5]，人在一边，以手牵牛鼻绳驾之，酒正店多以此载酒梢桶[6]矣。梢桶如长水桶，面安靥口，每梢三斗许，一贯五百文。又有宅眷坐车子[7]，与“平头车”大抵相似，但棕作盖，及前后有构栏门，垂帘。又有独轮车，前后二人把驾，两旁两人扶拐[8]，前有驴拽，谓之“串车”，以不用耳子[9]、转轮也。般载竹木瓦石。但无前辕，止一人或两人推之。此车往往卖糕及糕糜之类人用，不中载物[10]也。平盘[11]两轮，谓之“浪子车”，唯用人拽。又有载巨石大木，只有短梯盘而无轮，谓之“痴车”，皆省人力也。又有驼、骡、驴驮子[12]，或皮或竹为之，如方匾竹簝[13]，两搭背上，斛㪷[14]则用布袋驼之。

注释

[1] 般载车：宋代的一种搬运装载货物的平头车。

[2] 扶捉：扶着车辕，拿着鞭子。

[3] 鞭绥："绥"字未详，疑当作"鞭绥"。宋代夏竦《文庄集》卷十三《慎爵录》："而鞭绥之御，导从之隶，竞乘轺车，争受服命。"

[4] 倒坐缍车：车后的骡驴在受到惊吓后只能倒退着下蹲，以此起到降低车速的作用。缍，通"缒"，下坠，拖拽。

[5] 项负横木：（牛）脖子上戴着一条横木。

[6] 酒梢桶：装酒的梢桶。《清明上河图》有记录，可参看。

[7] 宅眷坐车子：家中妇女所乘坐的车子。

[8] 扶拐：扶持着并注意转弯。

[9] 耳子：用于车辆转弯的零件。宋代李元弼《作邑自箴》卷十："江州车，仍带准备耳子，更须附绳、担三五副，以备般剥。"

[10] 不中载物：不适合载运沉重的货物（只适合运送体积大但质量轻的糕麋等货物）。中，适合。

[11] 平盘：装载货物的区域只是一块平整的木板，没有板壁。

[12] 驮子：搭在驴子、骡子等牲口背上用来驮运货物的袋子、筐匾等。

[13] 竹筀：用竹子编织成的一种盛装物品的筐篓。

[14] 斛㪷：即斛斗，本指计算粮食的量器单位，这里泛指颗粒状的粮食。

译文

京城里的般载车，大的叫"太平车"，车上面有箱子但没盖子，车箱像勾栏，却是平的，板壁的前面向外伸出两个木柄，大概有二三尺那么长。驾车的人在两个木柄中间，两手扶捉着鞭子驾驶车子，前面排列着二十多个骡子或驴子，分作前后两行，或者用五七头牛拽着行动。车的两个轮子和车厢一样高，后面有两个斜木脚拖。在夜晚时，中间悬挂着一个铁铃，行走的时候就会发出声音，使远方来的车子能相互避让。还要在车的后面拴两头骡子或驴子，遇到险峻的下坡路或是桥梁，用鞭子吓唬它们，使它们向后倒退，坐下来坠着，让车子缓慢行走，（一辆车）可以装载数十石的重量。宫中的车子只有驴车，比这个小一些。其次还有"平头车"，也和太平车一样，但小一些，两个车轮前突出来的长木作成辕木，前头又固定着一根横木，把一头牛放在车辕内，让它的脖子负戴着横木，人站在旁边，用手牵着牛鼻子的绳驾驭这辆车，酒楼的正店大多用这种车装载酒桶。梢桶类似于长一点的水桶，桶面上安有靥口。每一梢桶酒大概有三斗左右，值一贯五百文钱。还有一种供女眷乘坐的车子，大致与平头车相似，但是有棕榈树叶做的顶盖，以及前后设有构栏门和垂帘。还有独轮车，前后有两个人把持住车架子，两旁还有两个人扶着注意拐弯，前面有驴拖拽的这种车叫作“串车”，这是因为它不使用耳子和转轮。如果需要搬载竹子、树木、瓦片、石料等，车子的前面就没有车辕，只用一人或者两人推着。这样车子往往是卖糕点以及糕糜之类的人使用，因为不能装载沉重的货物。只有一个平整的盘面和两个轮子的车，称为“浪子车”，只用人力拉拽。又有装载巨石、大木头的车子，只有短梯盘但没有车轮，称为“痴车”，都是用来节省人力的。又有供骆驼、骡子、驴子驮东西的驮子，在牲口的背上左右搭着用皮革、竹子编制的就像方匾或竹篓一样的筐篓，如果是粮食就用布袋驮着。

·《清明上河图》局部，各式各样的车马在图画中表现出来，缓慢前行的骆驼商队正从城门下走过，旁边的百姓早已经习以为常，画面里随处可见的驴车、牛车，承载着这座城市中人们的生活。如图所示，有牛车、驴车，还有挑着货物的骆驼车队。

都市钱陌

都市钱陌[1]：官用七十七，街市通用七十五，鱼肉菜七十二陌，金银七十四，珠珍、雇婢妮、买虫蚁六十八，文字五十六陌。行市各有长短使用。

注　释

[1] 钱陌：一百串钱为一陌，后来用作计算钱的量器，大多不到一百串钱。沈括《梦溪笔谈》卷四“辨证二”：“今之数钱，百钱谓之陌者，借‘陌’字用之，其实只是百字，如‘什’与‘伍’耳。”宋代高承《物事纪原》卷十“钱陌”条：“自古用钱贯，皆以千百，皆以足。梁武帝时，自破岭以东，八十为陌，名‘东钱’。江郢以上，七十，名‘西钱’。京师九十，名‘长钱’。大同元年，诏通用足，而人不从，钱陌益少，末年，遂以三十五为陌。钱以八十为陌，盖自梁始也，其事见《通典》。唐昭宗时，京师用钱八百五十为贯，河南府以八百为贯。《笔谈》曰：汉隐帝时，三司使王章每出官钱，以七十七为陌，谓之省陌。盖自五代汉始也。”

译　文

都城中实行的钱陌制度是：官府所用的，以七十七文为一陌；大街集市上通用的，以七十五文为一陌；鱼肉菜市所用的，以七十二文为一陌；金银店铺，以七十四文为一陌；买卖珍珠、雇用奴婢、买卖禽鸟昆虫的，以六十八文为一陌；买卖文字书画的，以五十六文为一陌。根据各行各市，采取多少不同的计算方法来使用。

·《清明上河图》局部。曾有学者认为本处是装载钱币的车辆，图中有两人将钱币捧在手中，有一人在清点钱数。当街装载钱币，可见当时的社会治安比较稳定。

雇觅人力

凡雇觅人力、干当人[1]、酒食、作匠[2]之类，各有行老[3]供雇。觅女使[4]即有引至[5]牙人[6]。

注　释

[1] 干当人：犹“干人”，指富豪、官户人家的差役。

[2] 作匠：手工业的制作匠人。《续资治通鉴长编》卷三百三十四：“避重役则走赴轻处，避远恶则自通近地，借支钱粮，因此失陷。州城作匠，渐致阙人。”

[3] 行老：某一行业的领头，兼有介绍职业的性质。宋代吴自牧《梦粱录》卷十九：“凡顾倩人力及干当人，如解库掌事、贴窗铺席、主管酒肆……俱各有行老引领。”

[4] 女使：女佣、女仆。宋代周密《齐东野语》卷八：“所有女使，候主人有词日根究，闻者无不快之。”

[5] 引至：引荐。

[6] 牙人：在买卖双方中间的介绍人，类似于今天的中介、经纪人。

译　文

凡是寻觅雇用奴仆、干当人、厨师、手工业者之类的，各自都有相应的行老介绍、提供雇佣。寻找女用人的，则有引荐牵线的中介人。

防　火

每坊巷三百步许，有军巡铺屋[1]一所，铺兵五人，夜间巡警，及领公事。又于高处砖砌望火楼[2]，楼上有人卓望[3]。下有官屋数间，屯驻军兵百余人，及有救火家事[4]，谓如大小桶、洒子、麻搭[5]、斧锯、梯子、火杈、大索、铁猫儿[6]之类。每遇有遗火[7]去处[8]，则有马军奔报。军厢主，马步军[9]，殿前三衙[10]、开封府各领军汲水扑灭，不劳百姓。

注　释

[1] 军巡铺屋：专供巡逻的士兵歇息的住处。

[2] 砖砌望火楼：用砖砌成的望火楼，因为砖不易燃烧，有利于防火。

[3] 卓望：远望，瞭望。

[4] 家事：即“家什”，指物品、工具。

[5] 麻搭：将浸湿的麻衣搭在燃烧物上，以之灭火的工具。

[6] 铁猫儿：铁制的形似猫爪的工具，用于钩取物品，多用来攻城、灭火、打捞等。宋代赵汝适《诸蕃志》卷下“珊瑚树”条记载了当地人用“铁猫儿”钩取珊瑚树的方法：“土人以丝绳系五爪铁猫儿，用乌铅为坠，抛掷海中，发其根，以索系于舟上，绞车搭起，不能常有，蓦得一枝，肌理敷腻。”

[7] 遗火：着火，失火。

[8] 去处：场所，地方。

[9] 军厢主，马步军：指军主、厢主，马军、步军。军、厢，宋代禁军

·《清明上河图》局部，在北宋时期，木质结构的建筑较多，京城人员流动量大，防火就成为当时政府一项重要工作。望火楼是防火的一个重要设施，在望火楼上有专门的人进行驻守观察，一旦发生火灾，马上就有专业的团队进行扑救，不会麻烦当地的百姓。

建制，十军为一厢。宋代毕仲游《西台集》卷一“乞置京城厢巡检札子”：“今京城外巡检县尉与外州军略同，而京城内巡检之职寓于马军、步军帅臣与四厢主者，虽主徼巡于国中，而寻常盗贼旧不干预。”宋太宗端拱元年（988），置观步军龙卫、神卫四厢都指挥使。

[10] 殿前三衙：宋代掌管禁军的机构，一般指殿前司、侍卫亲军马军司、侍卫亲军步军司。

译文

在每条街坊小巷三百步左右，就设有一所用于军队巡逻的铺屋，每个铺子有士兵五人，在夜间巡逻预警以及领取公事。又在高处用砖块砌一座望火楼，楼上有人瞭望。下面有几间官屋，屯驻军兵一百多人，以及用来救火的东西，比如大大小小的桶子、洒子、麻搭、斧头锯子、梯子、火杈、大索、铁猫儿等物品。每当遇有发生火灾的地方，就有马军奔走报告消息。军厢主、骑兵步兵、殿前三衙、开封府，各自率领军队取水灭火，不会让普通百姓出力处理。

天晓诸人入市

每日交[1]五更，诸寺院行者[2]打铁牌子或木鱼，循门报晓，各分地分，日间求化。诸趋朝入市之人，闻此而起。诸门桥市井已开，如瓠羹店门首坐一小儿，叫“饶[3]骨头”，间有灌肺[4]及炒肺。酒店多点灯烛沽卖，每分[5]不过二十文，并粥饭点心。亦间或[6]有卖洗面水，煎点汤药者，直至天明。其杀猪羊作坊，每人担猪羊及车子上市，动即百数。如果木[7]，亦集于朱雀门外及州桥之西，谓之“果子行”。纸画儿亦在彼处，行贩不绝。其卖麦面，每秤作一布袋，谓之“一宛”，或三五秤作一宛。用太平车[8]或驴马驮之，从城外守门入城货卖，至天明不绝。更有御街州桥至南内前[9]，趁朝[10]卖药及饮食者，吟叫[11]百端。

注　释

[1] 交：某一时期或时刻的到来。

[2] 行者：佛教术语，一般指行脚乞食的苦行僧。宋代释道诚《释氏要览》卷上“行者”条：“《善见律》云：‘有善男子欲求出家，未得衣钵，欲依寺中住者，名畔头波罗沙。’今详，若此方行者也。”宋代邵伯温《闻见前录》卷十九：“院有行者，名宗颢。尝给事公左右。及公作相，颢已为僧。”

[3] 饶：免除费用、多给的。

[4] 灌肺：元代无名氏《居家必用事类全集·庚集》记载“灌肺”做法：“羊肺带心一具，洗干净，如玉叶，用生姜六两，取自然汁，如无，以干姜

末二两半代之，麻泥、杏泥共一盏，白麦三两，豆粉二两，热油二两，一处拌匀，入塩肉汁，看肉大小用之，灌满煮熟。又法：用面半斤，香油四两，干姜末四两，共打成糊下锅煮熟，依法灌之，用慢火煮。”

[5] 每分：分，通“份”，即每一份。

[6] 间或：偶尔。

[7] 果木：即水果之类。旧题“唐郭橐驼著”《种树书》卷下：“凡果木未全熟时摘，若熟，则抽过筋脉，来岁必不盛。”

[8] 太平车：从远古沿袭下来的一种车辆，呈长方体，由车棚、车毂、车轱辘等主要物件构成，因行走平稳而得名。

[9] 南内前：南内，唐代时指兴庆宫，位于大明宫（东内）之南，故名。此处指宣德门的前面。

[10] 趁朝：上朝。白居易《还李十一马》：“传语李君劳寄马，病来唯著杖扶身。纵拟强骑无出处，却将牵与趁朝人。”又，《酬卢秘书二十韵》：“风霜趁朝去，泥雪拜陵回。”《自题》：“热月无堆案，寒天不趁朝。”这里指诸人趁官员上朝时入市。

[11] 吟叫：宋代高承《事物纪原》卷九“吟叫”条：“市井初有叫果子之戏，其本盖自至和、嘉祐之间叫紫苏丸，洎乐工杜人经十叫子始也。京师凡卖一物，必有声韵，其吟哦俱不同，故市人采其声调，间以词章，以为戏乐也。今盛行于世，又谓之吟叫也。”

译文

每天在五更前后，各大寺院的行脚僧开始敲打铁牌子或者木鱼挨门挨户报晓，各自分别不同的区界，到天亮的时候求化缘。众多想要早起、进入集市的人，听到报晓声就立即起床。这时大多数的门桥集市已经开放，比如在瓠羹店的门前坐着一个小孩，叫喊“免费赠送骨头”，偶尔也有灌肺和炒肺。酒店往往点起灯烛营业（售卖早餐），每份（早餐）不超过二十文钱，包括粥饭和点心。其中有的酒店还偶尔也卖洗面水、煎点汤药，一直到天亮。那些杀猪宰羊的作坊，商人们每每都是担着猪羊和车子进入集市，动辄上百。其他比如水果之类，也集中在朱雀门外以及州桥的西边，称为果子行。纸画也在那里交易售卖，经商、贩卖络绎不绝。卖麦面的，每一秤装一个布袋，称为“一宛”，也有三五秤作为一宛的，用太平车或者驴马驮着，从城外守门进入城里贩卖，即使到天亮也不停止。还有在御街州桥到南内前，向上朝官员售卖药物和饮食的人，其叫卖的声音、声调有百样千种。

·《清明上河图》局部，在京城中，天蒙蒙亮的时候，就已经有商铺开始在一些繁华商业地点进行摆摊。图中所见就是在人头攒动的虹桥旁边在售卖商品的摊位。固定的摊位售卖的商品类型比较丰富，也吸引游人驻足购买；同时还有一些流动商人，他们肩挑着商品，随处售卖，流动性大。

诸色杂卖

若养马，则有两人日供切草；养犬，则供饧糟[1]；养猫，则供猫食并小鱼。其锢路[2]、钉铰[3]、箍桶、修整动使、掌鞋[4]、刷腰带、修幞头帽子、补鱿角冠子[5]，日供打香印[6]者，则管定铺席人家牌额，时节即印施佛像等。其供人家打水者，各有地分[7]坊巷。以有使漆、打钗环、荷大斧斫柴、换扇子柄、供香饼子、炭团，夏月则有洗毡、淘井[8]者，举意皆在目前。或军营放停[9]，乐人动鼓乐于空闲[10]，就坊巷引小儿妇女观看，散糖果子之类，谓之“卖梅子”，又谓之“杷街”。每日如[11]宅舍宫院前，则有就门[12]卖羊肉、头肚、腰子、白肠、鹑兔、鱼虾、退毛鸡鸭、蛤蜊、螃蟹、辣爊[13]、香药果子，博卖[14]冠梳、领抹、头面[15]、衣着、动使、铜铁器皿、衣箱、磁器之类。亦有扑上件[16]物事[17]者，谓之“勘宅”。其后街或空闲处，团盖[18]房屋，向背[19]聚居，谓之“院子”，皆小民居止，每日卖蒸梨枣、黄糕麋、宿蒸饼、发牙豆[20]之类。每遇春时，官中差人夫监淘在城沟渠[21]，别开坑，盛淘出者泥，谓之“泥盆”，候官差人来捡视了方盖覆。夜间出入，月黑宜照管[22]也。

注释

[1] 饧（xíng）糟：制作麦芽糖时剩余的残渣。饧，麦芽糖。糟，做酒剩余的残渣。《楚辞・渔父》：“众人皆醉，何不餔其糟而歠其醨？”

[2] 锢路：同“锢露”，用熔化的金属填补金属物件的漏洞，也称“锢漏”。

[3] 钉铰：从事洗镜、补锅、锔碗等杂活的。宋代钱易《南部新书》卷九：“里有胡生，性落魄，家贫，少为洗镜、锼钉之业……远近号为‘胡钉铰’。”

[4] 掌鞋：修补鞋底。宋代无名氏《古今类事》卷三“吴大换名”条：“吴大者，卖鞋于虹飞桥，邻人王二叔以掌鞋为业，二人甚相得。”

[5] 魫角冠子：即“魫冠”，古时以鱼枕骨为装饰的帽子。

[6] 打香印：香印，给香料造型和印字的模具，唐时已有记载。白居易《酬梦得以予五月长斋延僧徒绝宾友见戏十韵》：“香印朝烟细，纱灯夕焰明。”又，吴处厚《青箱杂记》卷二：“太祖庙讳匡胤，故今世卖香印者，不敢斥呼，鸣锣而已。”鸣锣这个动作就是打香印。

[7] 地分：地界、区域。

[8] 淘井：清理井中淤泥，使井水清澈。宋代陈元靓《岁时广记》卷十七：“（东坡）梦中问：‘火故新矣，泉何故新。’答曰：‘俗以清明日淘井。’”

[9] 放停：原指予以释放，停止服刑，此处指军队休假。苏轼《奏为法外刺配罪人待罪状》：“巽先充书手，因受赃虚消税赋，刺配本州牢城，寻即用幸计构胥吏医人托患放停。又为诈将产业重叠当出官盐，刺配滁州牢城，依前托患放停归乡。”

[10] 空闲：空闲之地。

[11] 如：到，往，去。韩愈《祭田横墓文》：“贞元十一年九月，愈如东京，道出田横墓下。”

[12] 就门：紧靠门前。《续资治通鉴长编》卷八十九：“就门庭设香烛。”

[13] 辣爊（āo）：辣味的熟食。爊，放在微火上煨熟。

[14] 博卖：也称“扑卖”“卖扑”，以赌博的方式招揽生意。通常用掷钱的方法计算正反面的多少从而判断输赢。赢者获得物品，输者失掉钱财。

[15] 头面：首饰。

[16] 上件：上面提到的。

·《清明上河图》局部，孙羊店前面售卖小吃的摊位，有客人在光顾。

[17] 物事：物品，东西。

[18] 团盖：绕着在四周盖房子。

[19] 向背：或相向，或相背。

[20] 发牙豆：发芽的豆子，黄豆芽、绿豆芽之类。牙，通“芽”。

[21] 监淘在城沟渠：监看疏浚城邑内的沟渠。

[22] 照管：照顾、管理。

译文

如果要养马，就有商家派两个人每天切草供应；养狗就有商家提供做麦芽糖剩下的残渣；养猫就有商家提供猫粮和小鱼。还有负责用熔化的金属为金属物件补漏洞的，钉铰的，箍桶的，修理日常使用物品的，修补鞋底的，洗刷腰带的，修理幞头帽子的，补洗魫角冠子的商家，平日供给香印的都有固定的店铺和营业牌额，一到时节就要（安排）印制并分发佛像等事宜。提供人家打水的人，也各自有其街坊巷子。另有漆工，打造钗环的匠人，背着大斧头劈柴的人，换扇子手柄的人，提供香饼子、炭团的人。夏天有清洗坐毡、清浚井底的人，一旦有需要，他们就会出现在眼前。有时军营休假时，乐人就在空闲的场地上打鼓奏乐，靠近街坊吸引小孩子、妇女前来观看，散发糖果和果子，称为“卖梅子”，也叫“杷街”。每天到达宅舍和宫院之前，就有挨着门边售卖羊肉、头肚、腰子、白肠、鹌鹑、兔子、鱼虾、煺过毛的鸡鸭、蛤蜊、螃蟹、辣爊、用香药煎炒的果子，也有以赌博招揽生意进而售卖诸如饰冠、梳子、领系，首饰衣着，日常使用的铜铁器皿，衣箱、瓷器之类。也有以赌博来售卖上面所提到的东西的，称为“勘宅”。又在后街某些空闲的地方四面聚集地盖房屋，门户或者相向，或者相背地聚居在一起，称为“院子”，都是小百姓居住的场所，每天售卖蒸梨蒸枣、黄糕麋、宿蒸饼、发芽豆一类的。每到春天的时候，官府中差遣人丁监看疏浚城中沟渠的工作，另外挖坑盛装疏浚出的淤泥，这个坑被称为“泥盆”，等到官府差遣人来验视之后才把装泥的坑填平。这项工作在夜间进行，因为月黑之时更方便照顾管理。

卷之四

皇太子纳妃，卤部仪仗，宴乐、仪卫。妃乘厌翟车，车上设紫色团盖，四柱维幕，四垂大带，四马驾之。

军　头　司

军头司每旬休[1]，按阅[2]内等子[3]、相扑手[4]、剑棒手格斗。诸军营：殿前指挥使直[5]在禁中，有左右班。内殿直[6]、散员[7]、散都头、散直、散指挥。御龙左右直（系打御从物）[8]。御龙骨朵子直[9]、弓箭直、弩直、习驭直[10]、骑御马、钓容直[11]、招箭班[12]、金枪班、银枪班、殿侍诸军东西五班，常入祗候[13]，每日教阅野战。每遇诸路解到[14]武艺人，对御格斗。天武、捧日、龙卫、神卫[15]，各二十指挥，谓之"上四军"，不出戍。骁骑、云骑、拱圣、龙猛、龙骑[16]，各十指挥。殿前司、步军司有虎翼，各二十指挥；虎翼水军、宣武，各十五指挥。神勇、广勇各十指挥。[17]飞山、床子弩[18]、雄武、广固等指挥。诸司则宣效、六军、武肃、武和、街道司诸司。诸军指挥，动以百数。诸宫观、宅院，各有清卫、厢军、禁军剩员十指挥。其余工匠、修内司、八作司[19]、广固作坊、后苑作坊、书艺局、绫锦院[20]、文绣院、内酒坊、法酒库、牛羊司、油醋库、仪鸾司、翰林司、喝探[21]、武严、辇官、车子院、皇城官、亲从官、亲事官、上下宫[22]、皇城黄皂院子[23]、涤除[24]，各有指挥，记省不尽。

注　释

[1] 每旬休：每过十天休假一次。宋代高承《物事纪原》卷一"休沐"："《唐会要》：'永徽三年二月十日，以天下无虞，百司务简，每至旬假，许不

视事，以宽百寮休沐。’然则休沐始于汉，其以旬休，则始于唐也。”

[2] 按阅：巡视、检阅。《资治通鉴》卷二百二十一“唐肃宗乾元二年”：“九月……光弼按阅守备，部分士卒，无不严办。”

[3] 内等子：皇宫内的禁卫。宋代赵升《朝野类要》卷一“等子”条：“军头引见司等子，旧是诸州解发强勇之人，经由递传至京师。今则只取殿前旧司捧日等指挥人兵拣为之。故今之等子年劳，授诸州排军受事人员之职。出职之日，旧皆诣都进奏院行谢。盖奏院辖递铺故也。等子之上，谓之忠佐军头，皆由百司人兵亲兵及随龙人年劳升为之，或幕士带之。”

[4] 相扑手：表演相扑的选手。相扑，《一切经音义》卷三十四“髆”：“字书云：‘相扑，手搏也。《说文》从手，菐、扑，击也。”

[5] 殿前指挥使直：殿前司属下的骑兵官员。直，班直，表示担任一定的职位，如下文中的“内殿直”“弓箭直”“弩直”等。

[6] 内殿直：五代时后周禁军的名称，招收军校及武臣子弟有才勇者充任，均为骑军。其职责是扈从皇帝，拱卫京师，隶属于殿前司。宋初沿置，开宝四年（971）废除。

[7] 散员：无固定职事的官员。《隋书》卷四十二《李德林传》：“既是西省散员，非其所好，又以天保季世，乃谢病还乡，阖门守道。”

[8] 御龙左右直（系打御从物）：即御龙直，分左右班。宋太宗太平兴国二年（977）改称“族御龙直”，后改“御龙直”。据《宋史》卷一百四十四《仪卫志二》记载：“御龙直百四十二人，御龙骨朵子直二百二十六，并全班祗应。御龙弓箭直百三十三人，御龙弩直百三十三人。”按，宋朝皇宫有五重禁卫，第一重为司亲从官，第二重为宽衣天武，第三重为御龙弓箭直、弩直，第四重为御龙骨朵子直，第五重则为御龙直。五层禁卫由内而外保护天子。打御从物，撑着皇帝出行所需要的各种仪卫。打，举着，犹“打伞”之“打”。

[9] 骨朵子直：宋代御前亲近卫士，因其手执骨朵子（一种兵器），得此称呼。

[10] 习驭直：掌管皇宫马厩中马匹的官。《旧唐书》卷四十四《职官

三》："尚乘局奉御二人……掌内外闲厩之马，辨其粗良而率其习驭，直长为之贰。"

[11] 钧容直：宋代禁军番号之一种，实为军乐。《宋史》卷一百四十二《乐志十七》："钧容直，亦军乐也。"

[12] 招箭班：习射时站在箭靶旁查看、唱报的士兵。《宋史》卷一百一十四《礼志十七》："苑中皆有射棚，画晕的。射则用招箭班三十人，服绯紫绣衣、帕首，分立左右，以唱中否。"

[13] 祗候：恭敬地等候。

[14] 解到：押解到达。

[15] 天武、捧日、龙卫、神卫：宋代禁军的番号。宋代王应麟《玉海》卷一百三十九《兵制》"宋朝四厢军"条："《职官志》：殿前司有捧日、天武左右四厢，马军司有龙卫左右厢，步军司有神卫左右厢，各有都指挥使、都虞候。"

[16] 骁骑、云骑、拱圣、龙猛、龙骑：宋代禁军番号，详细建制见《宋史》卷一百八十八《兵志二》。

[17] 虎翼、宣武、神勇、广勇：详见《宋史》卷一百四十六《仪卫志四》。

[18] 床子弩：禁军番号，主要装备为床子弩。《续资治通鉴长编》卷十七："（魏丕）治兵器，无不精办。旧床子弩射止七百步，丕增造至千步。"

[19] 八作司：宋代职官名，隶属将作监，分东、西二司，掌管京城内外修缮事务。

[20] 绫锦院：宋代丝绸的官营机构，直属于少府监。

[21] 喝探：喝止行人并探查盘问。《宋史》卷一百八十九《兵志三》有"御营喝探"。

[22] 上下宫：即上宫、下宫，天子祖庙的一种称呼。《宋史》卷一百二十三《礼志二十六》："是夜漏未尽，三鼓，帝乘马，却舆辇、伞扇，至安陵，素服步入司马门，行奠献礼，诸陵亦然，又诣下宫。凡上宫用牲牢、祝册，有司奉事；下宫备膳羞，内臣执事，百官陪位。"

·《清明上河图》局部，图中所表示的是孙羊店的士兵，其中有一人正挽弓练箭，旁边还有其他人。

[23] 黄皂院子：身穿黄色或黑色的杂役。院子，古时对奴仆的称号。

[24] 涤除：负责皇宫清扫任务的杂役。

译文

军头司每过十天休息一天，其职责是按照册子上的名字，检阅内等子、相扑手、剑棒手的演习格斗情况。众军营的殿前指挥使和班直，在宫禁中的有左右班、内殿直、散员、散都头、散直、散指挥；御龙左右直（在皇帝出行时举着各种仪杖），包括御龙骨朵子直、弓箭直、弩直、习驭直、骑御马、钧容直、招箭班、金枪班、银枪班、殿前诸军东西五班，经常进入宫中听候差遣，每天训练、检阅其野战情况。每当遇到各路解送来的武艺人，就要在皇帝面前格斗一番。天武军、捧日军、龙卫军、神卫军，各有二十指挥，称为“上四军”，不外出戍守。骁骑军、云骑军、拱圣军、龙猛军、龙骑军，各有十指挥，殿前司、步军司有虎翼军，各有二十指挥，虎翼水军、宣武军各有十五指挥，神勇军、广勇军各有十指挥。还有飞山、床子弩、雄武、广固等指挥。众多军头司，则有宣效、六军、武肃、武和、街道司等等，诸军指挥的数量，动辄数以百计。众宫观宅物，各自有清卫、厢军、剩余的禁军十指挥。其余的工匠、修内司、八作司、广固作坊、后苑作坊、书艺局、绫锦院、文绣院、内酒坊、法酒库、牛羊司、油醋库、仪鸾司、翰林司、喝探、武严、辇官、车子院、皇城宫、亲从官、亲事官、上下宫、皇城黄皂院子、涤除，各自都有指挥，就不能一一记省了。

皇太子纳妃

皇太子纳妃，卤部[1]仪仗，宴乐[2]、仪卫。妃乘厌翟车[3]，车上设紫色团盖，四柱维幕[4]，四垂大带[5]，四马驾之。

注释

[1] 卤部：即卤簿，本指天子出行的仪仗和警卫，后来也泛指一般官员的出行仪杖。汉代蔡邕《独断》卷下："天子出，车驾次第谓之卤簿，有大驾，有小驾，有法驾。大驾公卿奉引，大将军参乘，太仆御，属车八十一乘。"

[2] 宴乐：亦称"燕乐"，指吸收北方少数民族融合而成的音乐，供宫廷宴会时使用。

[3] 厌翟（dí）车：用野鸡羽毛遮挡着的车子。翟，长尾的野鸡。《周礼·春官·巾车》："王后之五路，重翟，锡面朱总。厌翟，勒面缋总。"郑玄注曰："厌翟，次其羽使相迫也。"

[4] 维幕：即"帷幕"。

[5] 四垂大带：向四边垂下大的带子。

译文

皇太子纳妃的时候，有卤簿仪仗，举行宴会时有仪卫。太子妃乘坐厌翟车，车子上面设置有紫色的圆形车盖，车子四面的柱子都有帷幕，还有四条垂下的大带子，用四匹马驾车。

公主出降

公主出降[1]，亦设仪仗、行幕、步障[2]、水路。凡亲王、公主出，则有之，皆系[3]街道司[4]兵级数十人，各执扫具、镀金银水桶，前导洒之，名曰“水路”。用檐床[5]数百，铺设房卧，并紫衫卷脚幞头天武官抬舁[6]。又有宫嫔数十，皆真珠钗插[7]、吊朵、玲珑簇罗头面[8]，红罗销金袍帔[9]，乘马双控双搭，青盖前导，谓之“短镫”。前后用红罗销金掌扇遮簇。乘金铜檐子，覆以剪棕[10]，朱红梁脊，上列渗金[11]铜铸云凤花朵檐子，约高五尺许，深八尺，阔四尺许，内容六人，四维垂绣额珠帘，白藤间花[12]。匡箱[13]之外，两壁出栏槛，皆缕金花[14]，装雕木人物、神仙。出队两竿十二人，竿前后皆设绿丝绦，金鱼勾子[15]勾定。

注释

[1] 出降：宫女、帝王之女出嫁。唐代杜佑《通典》卷五十九“礼十九·嘉四”有“公主出降”一条，记载颇详细，可参看。

[2] 步障：古代用来遮蔽风尘或视线的屏幕。《晋书》卷三十三《石崇传》：“（崇）与贵戚王恺、羊琇之徒以奢靡相尚……恺作紫丝布步障四十里，崇作锦步障五十里以敌之。”

[3] 系：有。

[4] 街道司：《宋会要辑稿·职官三一》：“街道司掌治京城道路，以奉

乘舆出入，勾当官二员，以大使臣或三班使臣领之。仁宗嘉祐二年十二月二十六日，管勾街道司公事寇利亨言，乞招置兵士五百人充街道指挥功役，更不立等杖。”

[5] 檐床：即下文之“檐子”，可以抬起来的供人乘坐的工具。

[6] 抬舁（yú）：共同用手抬起。《说文解字》卷三上：“舁，共举也。从臼，从廾。”

[7] 真珠钗插：装饰有珍珠的发钗。钗插，插入发髻的钗子。宋代蔡襄《和王学士水车》：“方春游女湖上行，举首唯愁钗插重。”

[8] 玲珑簇罗头面：即簇罗之头面，颇有玲珑之美。

[9] 红罗销金袍帔（pèi）：红罗，红色的轻软丝织品。《古诗为焦仲卿妻作》：“红罗复斗帐，四角垂香囊。”销金，以特殊工艺在衣物上添加极薄黄金装饰。《岁时广记》卷四“饮羔酒”有“袍帔，衣袍和衣帔。帔，古代披在肩背上的一种服饰”。汉代刘熙《释名·释衣服》：“帔，披也。披之肩背，不及下也。”白居易《霓裳羽衣歌》：“虹裳霞帔步摇冠，钿璎累累珮珊珊。”

[10] 剪棕：修剪整齐的棕树的叶片。黄庭坚《王良翰行庵铭》：“剪棕作庵，驾以人肩。利用行远，琴几后前。”所述亦为可供抬起行走的舆具。

[11] 渗金：古代的一种高级制作工艺，使金箔或金粉渗透于所锻造的器具中。宋代周密《云烟过眼录》卷一“张受益谦号古斋所藏”条：“此乃金水总管所造刀也，上用渗金镌错。”

[12] 白藤间花：白色藤蔓上间杂着花朵。

[13] 匡箱：车框车厢。

[14] 缕金花：即缕金之花。缕金，以金丝为装饰。宋代陶谷《清异录·北苑妆》：“江南晚季建阳进茶油花子，大小形制各别，极可爱，宫嫔缕金于面，皆以淡妆，以此花饼施于额上，时号‘北苑妆’。”

[15] 金鱼勾子：形状如钓鱼的钩子。

译文

公主嫁人的时候，也设有仪仗、行幕、步障、水路等。凡是亲王公主出嫁就会有这些仪仗，这些需要动用街道司几十个低级的士兵，每人拿着扫地的工具、镀上金银的水桶，走在前面做向导，同时洒水，这种动作叫作“水路”。使用几百个檐床，上面铺设着室内的卧具衣物等，并且由身上穿着紫衫、头上戴着卷脚幞头的天武军的官兵抬着。还有几十个宫女，头上全都穿戴着插着珍珠钗饰、吊朵，穿着绣簇罗襦或红色的罗襦、销金长袍和衣帔，乘坐着双绳控制的、双面搭载的马车，有青色的车盖作为前面的导引，称为“短镫”。前后用红色罗襦销金的掌扇簇拥遮拦而过，公主乘坐的是金铜檐子，车顶上覆盖着修剪过的棕榈叶，檐子的梁脊是大红色的，上面排列着渗金铜铸的云凤花朵。檐子高约五尺左右，深有八尺，宽有四尺左右，里面可以容纳六个人，四面下垂着有绣额装饰的珠帘，配合着夹杂了鲜花的白色藤蔓。檐子匣箱的外面，两壁高出栏槛的部分，都雕刻着金色的花朵，装饰着木雕的人物、神仙。有两队共十二人抬着檐子两端的木杆，杆子的前面都设置有绿色的丝绦，用金鱼状的钩子固定好。

•《清明上河图》局部，在图中可以看到有两顶双人轿子，旁边有跟随者抬的轿子，其中左侧轿子轿帘被掀起，我们能看到有一女子在向外张望。从图中表现来看，可以推测轿中主人们的身份地位不低。

皇后出乘舆

皇太后、皇后出乘者，谓之“舆”[1]。比檐子稍增广，花样皆龙，前后檐皆剪棕，仪仗与驾出相似而少，仍[2]无驾头[3]、警跸[4]耳。士庶家与贵家婚嫁，亦乘檐子，只无脊上铜凤花朵。左右两军[5]，自有假赁[6]所在。以至从人[7]衫帽、衣服、从物[8]俱可赁，不须借措[9]。余命妇[10]、王宫、士庶通乘坐车子，如檐子样制，亦可容六人。前后有小勾栏[11]，底下轴贯两挟朱轮[12]，前出[13]长辕约七八尺，独牛[14]驾之，亦可假赁。

注释

[1] 舆：本指车上可以载人的部分，后泛指车。《论语·卫灵公》：“立则见其参于前也，在舆则见其倚于衡也，夫然后行。”王安石《易泛论》：“舆，有承载之材，而亦非车之全者也。”

[2] 仍：又。宋代李纲《乞修边备添置参谋编修官札子》：“欲望圣慈许臣辟置参谋官四员于职事官中，不拘官资，高下兼充；仍添置编修官二员，共措画条具，以时推行。”杨万里《和谢张功父》：“老夫最爱嚼香雪，不但解醒仍涤热。”

[3] 驾头：沈括《梦溪笔谈》卷一《故事一》：“正衙法座，香木为之，加金饰，四足堕角，其前小偃，织藤冒之，每车驾出幸，则使老内臣马上抱之，曰驾头。”又，陆游《老学庵笔记》卷二：“驾头，旧以一老宦者抱绣裹兀子于马上，高庙时犹然，今乃代以阁门官，不知自何年始也。”

[4] 警跸（bì）：古代帝王出入时，所经过的道途上有侍卫警戒。出称

"警"，入称"跸"。《史记·淮南衡山列传》："厉王以此归国益骄恣，不用汉法，出入称警跸，称制，自为法令，拟于天子。"又，晋代崔豹《古今注》卷上《舆服第一》："警跸，所以戒行徒也。周礼跸而不警。秦制出警入跸，谓出军者皆警戒，入国者皆跸止也，故云出警入跸也。至汉朝梁孝王，王出称警，入称跸，降天子一等焉。一曰，跸，路也，谓行者皆警于涂路也。"

[5] 左右两军：指左右两边的仪仗队。

[6] 假赁：假借、租赁。

[7] 从人：随从、仆人。

[8] 从物：与之相关的附从之物。

[9] 借措：借取置办。措，置。

[10] 命妇：古时被赐予封号的妇女，一般为官员的母亲、妻子。《国语·鲁语下》："命妇，成祭服。"韦昭注曰："命妇，大夫之妻也。"又，唐代陈鸿《长恨歌传》："每岁十月，驾幸华清宫，内外命妇，熠耀景从。"

[11] 勾栏：车边的栏杆。

[12] 底下轴贯两挟朱轮：车底之轴贯穿左右两侧，两侧各有朱漆的挟车之轮。

[13] 前出：向前伸出的。

[14] 独牛：一头牛。独，犹"独角兽"之"独"。

译文

皇太后、皇后出门乘坐的车子，称为"舆"。比檐子稍微宽广一些，图案的样式都是龙，前后檐覆盖的都是修剪过的棕榈叶，仪仗和皇帝车驾外出时相似，但数量要少一些，又没有驾头、警跸等物品。士人和普通百姓婚嫁时，也乘坐檐子，只是没有梁脊上的铜凤花朵。至于左右两边仪仗队的士兵，自然也有可供租赁的地方，以至于随从的衫帽、衣服和随身之物，都可以租赁，不需要借取就能置办。其余的命妇、王宫中的人、士人、百姓，全都乘坐车子，和檐子的制作样式差不多，也可以容纳六人。车子的前后都有小勾栏，车底下有横贯左右两边红色车轮的车轴。向前伸出的长辕大约有七八尺，用一头牛来驾着，也是可以租赁的。

· 宋神宗皇后坐像

杂　赁

若凶事出殡，自上而下，凶肆各有体例。如方相[1]、车舆、结络[2]、彩帛，皆有定价[3]，不须劳力。寻常出街市干事[4]，稍似[5]路远倦行，逐[6]坊巷桥市，自有假赁鞍马者，不过百钱。

注　释

[1] 方相：民间所信仰的驱疫避邪的神祇。《周礼·夏官·方相氏》："方相氏掌：蒙熊皮，黄金四目，玄衣朱裳，执戈扬盾，帅百隶而时难，以索室驱疫。大丧，先柩，及墓，入圹，以戈击四隅，殴方良。"

[2] 结络：本指中医术语，指筋的聚结与联络。《素问·皮部论》："脉有经纪，筋有结络。"这里指连接成的网状物。

[3] 定价：一定范围之内的价格。

[4] 干事：办事。《三国志》卷四十二《蜀书·郤正传》："及见受用，尽心干事，有治理之绩。"

[5] 稍似：即"似稍"，似乎稍微。《旧唐书》卷十五《宪宗本纪下》："上顾谓宰臣曰：'朕读《玄宗实录见闻》，开元初锐意求理，至十五六年以后，稍似懈倦，开元末又不及中年，何也？'"

[6] 逐：逐个，处处。

译　文

要是碰上丧葬出殡的凶事，从上到下各个方面，专营凶事的店铺都有一定的规程方法。比如方相、车舆、结络、彩帛，都是有固定的价格的，不需要当事人自己再出劳力。平常外出到街市去办事，如果觉得路程稍微遥远，疲于行走的话，各个街坊巷子、桥头、集市，自然有租借鞍马的，租借费用不超过一百个钱。

·《清明上河图》局部，当时人们出行方式多种多样，图中我们能看见牵马者和坐轿者。

修整杂货及斋僧请道

倘欲修整屋宇，泥补[1]墙壁，生辰、忌日，欲设斋僧尼道士，即早辰桥市街巷口，皆有木竹匠人，谓之杂货工匠，以至杂作[2]人夫、道士、僧人，罗立[3]会聚，候人请唤，谓之“罗斋”。竹木作料[4]，亦有铺席。砖瓦泥匠[5]，随手即就[6]。

注　释

[1] 泥补：用泥浆修补。杜甫《后苦寒二首》（其一）：“安得春泥补地裂。”

[2] 杂作：杂乱地一起工作，《史记》卷一百十七《司马相如列传》：“相如身自著犊鼻裈，与保庸杂作，涤器于市中。”这里指零杂工。

[3] 罗立：并排站立。杜甫《望岳》：“西岳崚嶒竦处尊，诸峰罗立如儿孙。”

[4] 作料：原材料。

[5] 砖瓦泥匠：即砖匠、瓦匠、泥匠。因为这三个工种往往一人可兼备，故有此省略。

[6] 随手即就：随时就可以办得到。就，成。

译　文

如果想要修整房屋，用泥巴修补墙壁，或是在生辰、忌日的时候，想要设斋请僧人、尼姑、道士做法事，那就要早晨到桥头、集市、街头巷口去，这里都有木匠、竹匠等手工业者（称为“杂货工匠”），还包括做杂活的人、道士、僧人等，罗列聚集在这里，等候雇主的差遣、呼唤，这种场面叫作“罗斋”。所需的竹子、木头等原材料，也有专门的店铺售卖。砖匠、瓦匠、泥匠，随手就可以找到。

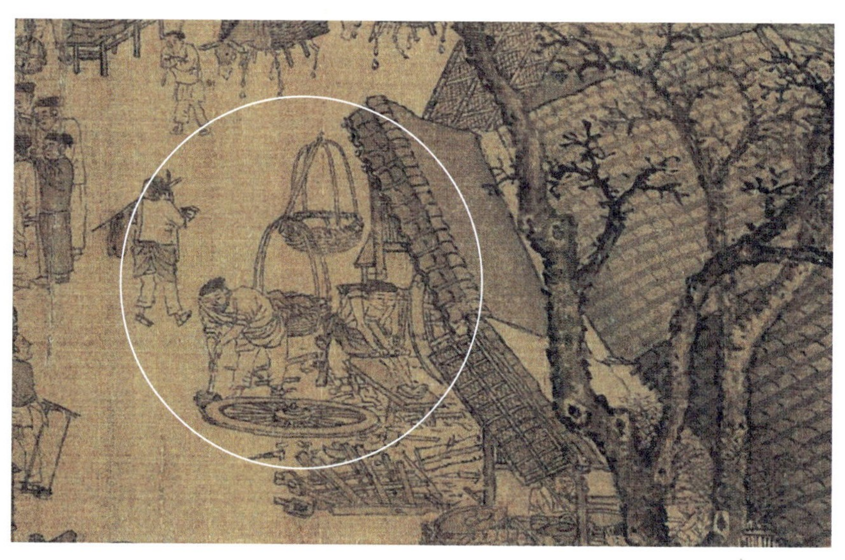

·《清明上河图》局部，宋代木制工艺比较成熟，房屋建筑也多为木质结构，图中可看出是一个木制品摊位，地上堆放着各种木条。

·《清明上河图》局部，图中是在路上与人正在谈话的僧人。在宋代，僧人有一定的穿着要求，在图中我们可以清晰地发现。

筵会假赁

凡民间吉凶筵会，椅桌陈设、器皿合盘、酒檐[1]动使之类，自有茶酒司[2]管赁。吃食下酒[3]，自有厨司[4]。以至托盘[5]、下请书[6]、安排坐次，尊前执事[7]、歌说劝酒，谓之“白席[8]人”。总谓之“四司[9]人”。欲就园馆、亭榭、寺院游赏命客[10]之类，举意[11]便办，亦各有地分，承揽排备[12]，自有则例[13]，亦不敢过越[14]取钱。虽百十分，厅馆整肃，主人只出钱而已，不用费力。

注释

[1] 酒檐：酒担。檐，通“擔（担）”。

[2] 茶酒司：宋代耐得翁《都城纪胜》（不分卷）“四司六局”条：“茶酒司，专掌宾客茶汤、暖荡筛酒、请坐咨席、开盏歇坐、揭席迎送应干节次。”

[3] 吃食下酒：吃的食物、下酒菜。欧阳修《与陈比部》：“又知吃食所伤，更须慎护。”

[4] 厨司：《云仙杂记》卷三“薛家士风”条：“成都薛氏家士风甚美，厨司以半瓠为杓。”

[5] 托盘：托在手中的盘子。《梦粱录》卷十六“分茶酒店”条：“又有托盘、担架，至酒肆中歌叫买卖者。”

[6] 请书：请帖。

[7] 尊前执事：在酒席前办理诸事的人。尊，通“樽”，即酒樽。

[8] 白席：在红白事的筵会上主持劝酒之人。陆游《老学庵笔记》卷八：

“北方民家，吉凶辄有相礼者，谓之‘白席’，多鄙俚可笑。韩魏公自枢密归邺，赴一姻家礼席，偶取盘中一荔支，欲啖之，白席者遽唱曰：‘资政吃荔支，请众客同吃荔支！’公憎其喋喋，因置不取，白席者又曰：‘资政恶发也，却请众客放下荔支。’魏公为之一笑。恶发，犹云怒也。”

[9] 四司：耐得翁《都城纪胜》“四司六局”条：“官府贵家置四司六局，各有所掌，故筵席排当，凡事整齐，都下街市亦有之。常时人户每遇礼席，以钱倩之，皆可办也。”据该书记载，“四司”指帐设司、茶酒司、台盘司、厨司。

[10] 命客：邀请、宴请客人。唐代徐坚《初学记》卷十四“礼部下”引晋代成公绥《延宾赋》：“延宾命客，集我友生，高谈清宴，讲道研精。”

[11] 举意：涉想，动起念头。杜甫《凤凰台》诗：“坐看彩翮长，举意八极周。”又，苏轼《赠杜介》诗：“举意欲从之，翛然已松杪。”这里指随时，表时间之短暂。

[12] 排备：安排、准备。《续资治通鉴长编》卷三百一十四：“诏夔州路转运司彭孙驻南平军，不日进兵，乃闻粮草未办，可速排备。”

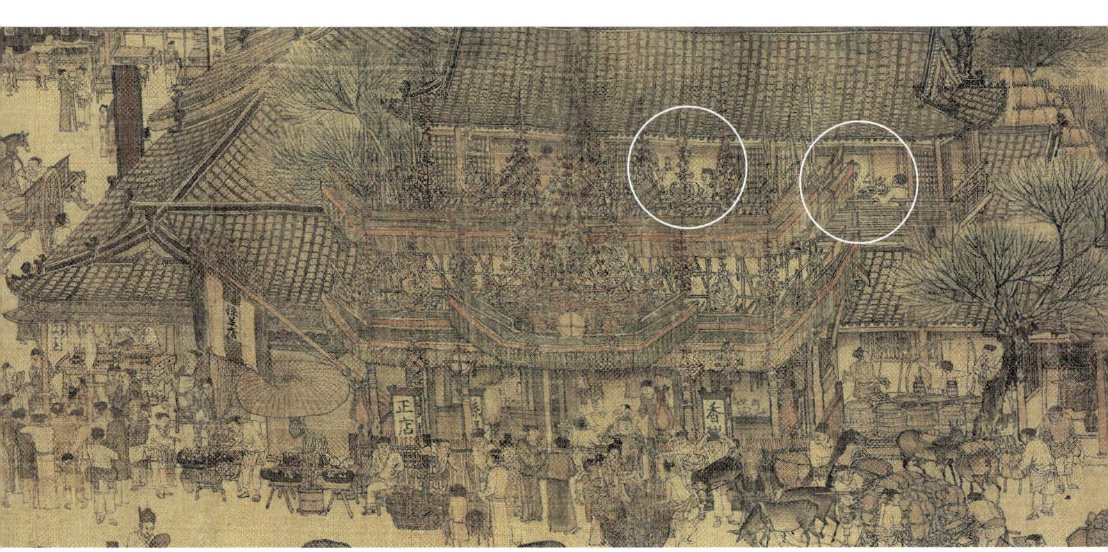

·《清明上河图》局部，注意看圈出的位置有人正在宴请客人。

[13] 则例：成规、定例。沈括《梦溪笔谈》卷二“故事二”：“曹郡王以元舅特除兼中书令，下度支给俸。有司言：‘自来未有活中书令请受则例。’”

[14] 过越：超越本分。曾巩《谢杜相公书》：“至其既孤，无外事之夺其哀，而毫发之私，无有不如其欲，莫大之丧，得以卒致而南。其为存全之恩，过越之义如此。”

译文

凡是民间喜事、丧事举办宴会时，所需的椅子、桌子等陈设，器皿、食盒、盘子、挑酒的担子、使用的其他物件之类，自然有茶酒司来管理租赁。吃饭、喝酒诸事，自然有厨司照管，甚至包括托盘、下请柬、安排座次之类的事。举樽喝酒前的司仪、唱歌说笑劝人喝酒的人，他们被叫作“白席人”，总称为“四司人”。如果想要安排到园子、馆舍、亭台、楼榭、寺院游赏、宴请客人之类的事，也是能随意便可办到的。也都有各自的服务地段，在该地段范围内承办安排经营，自有一定的规矩，也不敢过分地多收取钱财。即使需要几十上百份，厅馆仍然显得整齐严肃，主人只需要出钱就可以了，不用亲自费力。

会仙酒楼

如州东仁和店、新门里会仙楼正店，常有百十分厅馆，动使各各[1]足备，不尚[2]少阙一件。大抵都人风俗奢侈，度量稍宽，凡酒店中，不问何人，止[3]两人对坐饮酒，亦须用注碗[4]一副，盘盏两副，果菜碟各五片，水菜碗三五只，即银近百两矣。虽一人独饮，碗遂[5]亦用银盂之类。其果子菜蔬，无非精洁。若别要下酒，即使人外买软羊、龟背、大小骨、诸色包子、玉板鲊、生削巴子、瓜姜之类。

注释

[1] 各各：个个，每一个。《后汉书》卷二十六《赵憙传》："二十六年，帝延集内戚宴会，欢甚，诸夫人各各前言'赵憙笃义多恩，往遭赤眉出长安，皆为憙所济活'。帝甚嘉之。"

[2] 不尚：不会，不曾。

[3] 止：仅。

[4] 注碗：注子与温碗为一套盛酒、温酒的器具。

[5] 碗遂：只喝一碗酒，喝完即止的售卖方式。《都城纪胜》"酒肆"条："散酒店……并折卖外坊酒，门首亦不设油漆杈子，多是竹栅布幕，谓之'打碗遂'，言只一杯也。却不甚尊贵，非高人所住。"

译文

比如汴州的东仁和店、新门里的会仙楼正店，常预备着几十上百份的饮食供应餐厅馆阁使用，东西都是各自齐备的，不会缺少一件。大概是因为京城的民风奢侈，家用较为宽裕，凡是在酒店中，不问客人的身份是什么，哪怕只有两个人对坐饮酒，也必须摆放一副注碗，两副盘盏，果菜的碟子各五片，水菜碗三五个，这样的话就需要百两银子了。即使是一人独饮，碗也是要用银盂一类的器皿。其中的果子、菜蔬，没有不是精致干净的。如果还需要别的下酒菜，立即可以去外面买软羊、龟背、大小骨、各种包子、玉板鲊、生削巴子、瓜姜之类的食物。

· 明、清　佚名 《酒中八仙图》局部

食　店

大凡食店，大者谓之“分茶”，则有头羹、石髓羹[1]、白肉[2]、胡饼、软羊、大小骨、角炙犒腰子[3]、石肚羹、入炉羊、罨生软羊面、桐皮面、姜泼刀、回刀、冷淘棋子[4]、寄炉面饭之类。吃全茶[5]，饶齑头羹。更有川饭店[6]，则有：插肉面、大燠面、大小抹肉、淘煎燠肉、杂煎事件[7]、生熟烧饭。更有南食店[8]：鱼兜子、桐皮熟脍面、煎鱼饭。又有瓠羹店，门前以枋木[9]及花样沓结缚如山棚[10]，上挂成边猪羊[11]，相间三二十边。近里门面窗户，皆朱绿装饰，谓之“欢门”。每店各有厅院东西廊称呼坐次。客坐，则一人执箸纸，遍问坐客。都人侈纵，百端呼索，或热或冷，或温或整，或绝冷、精浇[12]、膘浇[13]之类，人人索唤不同。行菜得之，近局[14]次立，从头唱念，报与局内。当局者谓之“铛头”[15]，又曰“着案”。讫，须臾，行菜者[16]左手杈三碗、右臂自手至肩驮叠约二十碗，散下，尽合[17]各人呼索，不容差错。一有差错，坐客白之主人，必加叱骂，或罚工价，甚者逐之。吾辈入店，则用一等琉璃浅棱碗，谓之“碧碗”，亦谓之“造羹”，菜蔬精细，谓之“造齑”，每碗十文。面与肉相停[18]，谓之“合羹”；又有“单羹”，乃半个也。旧只用匙，今皆用箸矣。更有插肉、拨刀、炒羊、细物料、棋子、馄饨店。及有素分茶[19]，如寺院斋食也。又有菜面、胡蝶齑胳膇[20]，及卖随饭、荷包白饭[21]、旋切细料馉饳儿[22]、瓜齑[23]、萝卜之类。

注释

[1] 石髓羹：未详，大概是一种加有石髓状调味粉末的羹汤。王维《奉和圣制幸玉真公主山庄因题石壁十韵之作应制》："御羹和石髓，香饭进胡麻。"

[2] 白肉：肥肉。《晋书》卷七十七《陆纳传》："（桓）温曰：'年大来，饮三升便醉，白肉不过十脔。"

[3] 角炙犒腰子：用角炙将腰子烤熟。角炙，一种食材佐料。一说为烹饪方式。犒，通"熇"，用微火将鱼、肉的汤汁变浓。

[4] 冷淘棋子：一种类似棋子状浇头的凉面。冷淘，李林甫《唐六典》卷十五"凡朝会燕飨，九品以上并供其膳食。……夏月，加冷淘、粉粥。"又，杜甫《槐叶冷淘》："青青高槐叶，采掇付中厨。新面来近市，汁滓宛相俱。"苏轼亦有《二月十九日携白酒鲈鱼过詹使君食槐叶冷淘》诗。棋子，朱弁《曲洧旧闻》卷三："范氏自文正公贵，以清苦俭约著于世，子孙皆守其家法也。忠宣正拜后，尝留晁美叔同匕箸，美叔退谓人曰：'丞相变家风矣。'问之，对曰：'盐豉棋子，而上有肉两簇，岂非变家风乎？'人莫不大笑。"

[5] 全茶：完整的宴席。

[6] 川饭店：四川风味的饭店。

[7] 事件：犹"物件"。

[8] 南食店：南方风味的饭店。《都城纪胜》"食店"："南食店谓之南食、川饭、分茶，盖因京师开此店，以备南人不服北食者。"

[9] 枋木：古代木质建筑常用的周转材料，经常与模板一起使用，用作木龙骨。

[10] 山棚：为庆祝活动而搭建的彩棚，其状如高耸之山，故而得名。司马光《涑水记闻》卷五："莱公在藩镇，尝因生日构山棚大宴，又财用僭侈，为人所奏。"

[11] 成边猪羊：一扇一扇的猪羊肉。边，把猪羊劈成两扇。

[12] 精浇：用精肉做的浇头。

[13] 膘（biāo）浇：在面条上用作浇头的肥肉。

[14] 局：在一定的范围内。这里指内厨、后厨。

[15] 铛头：执掌烹饪的厨师长。周密《武林旧事》卷六“酒楼”条：“凡下酒羹汤，任意索唤，虽十客各欲一味，亦自不妨。过卖铛头，记忆数十百品，不劳再四传喝。”

[16] 行菜者：端送菜肴的人，传菜员。

[17] 尽合：完全符合。白居易《辨日旁瑞气状》：“凡有举措，尽合天心。”

[18] 相停：相当，各占一半。《元典章·兵部卷一》“军官”之“禁军官子弟扰军家属”条：“又以出放钱债为名，令军使用，不出三四月，便要本利相停，一岁之间，获利数倍。”

[19] 素分茶：只卖素食的饮食店。

[20] 胳膇：疙瘩。

[21] 白饭：精致的米饭。一说，没有菜肴的米饭。杜甫《入奏行》：“为君酤酒满眼酤，与奴白饭马青刍。”

[22] 馉饳儿：古代有馅儿料包裹的一种面食，类似馄饨。

[23] 瓜齑（jī）：酱渍的瓜。宋代江少虞《皇朝新雕类苑》卷六十五“语嘲”（十二）：“山东乡里食味好以酱渍瓜啗，谓之瓜齑。”又，元代无名氏《居家必用事类全集·已集》载“造瓜齑法”：“甜瓜十枚，带生者，竹签穿透，塩四两，拌入瓜内，沥去水，令干。用酱十两拌匀，烈日晒，番转，又晒，令干，入新磁器内收入。用塩、用酱，又看瓜大小，斟量用之得宜。”

译　文

要是提到饭店，大饭店叫作“分茶”，店里会有头羹、石髓羹、白肉、胡饼、软羊、大小骨、角炙犒腰子、石肚羹、入炉羊、罨生软羊面、桐皮面、姜泼刀、回刀、冷淘棋子、寄炉面饭之类的。吃完整的宴席的，免费赠送一份齑头羹。还有提供川菜饮食的饭店，有插肉面、大燠面、大小抹肉、淘煎燠肉、杂煎之类、生熟两样烧饭。还有南方饮食特点的饭店，店内提供鱼兜子、桐皮熟脍面、煎鱼饭。又有瓠羹店，门前用枋木和花样的山矾捆绑成山棚的样子，上面挂着一扇一扇的猪羊肉，连续相隔有三二十扇。靠近里面门边的窗户，全都用红绿两种颜色装饰，称为“欢门”。每个饭店都有各自的厅院和东西长廊来安排座次。客人坐下后，则有一个服务员拿着筷子和纸，逐一询问坐客。京城里的人奢侈放纵，百般呼叫，或要热的或要冷的，或要温的或要完整的，或者要绝冷的、精浇的、膘浇的之类，每个人索要的都不相同。传菜员得到菜单后，挨着内厨站立，将菜单上的菜肴从头唱念，报给内厨的厨师。掌勺的大厨被称为“铛头”，又称为“着案”。在此之后，过了一会儿，传菜员左手交叉着端三端，右手从手到肩膀重叠大约二十碗，散下菜碟满足各人的呼索，不允许有差错。一旦有差错，坐客告诉主人，必然对其加以叱骂，有的时候还会罚工钱，更有甚者会被辞退。像我这样的人进入酒店，就会用上等的琉璃浅棱碗，叫作“碧碗”，也叫“造羹”，精细的菜蔬被称为“造齑”，每碗十文钱。面和肉相等，称为“合羹”；还有一种“单羹”，只有“合羹”的一半。以前只用汤匙，现在都用筷子了。还有一些店面售卖插肉、拨刀、炒羊、细碎的边角料、棋子、馄饨的。以及一些专卖素食的店面，就像寺院里的斋饭一样。又有菜面、胡蝶齑疙瘩，以及售卖随饭、荷饭、白饭、用切剩的边角料做的馉饳儿、瓜齑、萝卜之类的。

·《清明上河图》局部，图中能看到形形色色的客人在店中吃饭，饭店的形式是半露天的，人们可以看到路上来往的行人，在廊檐下还有菜单，足见当时市井经济的繁盛。

肉　　行

坊巷桥市，皆有肉案，列三五人操刀。生熟肉从便[1]索唤，阔切、片批[2]、细抹、顿刀之类。至晚，即有燠爆[3]熟食上市。凡买物不上数钱[4]，得者是数[5]。

注　释

[1] 从便：任从、随便。

[2] 片批：刀略倾斜，把肉切成片状。批、抹，皆屠家用语。苏轼《和何长官六言次韵》(其四)："贫家何以娱客，但知抹月批风。"以"批抹"戏其贫也。

[3] 燠爆：温热。燠，暖、热。

[4] 不上数钱：不预付一定数额的钱。

[5] 得者是数：按得到的（实际切下来的）肉算钱数。

译　文

街坊、巷子、桥头、集市，都有卖肉的案子，案子前面有三五个人拿着刀干活，切生肉还是熟肉，就便听从顾客的吩咐。（切肉方式）有阔切、片批、细抹、顿刀之类。到了晚上就有温热的熟食售卖。买这些东西先不给钱，按实际得到的（肉）再计算给钱。

·《清明上河图》局部，图中据学者推测为一家肉铺，左侧挂着“斤六十足”的招牌，案板旁有一人正在切肉。摊位前聚集一众人等，貌似有说书先生在讲故事，引起行人驻足聆听，没有影响猪肉铺的生意，在一旁坐着，身上穿着专业围裙的男人，应该是店铺的老板，也在津津有味地听书。

饼　　店

凡饼店，有油饼店，有胡饼店。若油饼店，即卖蒸饼[1]、糖饼、装合[2]、引盘之类。胡饼店，即卖门油、菊花、宽焦[3]、侧厚[4]、油砣[5]、髓饼[6]、新样、满麻。每案用三五人，捍剂[7]、卓花[8]、入炉。自五更，卓案[9]之声，远近相闻。唯武成王庙前海州张家、皇建院前郑家最盛，每家有五十余炉[10]。

注释

[1] 蒸饼：炊饼。吴处厚《青箱杂记》卷二："仁宗庙讳贞（祯），语讹近蒸，今内廷上下皆呼蒸饼为炊饼。"《晋书·何曾传》："蒸饼上不坼十字不食。"类似于后来的馒头。

[2] 装合：盒装的饼。合，盒子。

[3] 宽焦：又薄又脆的面饼。《格致镜源》卷二十五"饼"，引明代胡侍《真珠船》："宽焦，即《武林旧事》所谓宽焦薄脆者，今京师但名薄脆。"

[4] 侧厚：与"宽焦"相对，边缘较厚的面饼。

[5] 油砣：油炸的砣状面饼。

[6] 髓饼：用骨髓做原料而制作的面饼。贾思勰《齐民要术》卷九"饼法第八十二"之"髓饼法"："以髓脂、蜜合和面，厚四五分，广六七寸，便著胡饼炉中，令熟。勿令反覆，饼肥美，可经久。"

[7] 捍剂：将面剂擀开。将做好的面团切成一个个小段，每段称为一剂，可擀成一块完整的面饼。

[8] 卓花：将花停留，此处指在面饼上点缀花纹。卓，停留。五代词人薛昭蕴《浣溪沙》："记得去年寒食日，延秋门外卓金轮。"

[9] 卓案：桌案。

[10] 炉：蒸饼的烤炉。

译　文

一般的饼店有油饼店和胡饼店。如果是油饼店的话，卖的就有蒸饼、糖饼、装合、引盘这些。胡饼店会售卖门油、菊花、宽焦、侧厚、油砣、髓饼、新样、满麻之类。每个桌案大约有三五个人，负责将面剂擀开，加上点缀的花纹并放入炉子中。从五更开始，桌案上的声音远近都可以听到。只有武成王庙前海州张家、皇建院前郑家的生意最隆盛，每家的烤炉有五十多个。

·《清明上河图》局部，在城门前方有一个卖饼的摊位，烙好的大饼盛放在台上，这种饼又大又圆，上面还有些黑色的印记，应该类似于今天的馕。

鱼　行

卖生鱼[1]，则用浅抱桶[2]，以柳叶间串[3]，清水中浸，或循街[4]出卖。每日早，惟新郑门、西水门、万胜门，如此生鱼有数千檐[5]入门。冬月，即黄河诸远处客鱼[6]来，谓之“车鱼”，每斤不上一百文。

注　释

[1] 生鱼：活鱼。

[2] 浅抱桶：一种浅底的木桶类制品。

[3] 间串：一个个相间地穿起来。

[4] 循街：沿街。宋代黄休复《茅亭客话》卷三“淘沙子”条：“伪蜀大东市有养病院，凡乞丐、贫病者皆得居之，中有携畚锸日循街坊沟渠内淘泥沙，时获碎铜铁及诸物，以给口食，人呼为淘沙子。”

[5] 檐：担（擔）。

[6] 客鱼：非本地的鱼。

译　文

售卖生鱼的一般用浅抱桶，用柳叶枝条将其挨个穿起来，放在清水中浸泡，或者沿着街道售卖，每天早上单只在新郑门、西水门、万胜门，像这样的生鱼有几千担进入城门。到了冬天就会有从黄河这些远地方贩来的鱼售卖，称为“车鱼”，每斤不超过一百文钱。

· 南宋　张训礼　《春山渔艇图》

卷之五

至来岁生日，谓之『周晬』，罗列盘盏于地，盛果木、饮食、官诰、笔研、筭秤等，经卷、针线、应用之物，观其所先拈者，以为征兆，谓之『试晬』。此小儿之盛礼也。

民　　俗

凡百[1]所卖饮食之人，装鲜净盘合器皿，车檐[2]动使，奇巧可爱，食味和羹，不敢草略[3]。其卖药、卖卦，皆具冠带。至于乞丐者，亦有规格。稍似懈怠，众所不容。其士农工商[4]，诸行百户[5]，衣装[6]各有本色，不敢越外。谓如香铺裹香人，即顶帽披背；质库[7]掌事，即着皂衫角带、不顶帽之类。街市行人，便认得是何色目[8]。加之人情高谊[9]，若见外方之人为都人凌欺，众必救护之。或见军铺[10]收领[11]到斗争公事，横身劝救，有陪酒食檐官方救之者，亦无惮也。或有从外新来，邻左[12]居住，则相借动使、献遗汤茶、指引买卖[13]之类。更有提茶瓶之人，每日邻里互相支茶[14]，相问动静。凡百吉凶之家，人皆盈门。其正酒店户，见脚店三两次打酒，便敢借与二五百两银器。以至贫下人家，就店呼酒，亦用银器供送。有连夜饮者，次日取之。诸妓馆只就店呼酒而已，银器供送，亦复如是。其阔略[15]大量，天下无之也。以其人烟浩穰，添十数万众不加多，减之不觉少。所谓花阵酒池，香山药海。别有幽坊小巷，燕馆歌楼，举之万数，不欲繁碎。

注　释

[1] 凡百：表总结、概括。《诗经·小雅·雨无正》："凡百君子，各敬尔身，胡不相畏，不畏于天。"郑玄笺曰："'凡百君子'，谓众在位者。"

[2] 车檐：车担。车运和担挑。

[3] 草略：草率，疏略。苏洵《嘉祐集》卷三《权书下·孙武》："吴起之言兵也，轻法制，草略无所统纪，不若武之书词约而意尽。"

[4] 士农工商：即"四民"。《管子·小匡》："士农工商四民者，国之石民也。"

[5] 百户：犹"百家"。《淮南子·氾论训》："尧无百户之郭，舜无置锥之地，以有天下。"

[6] 衣装：衣着、装束。《后汉书》卷七十二《董卓列传》："长安中士女卖其珠玉、衣装，市酒肉相庆者，填满街肆。"

[7] 质库：当铺。《旧唐书》卷一百八十三《外戚列传》："籍其家，财货山积，珍奇宝物，侔于御府，马牧、羊牧，田园、质库，数年征敛不尽。"

[8] 色目：种类、身份。元稹《弹奏剑南东川节度使状》："本判官及诸州刺史名衔，并所收色目，谨具如后。"又，蒋防《霍小玉传》："有一仙人，谪在下界，不邀财货，但慕风流，如此色目，共十郎相当矣。"

[9] 高谊：深厚的情谊，多用于敬称别人的情谊。王安石《谢徐秘校启》："忽承高谊，特损谦辞，顾奖引之过中，非孤蒙之敢望。"

[10] 军铺：军人巡逻、警戒时的驿站，兼具行政（治安）职能。元代张之翰《西岩集》卷十三"议盗"："城郭内外元有军铺，除已设外，更许增置，仍摘管其地，斟酌顿放南北军人相参巡警；及无军铺之处，从本管官司保结。"

[11] 收领：拘禁。

[12] 邻左：左右邻居。

[13] 指引买卖：指导购物、交易诸事。

[14] 支茶：送茶。

[15] 阔略：宽容、宽简。《汉书》卷八十六《王嘉传》："人情不能不有过差，宜可阔略，令尽力者有所劝。"颜师古注："当宽恕其小罪也。"又，叶梦得《石林燕语》卷十："范文正用人多取气节，阔略细故，如孙威敏 、滕达道之徒，皆深所厚者。"

译文

凡是各处售卖饮食的人，会将食物装在鲜丽干净的盘子食盒等器皿中，使用的车担，看上去奇巧又可爱。食物味道，调和的羹汤，不敢潦草简略。那些卖药卖卦的人，都戴着帽子和帽带，甚至乞丐，着装都有一定的规格。如果稍微有一点懈怠，大家就不能容忍。对士、农、工、商而言，各行各业、千家百户来说，衣着服装都要展示自己的本色，不敢越过自己的本分之外。就是说，比如香铺里裹香的人，就要在头上戴着顶帽，穿着披背；典当铺中管事的人，就要穿着黑色的衣衫，束着角带，就不能戴着顶帽之类的。大街集市上的人，通过这就可以认出对方的职业了。再加人情、友谊的因素，如果看到外地的人被京城的人欺负了，众人必定前去救护。如果看到军铺巡逻的人抓捕了打架斗殴的人，就会横身前去劝解搭救，有人会赔上酒食，担到官府去营救的，也无所畏惧。或者有从外地新来，到邻居左边居住的，大伙都会借给他日常使用的器物，为他端汤递茶，指点他做些小买卖之类。还有一种提着茶瓶的人，每天到邻居中间替人送茶，以此相互询问动静的人。凡是遇到吉事凶事的时候，人们都会来到他的家门口参与其中。大的酒楼正店，看到小酒店来这里打过两三次酒，就敢借给他价值三五百两银子的酒器。至于贫穷的人家，当他们来店里喝酒的时候，也提供、传送银制的酒器。有喝酒通宵的客人，那就第二天取回酒器。众多妓馆里的客人只需要到店里要酒喝就行了，都是提供传送银制的酒器，规矩和上面一样。酒店的这种宽容大度，是天下所没有的。因为京城的人口繁多，增加个十几万人也不显多，减少这些数目也不觉得少。这就是所谓的繁花成阵、聚酒成池、堆香成山、积药如海了。别处还有幽静的街坊小巷，宴会的餐馆、歌舞的楼台，列举起来，有千万个，就不想烦碎地一一记载了。

·《清明上河图》局部，北宋时期士农工商等各个行业都有自己穿衣的规矩，要是有不合规矩或者逾越的举动，就会引起大家的注意。冠礼是中国古代男子成年的仪式。男子行过冠礼后，除了名之外还拥有了字，说明社会地位的改变。

京瓦伎艺

崇、观[1]以来，在京瓦肆伎艺：张廷叟、孟子书主张[2]。小唱[3]：李师师[4]、徐婆惜[5]、封宜奴、孙三四等，诚其角者[6]。嘌唱[7]弟子：张七七、王京奴、左小四、安娘、毛团等。教坊减罢并温习[8]：张翠盖、张成。弟子：薛子大、薛子小、俏枝儿、杨总惜、周寿奴、称心等。般杂剧：杖头傀儡[9]任小三，每日五更头回小杂剧，差晚[10]看不及矣。悬丝傀儡[11]，张金线、李外宁。药发傀儡[12]，张臻妙、温奴哥、真个强、没勃脐、小掉刀。筋骨、上索[13]、杂手伎[14]，浑身眼。李宗正、张哥，毬杖、踢弄[15]。孙宽、孙十五、曾无党、高恕、李孝详，讲史[16]。李慥、杨中立、张十一、徐明、赵世亨、贾九，小说[17]。王颜喜、盖中宝、刘名广，散乐[18]。张真奴，舞旋[19]。杨望京，小儿相扑、杂剧、掉刀蛮牌[20]。董十五、赵七、曹保义、朱婆儿、没困驼、风僧哥、俎六姐，影戏[21]。丁仪、瘦吉等，弄乔影戏[22]。刘百禽，弄虫蚁[23]。孔三传、耍秀才，诸宫调[24]。毛详、霍伯丑，商谜[25]。吴八儿，合生[26]。张山人，说诨话[27]。刘乔、河北子、帛遂、胡牛儿、达眼五、重明乔、骆驼儿、李敦等，杂班[28]。外入[29]：孙三，神鬼；霍四究，说《三分》；尹常卖，《五代史》；文八娘，叫果子。其余不可胜数。不以风雨寒暑。诸棚看人，日日如是。教坊、钧容直，每遇旬休按乐[30]，亦许人观看。每遇内宴前一月，教坊内勾集[31]弟子小儿，习队舞作乐，杂剧节次[32]。

注释

[1] 崇、观：指宋徽宗年号崇宁（1102—1106）与大观（1107—1110）。

[2] 主张：主持、张罗。《庄子·天运》："天其运乎？地其处乎？日月其争于所乎？孰主张是？孰维纲是？"又，洪迈《容斋随笔·容斋三笔卷七》："孙宣公劝封禅等"："一时邪谀之臣唱为瑞应祺祥，以罔明主，王钦若、陈彭年辈实主张之。"

[3] 小唱：南宋耐得翁《都城纪胜》："唱叫小唱，谓执板唱慢曲、曲破。大率重起轻杀，故曰'浅斟低唱'。与四十大曲舞旋为一体，今瓦市中绝无。"

[4] 李师师：北宋名伎。宋代张端义《贵耳集》卷下载有"道君幸李师师家，偶周邦彦先在焉，知道君至，遂匿于床下"逸事。又有宋人（佚名）所撰《李师师外传》，可参看。

[5] 婆惜：或起源于溺婴陋习。字面意思为，因为婆婆怜惜，所以保留一条小命。宋代有时也指男性。

[6] 角者：数一数二的。角，角伎。

[7] 嘌唱：一种音调曲折、柔曼的唱法，也指用这种方式演唱的小曲、小调。宋代程大昌《演繁露》卷九"嘌"："凡今世歌曲，比古郑卫，又为淫靡，近又即旧声而加泛滟者名曰嘌唱。"又，耐得翁《都城纪胜·瓦舍众伎》："嘌唱，谓上鼓面唱令曲小词，驱驾虚声，纵弄宫调，与叫果子、唱耍曲儿为一体，本只街市，今宅院往往有之。"

[8] 教坊减罢并温习：教坊中被裁减的人员以继续演出的方式温习旧学。

[9] 杖头傀儡：类似杖头木偶，是用木杖来操纵动作完成的傀儡戏。

[10] 差晚：稍晚。陆游《得季长书追怀南郑幕府慨然有作》："花经小雨开差晚，笙怯余寒涩未调。"

[11] 悬丝傀儡：类似于提线木偶。

[12] 药发傀儡：是以火药带动木偶表演的传统手工技艺。

[13] 上索：在绳索上表演的节目。

[14] 杂手伎：宋代江少虞《新雕皇朝类苑》卷七十一“丁晋公（四）”：“一日宴官僚，于斋厅有杂手伎，俗谓‘弄碗注’者。”

[15] 踢弄：《都城纪胜·瓦舍众伎》：“踢弄，每大礼后宣赦时，抢金鸡者用此等人，上竿、打筋关叩、踏蹺、打交……”

[16] 讲史：宋元“说话四家”之一。《都城纪胜·瓦舍众伎》：“说话有四家……讲史书，讲说前代书史文传兴废战争之事。”

[17] 小说：该词起源于《庄子》“饰小说以干县令”，这里指宋元“说话四家”之一。《都城纪胜·瓦舍众伎》：“说话有四家，一者小说，谓之‘银字儿’，如烟粉、灵怪、传奇、说公案，皆是搏刀赶棒及发迹发泰之事……最畏小说家，盖小说者，能以一朝一代故事，顷刻间提破。”

[18] 散乐：《周礼·春官·旄人》：“掌教舞散乐、舞夷乐。”郑玄注：“散乐，野人为乐之善者，若今黄门倡矣。”至隋唐之时，发展成为一种包括杂技、武术、幻术、滑稽表演、歌舞戏、参军戏等在内的民间表演艺术的形式。

[19] 舞旋：一种流行的回旋的舞蹈。白居易《晚宴湘亭》：“舞旋红裙急，歌垂碧袖长。”

[20] 掉刀蛮牌：使用棹刀和蛮牌表演的攻守戏。掉刀，即“棹刀”，刀柄较长，两面有刃，刃首上端较阔下较窄，刀杆由树木制成，末端安有铁镈，是一种常见兵器。蛮牌，南方产的用粗藤做的盾牌。

[21] 影戏：也称“皮影戏”“影灯戏”，或起源于汉代，是用纸或皮剪作人物形状，将灯光投向后方帷布上进而操作表演的戏剧。宋代高承《物事纪原》卷九《博弈嬉戏部第四十八》“影戏”条：“少翁夜为方帷，张灯烛。帝坐他帐，自帷中望见之，仿佛夫人像也，盖不得就视之。由是世间有影戏。”又，《都城纪胜·瓦舍众伎》：“凡影戏乃京师人初以素纸雕镞，后用彩色装皮为之。”

[22] 乔影戏：装模作样的搞怪诙谐类的影戏。

[23] 弄虫蚁：调教虫蚁禽鸟、驯养小动物。

[24] 诸宫调：宋金元时期的一种大型说唱文学，它是在变文和教坊大

曲、杂曲的基础上发展而来的，因为聚集了若干套不同宫调的曲子轮番歌唱而得名。宋代王灼《碧鸡漫志》卷二："泽州孔三传者，首创诸宫调古传，士大夫皆能诵之。"金代中叶有董解元《西厢记诸宫调》最为出名。

[25] 商谜：猜谜。耐得翁《都城纪胜·瓦舍众伎》："商谜：旧用鼓板吹《贺新郎》，聚人猜诗谜、字谜、戾谜、社谜，本是隐语。"宋代庄季裕《鸡肋编》卷下："苏公尝会孙贲公素，孙畏内殊甚，有官妓善商谜，苏即云'蒯通劝韩信反，韩信不肯反'。其人思久之，曰：'未知中否？然不敢道。'孙迫之使言，乃曰：'此怕负汉也。'苏大喜，厚赏之。"又，明代陶宗仪《辍耕录·丘机山》："（丘机山）以滑稽闻于时，商谜无出其右。"

[26] 合生：宋元"说话四家"之一，大概是一种指物赋诗类的表演，滑稽之中又含讽劝之意。耐得翁《都城纪胜·瓦舍众伎》："合生与起令、随令相似，各占一事。"

[27] 说诨话：一种表演诙谐说唱的艺术形式。《续资治通鉴长编》卷三百五十六："府尹出榜，立赏告捉，竟不获，而此诗大播，有疑说诨话张山人为之。"

[28] 杂班：供戏谐之用的小戏。宋代吴自牧《梦粱录》卷二十"妓乐"条："又有杂扮，或曰'杂班'，又名'纽元子'，又谓之'拔和'，即杂剧之散段也。顷在汴京时，村落野夫罕得入城，遂撰此端，多是借装为山东河北村叟，以资笑端。"

[29] 外入：另外还有。

[30] 按乐：奏乐。唐代韩偓《北齐》（其一）："后主猎回初按乐，胡姬酒醒更新妆。"

[31] 勾集：召集。苏轼《乞增修弓箭社条约状》："逐社各置鼓一面，如有事故及盗贼，并须声鼓勾集。若寻常社内声鼓不到者，每次罚钱一百。"

[32] 节次：逐一、按次序。

译　文

宋徽宗崇宁、大观以来，在京城中的瓦肆杂技，由张廷叟、孟子书管理。表演小

· 南宋　李嵩 《骷髅幻戏图》

唱的有：李师师、徐婆惜、封宜奴、孙三四等，的确是歌唱者中数一数二的角色。嘌唱的弟子中，有张七七、王京奴、左小四、安娘、毛团等。教坊中裁减下来，还在温习技艺的，有张翠盖、张成，以及他们的弟子薛子大、薛子小、俏枝儿、杨总惜、周寿奴、称心等。杂剧演出，表演杖头傀儡的是任小三，每天五更的时候演出头一回小杂剧，稍晚一些就看不到了。表演悬丝傀儡的有张金线、李外宁，表演药发傀儡的有张臻妙、温奴哥、真个强、没勃脐、小掉刀。筋骨、上索、杂手伎由浑身眼表演。李宗正、张哥表演毬杖、踢弄。孙宽、孙十五、曾无党、高恕、李孝祥表演讲史。李慥、杨中立、张十一、徐明、赵世亨、贾九表演小说。王颜喜、盖中宝、刘名广表演散乐。张真奴表演回旋舞。杨望京表演小儿相扑、杂剧、掉刀蛮牌。董十五、赵七、曹保义、朱婆儿、没困驼、风僧哥、俎六姐表演影戏。丁仪、瘦吉等表演弄乔影戏。刘百禽表演弄耍小鸟昆虫等。孔三传耍秀才诸宫调。毛详、霍伯丑表演商谜。吴八儿表演合生。张山人表演说诨话。刘乔、河北子、帛遂、吴牛儿、达眼五、重明乔、骆驼儿、李敦等人属于杂班。另外还包括：孙三表演的神鬼，霍四究演说三分天下，尹常卖讲五代史，文八娘表演“叫果子”。其余的就不可胜数了。不管是风雨天，还是寒暑天，彩棚中的看客，每天都是这样。教坊、钧容直里的艺人，每过十天休息的那一天，奏乐时也允许常人观看。每当遇到皇宫内举行宴会，在前一个月，教坊就选择聚集弟子小儿辈，会依次演习队列舞蹈，奏乐，按顺序逐一表演杂剧。

娶　妇

凡娶媳妇，先起草帖子[1]。两家允许，然后起细帖子，序三代[2]名讳，议亲人有服亲[3]、田产、官职之类。次檐[4]许口酒[5]，以络[6]盛酒瓶，装以大花八朵、罗绢[7]生色或银胜[8]八枚，又以花红缴[9]檐上，谓之“缴檐红”，与女家。女家以淡水二瓶，活鱼三五个，箸一双，悉送在元[10]酒瓶内，谓之“回鱼箸”。或下小定、大定[11]，或相媳妇与不相[12]。若相媳妇，即男家亲人或婆往女家，看中，即以钗子插冠中，谓之“插钗子”；或不入意，即留一两端[13]彩段，与之压惊，则此亲不谐[14]矣。其媒人有数等：上等戴盖头[15]，着紫背子[16]，说官亲、宫院[17]恩泽[18]；中等戴冠子，黄包髻[19]、背子，或只系裙，手把青凉伞儿，皆两人同行。下定了，即旦望[20]媒人传语。遇节序，即以节物、头面、羊酒之类追女家，随家丰俭[21]。女家多回巧作[22]之类。次下财礼[23]，次报成结日子[24]。次过大礼[25]。先一日，或是日早，下[26]催妆[27]冠帔[28]、花粉，女家回公裳[29]、花幞头之类。前一日女家先来挂帐，铺设房卧[30]，谓之“铺房”。女家亲人有茶酒、利市[31]之类。至迎娶日，儿家[32]以车子或花檐子[33]发，迎客引至女家门。女家管待迎客，与之彩段，作乐催妆，上车檐。从人未肯起，炒咬[34]利市，谓之“起檐子”。与了，然后行。迎客先回至儿家门，从人及儿家人乞觅利市、钱物、花红等，谓之“拦门”。新妇下车子，有阴阳人[35]执斗，内盛谷豆、钱果、草节等咒祝[36]，望门而撒，小儿辈争拾之，谓之“撒谷豆”，俗云厌青羊[37]等杀神也。新人下车檐，踏青布条或毡席，不得踏地，一人捧镜倒行，引新人跨鞍[38]、蓦草[39]及秤上过[40]，入门，于一室内，当中悬帐，谓之“坐虚帐”；或只径入房中，坐于床上，亦谓之“坐富贵”。其送女客[41]，急三盏而退，谓之“走送”。众客就筵三杯之后，婿具[42]公裳，花胜[43]簇面，于中堂升一榻[44]，上置椅子，谓之“高坐”，先媒氏请，次姨氏或妗氏请，各斟一杯饮之；次丈母请，方下坐。新人门额[45]，用彩一段，碎裂其下，横抹挂之，婿入房，即众争扯小片而去，谓之“利市缴门红”。婿于床前请新妇出，二家各出彩段，绾一同心，谓之“牵巾”，男挂于笏[46]，女搭于手，男倒行出，面皆相向，至家庙前参拜毕，女复倒行，扶入房讲拜[47]，男女各争先后对拜毕，就床，女向左，男向右坐，妇女以金钱、彩果散掷，谓之“撒帐”。男左女右，留少[48]头发，二家出匹段[49]、钗子、木梳、头须[50]之类，谓之“合髻”。然后用两盏，以彩结连之，互饮一盏，谓之“交杯酒”。饮讫掷盏[51]，并花冠子于床下，盏一仰一合，俗云“大吉”，则众喜贺，然后掩帐讫。宫院中即亲随人抱女婿去；已下人家，即行出房，参谢诸亲，复就坐饮酒。散后，次日五更，用一卓，盛镜台、镜子于其上，望堂展拜，谓之“新妇拜堂”。次拜尊长、亲戚，各有彩段、巧作、鞋袜等为献，谓之“赏贺”。尊长则复换一匹回之，谓之“答贺”。婿复参[52]妇家，谓之“拜门”。有力能趣[53]办，次日即往，谓之“复面[54]拜门”，不然，三日、七日皆可，赏贺亦如女家之礼。酒散，女家具鼓吹、从物，迎婿还家。三日，女家送彩段、油蜜蒸饼，谓之“蜜和油蒸饼”。其女家来作会[55]，谓之“暖女”[56]。七日，则取女归，或送彩段头面与之，谓之“洗头”。一月，则大会相庆，谓之“满月”。自此以后，礼数简[57]矣。

注释

[1] 草帖子：为提亲之事所拟的草稿，与下文“细帖子”相对。

[2] 三代：曾祖、祖父、父亲。

[3] 服亲：一般指五服之亲，即斩衰、齐衰、大功、小功、缌麻。详见《礼记·丧服小记》。

[4] 檐：通“担”，担着。

[5] 许口酒：即许亲之酒，今天部分地区还保留着“吃允口酒”的习俗。

[6] 络：将绳子按十字交叉后形成的网兜状编织物。汉乐府《陌上桑》：“黄金络马头。”

[7] 罗绢：罗绮、绢布。

[8] 银胜：古时妇女所戴的头饰，是一种将银箔剪成人形的彩花。陆游《残腊》(其二)：“乳糜但喜分香钵，银胜那思映彩鞭。”

[9] 缴(jiǎo)：缠。《汉书》卷六十二《司马迁传》：“名家苛察缴绕。”如淳注曰：“缴绕，犹缠绕也。”

[10] 元：同“原”，原来的。

[11] 小定、大定：议婚时根据意向的大小所下的彩礼。

[12] 相：观察情状、形貌。《诗经·鄘风·相鼠》：“相鼠有皮，人而无仪。”

[13] 端：量词。古代布帛的长度单位。或说为一丈六尺为端，或说两丈。《周礼·地官·媒氏》“入币纯帛无过五两”，郑玄注：“五两，十端也。”

[14] 不谐：不成。《后汉书》卷二十六《宋弘传》：“帝顾谓主曰：‘事不谐矣！’”

[15] 盖头：旧时妇女外出时，用以遮蔽风尘的面巾披肩，与婚礼时所用盖头性质有别。宋代周煇《清波别志》卷中：“士大夫于马上披凉衫，妇女步通衢，以方幅紫罗障蔽半身，俗谓之盖头。盖唐帷帽之制也。”

[16] 背子：也称“褙子”。宋代高承《事物纪原》卷三《衣裘带服部第十五》“背子”条：“秦二世诏衫子上朝服加背子，其制袖短于衫，身与衫齐而大袖。今又长与裙齐，而袖才宽于衫。盖自秦始也。”

[17] 宫院：帝王、后妃居住的宫院，后世也用来指称王子的居处。赵彦卫《云麓漫钞》卷一："皇子之居谓之某王宫。王子则分院，世俗谓之宫院。"

[18] 恩泽：官亲与宫院联姻，则是皇上之恩泽。

[19] 黄包髻：即黄色之包髻。包髻，是一种长方形的头巾，穿戴时沿对角折叠，再从额头前面向后缠裹，最后将头巾的角绕到额前打结。范祖禹《保宁军节度观察留后东阳郡公妻仁寿郡夫人李氏墓志铭》："诏有司，命改服。自后以包髻入，当时荣之。"

[20] 旦望：农历每月初一和十五。《宋史》卷一百九《礼志十二》："一遇旦望诸节序，下降香表，荐献行礼。"

[21] 随家丰俭：礼物的丰盛和俭朴随男方家况而定。

[22] 巧作：即《梦粱录》所谓"女工""帕环"。

[23] 下财礼：吴自牧《梦粱录》卷二十"嫁娶"条："且论聘礼，富贵之家，当备三金送之，则金钏、金镯、金帔坠是也。若以铺席宅舍，或无金器，以银镀代之。否则贫富不同，亦从其便，此无定法耳。更言士宦，亦送销金大袖、黄罗销金裙、段红长裙，或素罗大袖段亦得。珠翠特髻、珠翠团冠，四时冠花、珠翠排环等首饰，及上细杂色、彩段匹帛，加以花茶果物、团圆饼、羊酒等物。及送官会银铤，谓之'下财礼'。"

[24] 成结日子：成亲结婚的日期。

[25] 大礼：男方择定吉日，送聘礼去女家。相当于"六礼"中的"纳吉"，所有仪式中，此一项最为隆重，故称"大礼"。

[26] 下：送，婚仪用语。《世说新语·假谲》："因下玉镜台一枚。"

[27] 催妆：按古婚礼，需男方多次催促，女方才梳妆而行。

[28] 冠帔：古时妇女穿戴的帽子和披肩。韩愈《华山女》："洗妆拭面著冠帔，白咽红颊长眉青。"

[29] 公裳：公服，古代上朝、拜谒、会友所穿的正式服装。胡仔《苕溪渔隐丛话后集》卷三十六"本朝杂记下"："《吕氏童蒙训》：'仲车一日因具公裳见贵官，因思曰：见贵官尚具公裳，岂有朝夕见母而不具公裳者乎？遂

晨夕具公裳揖母。事母至孝，山阳人化之。'”

[30] 房卧：即卧房，也指铺盖衣饰，后引申为嫁妆。朱弁《曲洧旧闻》卷一：“良久，降指挥：自某人以下三十人，尽放出宫，房卧所有，各随身不得隐落。”

[31] 利市：喜庆节日里打赏的喜钱。今广东话口语中犹存。

[32] 儿家：男方家。

[33] 花檐子：装饰有花朵的肩舆。司马光《书仪》卷三“亲迎”条：“今妇人幸有毡车可乘，而世俗重檐子，轻毡车。借使亲迎时，暂乘毡车，庸何伤哉？然人亦有性不能乘车，乘之即呕吐者。如此，则自乘檐子。其‘御轮三周’之礼，更无所施。”

[34] 炒咬：大声呼叫、吵嚷。

[35] 阴阳人：从事占卜、相宅、相墓等活动的风水先生。

[36] 咒祝：念着祷告祝福的咒语。

[37] 厌青羊：厌，通“压（壓）”。青羊，树精，古人以之为杀（煞）神。唐代欧阳询《艺文类聚》卷八十八“木”部上：“《玄中记》曰：‘百岁之树，其汁赤如血。千岁之树精为青羊，万岁之树精为青牛。”

[38] 跨鞍：唐代《苏氏演义》卷上：“婚姻之礼，坐女于马鞍之侧，或谓此北人尚乘鞍马之义。夫鞍者，安也，欲其安稳同载者也。《酉阳杂俎》云：‘今士大夫家婚礼，新妇乘马鞍，悉北朝之余也。’今娶妇家，新人入门跨鞍马，此盖其始也。”《物事纪原》卷九“跨马鞍”与此略同。

[39] 蓦草：跨过草垫。蓦，跨过、越过。李贺《马》（其十八）：“只今掊白草，何日蓦青山。”

[40] 秤上过：取“平安”中“平”字义。

[41] 送女客：送新娘而来的客人，一般来自女方家。

[42] 具：准备。这里指穿好。

[43] 花胜：古代妇女的一种首饰。梁简文帝《眼明囊赋》：“杂花胜而成疏，依步摇而相逼。”也可泛指头饰。汉代刘熙《释名》卷四《释首饰第十五》：“华胜。华，象草木之华也。胜，言人物形容正等，一人著之则胜也。”

[44] 升一榻：放置坐榻。《宋书》卷七十三《颜延之传》："时沙门释慧琳以才学为太祖所赏爱，每召见，常升独榻。延之甚疾焉。"

[45] 门额：门楣的上方。额，犹人之额头。

[46] 笏（hù）：臣子上朝时所执的手板，以备记事。《礼记》卷九《玉藻》："天子以球玉，诸侯以象，大夫以鱼须文竹，士竹本，象可也。见于天子与射，无说笏，入大庙说笏，非古也。小功不说笏，当事免则说之。既搢必盥，虽有执于朝，弗有盥矣。凡有指画于君前，用笏造，受命于君前，则书于笏，笏毕用也，因饰焉。笏度二尺有六寸，其中博三寸，其杀六分而去一。"

[47] 讲拜：讲论、拜见。《朱子语类》卷一百二十八："进士入试之日，主文则设案焚香，垂帘讲拜。"

[48] 少：少许的。

[49] 匹段：泛指丝帛等纺织品。韩愈《论变盐法事宜状》："平叔请令州府差人自粜官盐，收实估匹段。"

·宋　佚名《女孝经图传》

[50] 头须：头发和胡须，这里指粘在发髻上的，类似于头发和胡须的穗子状装饰品。

[51] 盏：酒杯。

[52] 参：拜访、拜见。

[53] 趣（cù）：急、快速。《史记》卷七《项羽本纪》："若不趣降汉，汉今虏若，若非汉敌也。"

[54] 复面：会面、见面。《文选》卷四十二曹植《与吴季重书》："得所来讯，文采委曲，晔若春荣，浏若清风。申咏反覆，旷若复面。"吕延济注曰："复面谓若相见。"

[55] 作会：举行会盟或聚会。《礼记》卷三《檀弓下》："殷人作誓而民始畔，周人作会而民始疑。"郑玄注："会，谓盟也。"

[56] 暖女：宋代赵令畤《侯鲭录》卷三："世之嫁女，三日送食，俗谓之暖女。"又，吴自牧《梦粱录》卷二十"嫁娶"条："或于九朝内移厨往婿家致酒，谓之暖女。"

[57] 简：简略、简省。

译文

凡是要娶媳妇的，先要起草个帖子，男女两家允许后，然后再起草一个内容更详细的帖子，按顺序写上双方曾祖、祖父、父亲三代人的名讳，以及议婚人五服之内亲人的姓名、家中田产、官职之类的。然后男方担着许口酒送到女家，用络绳系好酒瓶，再装上八朵大花，八枚鲜艳的罗绢或是银胜，又用花红的丝绸缠绕在酒担上，称为“缴担红”，这样送给女家。女家用两瓶淡水、三五个活鱼、一双筷子都放在原来的酒瓶里，称为“回鱼箸”。然后，男方或是下小的定礼，或是下大的定礼，或者去女方家看媳妇，或者不去看。如果要看媳妇，就由男方家的亲人或是未来的婆婆去看，看中了的话，就把发钗插在帽子上，称为“插钗子”；或者没有看中，就留下一两匹彩帛，为女方压惊，那么这门亲事就不成了。媒人分为好几等。上等的媒人戴着盖头，穿着紫背子，说亲的对象都是官宦人家、宫院中的权贵、和皇家沾亲带故的人。中等的媒人戴着冠子，用黄色的布帛包裹着发髻，穿着一般的背子，或者只系条裙子，手里面拿着青凉伞，都是两人同行的。下了定礼，就由媒人在初一或十五传话。遇到节气时序，男方就要用时令的物品、头面、羊酒等礼品追逐女方，礼品的多少根据男方家境而定。女家大多回复一些针线女红之类。之后是下彩礼，再之后是告知结亲的日期，再之后就是过大礼。提前一天或是当天早晨，男方要将催妆的冠帔、花粉送到女家，女方回送公服、花幞头之类。婚礼的前一天，女方先到男方家中挂上帐子，铺设好房间和卧室，称为“铺房”。女家的亲人会得到茶酒等喜钱或好处。到了迎娶的这一天，男方坐着迎亲的车子或是花檐子，浩浩荡荡去迎亲，一直引到女方的家门口。女家招待迎亲的客人，给他们彩帛，演奏音乐，催促新娘化妆上车。抬轿子的人不肯起身，吵着要喜钱，称为“起檐子”，给了喜钱然后才走。迎亲的客人先回到男方的家门。随行的人以及男方家的人喜钱、彩头、花红等，称为“拦门”。新妇下车的时候，有风水先生手里拿着一个斗子，里面盛着谷子、豆类、铜钱、果子、草节等，口中念着咒语祝词，向门的方向撒去，小孩子争相去捡拾，称为“撒谷豆”，世俗称这样可以压住青羊这些杀神。新娘子下车或下檐子之后，要踩着青布条或者毡席，不能踩在地上。一个人捧着镜子倒着行走，引导新娘子从马鞍、草垫子和秤上跨过去，进入房门后，在一间房子里悬挂帐子，称为“坐虚帐”。或者直接进入卧房之中，坐在床上，也称为“坐富贵”。那些送新娘的女客，匆匆地饮过三杯酒就退下了，称为“走送”。众客人在筵席上喝过三杯之后，新郎官穿上正式的礼服，头上满插花胜，在中堂上面放一张榻，上面放着一把椅子，称为“高坐”。先请媒人，再请姨氏或婶氏，各斟一杯酒请她们喝下，然后请丈母娘喝一杯，之后才坐下。新人的门额上，用一段彩帛包裹，将下面的彩帛剪碎，横着挂在门梁上，新郎官进入房间以后，众人就争相扯下一小片拿走，称为“利市缴门红”。新郎官到床前请新娘出来，男女两家各自拿出彩帛，绾出一个同心的形状，称为“牵巾”。男方将其挂在笏上，女方则搭在手上，男子倒着走出去，两人面对面走到家庙前参拜。结束后，新娘倒着走，由人扶着进入婚房行拜见礼。男女双方各自争先对拜，结束之后，就到床边，女方向左边坐，男方向右边坐，妇女们用金钱、彩果，散开撒去，称为“撒帐”。然后男方在左，女方在右，各自留下少许的头发，两家拿出布匹帛段、钗子、木梳、头须之类的，称为“合髻”。然后拿出两个酒盏，用彩色的丝绸连接在一起，互相饮下对方的那一盏，称为“交杯酒”。饮过之后，把酒杯和花冠子扔到床下，如果酒盏一个口朝上，一个口朝下，风俗就认为是大吉之兆，众人就会上前贺喜。然后将帐子合上，结束这一段流程。如果举行婚礼是在宫院中，男方的亲随就会将新郎抱出去，下面的人家就跟随着走出房间，参拜感谢各位亲人，再一次到座位上饮酒。酒席散去后，到第二天的五更时分，用一张桌子盛放着镜台、镜子在上面，向着中堂下拜，称为“新妇拜堂”。其次拜见尊长和亲戚，为每位长辈各自献上彩段、精巧的手工、鞋袜等作为献礼，称为“赏贺”。长辈们则更换一匹布帛作为回礼，称为“答贺”。新郎官要到女方家再拜访一次，称为“拜门”。家有财力的，能迅速办理此项的，第二天就要去女方家，称为“复面拜门”，如果不能够，三天七天之后也是可以的，赏贺之物也和女方进献的一样。酒席散去后，女方家准备鼓吹的乐队和礼物，送女婿回家。三天之后，女方家送彩段、油蜜蒸饼，称为“蜜和油蒸饼”。女方家来做客，称为“暖女”。七天之后，就要将女儿接回娘家，送给女儿丰盛的彩段、头面等，称为“洗头”。在婚礼一月之后就举行大的聚会相互庆祝，称为“满月”。在此之后，礼数就简略了。

育　子

凡孕妇入月[1]，于初一日父母家以银盆，或錂[2]或彩画盆，盛粟秆[3]一束，上以锦绣或生色帕复盖之，上插花朵及通草[4]，帖罗五男二女花样[5]，用盘合装送馒头，谓之“分痛”。并作眠羊、卧鹿、羊生[6]果实，取其“眠卧”之义。并牙儿[7]衣物、绷籍[8]等，谓之“催生”。就蓐[9]分娩讫，人争送粟、米、炭、醋之类。三日，落脐[10]，炙囟[11]。七日，谓之“一腊”。至满月，则生色及绷绣钱，贵富家金银、犀玉为之，并果子[12]，大展洗儿会[13]。亲宾盛集，煎香汤于盆中，下果子、彩、钱、葱、蒜等，用数丈彩绕之，名曰“围盆”。以钗子搅水，谓之“搅盆”。观者各撒钱于水中，谓之“添盆”。盆中枣子直立者，妇人争取食之，以为生男之征。浴儿毕，落[14]胎发，遍谢坐客，抱牙儿入他人房，谓之“移窠”。生子百日，置会，谓之“百晬”[15]。至来岁生日，谓之“周晬”[16]，罗列盘盏于地，盛果木、饮食、官诰[17]、笔研[18]、筭秤等，经卷[19]、针线、应用之物，观其所先拈者，以为征兆，谓之“试晬”。此小儿之盛礼[20]也。

注　释

[1] 入月：孕期足月，到了临产之时。

[2] 錂（líng）：金。这里指金属盆。

[3] 粟秆：谷子的秸秆。粟，小米。

[4] 通草：中药。《本草纲目》卷九“乳汁不通”条：“气少血衰，脉涩不行，故乳少也。炼成钟乳粉二钱，浓煎漏芦汤调下。或与通草等分为末，米饮服方寸匕，日三次。”

[5] 帖罗五男二女花样：由纱罗制成的五男二女的花样。

[6] 羊生：未详。《梦粱录》卷二十“育子”条有“并以彩画鸭蛋一百二十枚，膳食羊生素栗果及孩子绣绷綵衣送至婿家，名催生礼”一语。一说，“羊生”或为“象生”，是将食物制作成眠羊、卧鹿的形状。

[7] 牙儿：未满周岁的小婴儿。宋代刘昉《幼幼新书》卷二“叙十五岁以下皆小方治之第九”条：“圣惠云：‘襁褓至一岁曰牙儿，二岁曰婴儿，三岁曰奶童，四岁曰奶腥，五岁曰孩儿，六岁曰小儿。”

[8] 裀籍（jiè）：包裹婴儿的衣被、尿垫。裀，通“绷”，用包裹婴儿的绷带。籍，通“藉”，在下面起承托作用的物品。

[9] 就蓐：分娩。宋代陈师道《后山谈丛》卷二：“既多为备使，候时以报，扶母就蓐，即生。”

[10] 落脐：脐带脱落。

[11] 炙囟（xìn）：古时婴儿初生时，用酒火烧一下头顶未合缝的地方。囟，顶门。

[12] 果子：宋时多指油炸的甜品，这里或指可以漂浮在水面的瓜果，如枣子之类。

[13] 展洗儿会：操办洗儿聚会。洗儿，古时婴儿满月，亲友聚会给婴儿洗身。苏轼有《洗儿诗》。

[14] 落：剃掉。

[15] 晬（zuì）：古称婴儿百天或周岁。

[16] 周晬：周岁。李商隐《骄儿》诗：“文葆未周晬，固已知六七。”又，吴自牧《梦粱录》卷二十“育子”条：“（生子）至来岁得周，名曰‘周晬’。”

[17] 官诰：帝王对臣子的封爵，或是下达的任命文字。唐代杜荀鹤《贺顾云卿侍御府主与子弟奏官》：“《孝经》始向堂前彻，官诰当从幕下迎。”

[18] 笔研：即笔砚。

[19] 经卷：儒家的典籍，象征着日后学而优则仕。

[20] 盛礼：隆盛的礼仪。

译文

凡是孕妇到了足月待产的时候，在初一的这一天，其父母家中就要用银盆，或者錂，或者彩盆，盛放一束粟秆，上面用锦绸或者鲜艳的手帕覆盖着。还要在上面插上花和通草，再贴上用纱罗制成的五男二女的花样，用盘子、食盒装着馒头送过去，称为“分痛”。并且制作眠羊、卧鹿、羊生等果实，取其睡眠、卧息之义，还要送上小婴儿的衣服、包被，这个称为“催生”。到了预产期分娩完成后，人们争相送来粟米、木炭、醋之类的。新生儿三天之后，要剪去脐带，用针炙的方法处理好未长严实的颅门。婴儿出生七天之后，称为“一腊”。到了满月的时候用彩帛、有花色的线、铜钱，富贵的人家则用金银、犀角、玉器等，还有果子，大办洗儿会。亲戚、宾客在此隆重聚集，在盆中煎煮香汤，撒下果子、彩线、铜钱、葱、蒜等，用几丈长的彩丝把盆绕起来，称为“围盆”。盆中如果有枣子直立起来，妇人们就争相取出吃掉，将其作为生男孩的征兆。洗儿会结束之后，要剃去胎发，挨个答谢在座的客人，把小婴儿抱到他人的房间里，称为“移窠”。孩子出生一百天之后，举办盛会，称为“百晬”。到第二年生日的时候，称为“周晬”，在地上罗列各种盘子、杯盏，在里面装上果木、饮食、官诰、笔砚、算秤等，还有经卷、针线这些日常用品，看小孩子先拈取哪一个，将其作为征兆，称为“试晬”。这是为小婴儿举行的盛大礼节。

· 清 · 王朴 《婴戏图》

卷之六

立春前一日，开封府进春牛入禁中鞭春。开封、祥符两县，置春牛于府前。至日绝早，府僚打春，如方州仪。府前左右，百姓卖小春牛，往往花装栏坐，上列百戏人物，春幡、雪柳，各相献遗。

正　　月

正月一日，年节。开封府放关扑[1]三日。士庶自早互相庆贺，坊巷以食物、动使、果实、柴炭之类，歌叫关扑。如马行、潘楼街，州东宋门外，州西梁门外踊路[2]，州北封丘门外，及州南一带，皆结彩棚，铺陈冠梳、珠翠、头面、衣着、花朵、领抹、靴鞋、玩好之类，间[3]列舞场歌馆，车马交驰。向晚，贵家妇女纵赏关赌，入场观看，入市店饮宴，惯习成风，不相笑讶[4]。至寒食[5]、冬至[6]三日，亦如此。小民[7]虽贫者，亦须新洁衣服，把酒相酬尔。

注　释

[1] 关扑：即下文之“关赌”，是以赌博的方式决定商品所用权的售卖方式。苏轼《乞不给散青苗钱斛状》：“又官吏无状，于给散之际，必令酒务设鼓乐倡优，或关扑卖酒牌子，农民至有徒手而归者。”又，元代佚名《元典章·刑部卷十九·禁赌博》：“若有赌博钱物并关扑诸物之人，许诸人捉拿到官，各各决杖七十七下。”

[2] 踊路：指院子中用砖石砌成的道路。

[3] 间：偶尔。

[4] 笑讶：嘲笑、惊讶。

[5] 寒食：在夏历冬至之后的105天，也就是清明节的前一天或两天，这一天禁烟火，只吃冷食。唐代韩翃有《寒食》一诗。

[6] 冬至：一年中白昼最短的一天，为四时八节之一。《汉书》曰："冬至阳气起，君道长，故贺。"古人认为冬至为吉日，所以非常看重，有"冬至大如年"之说。

[7] 小民：小老百姓。

译文

正月初一，是年节。开封府开放关扑这种活动三天。士人和平民百姓一大早相互庆贺，街坊小巷里的人们用食物、日常用品、果实、木柴木炭等作为赌资，又唱又叫地进行关扑。比如在马行、潘楼街、汴州城东边的宋门外、汴州城西边梁门外的甬路上、汴州城北边封丘门之外以及汴州城南一带，都搭建彩棚，铺开陈列一些冠梳、珠翠、头面、衣着、花朵、领抹、靴鞋、玩具之类。偶尔也会有舞场歌馆，路上车马交叉，奔驰而过。到了晚上的时候，贵家的妇女们也来观赏关扑，进入到场地里观看，也到街市的饭店中喝酒吃饭，大家习惯了这种场景也就形成了风气，不会感到惊讶也不会去嘲笑。到寒食、冬至的这三天，也是如此。小老百姓即使很贫困，也必须穿上崭新洁净的衣服，拿着酒杯相互酬对。

· 节选清 ·《十二月令图》

元旦朝会

正旦[1]大朝会，车驾坐大庆殿。有介胄长大人[2]四人立于殿角，谓之“镇殿将军”。诸国使人入贺。殿庭列法驾仪仗，百官皆冠冕、朝服，诸路举人解首[3]，亦士服立班，其服二量冠[4]、白袍青缘。诸州进奏吏，各执方物入献。诸国使人：大辽大使顶[5]金冠，后檐尖长，如大莲叶，服紫窄袍，金蹀躞[6]；副使展裹[7]、金带，如汉服。大使拜，则立左足，跪右足，以两手着右肩为一拜。副使[8]拜如汉仪。夏国使、副，皆金冠、短小样制，服绯窄袍、金蹀躞、吊敦背[9]，叉手展拜。高丽与南番交州[10]使人，并如汉仪。回纥皆长髯高鼻，以匹帛缠头，散披其服。于阗[11]皆小金花毡笠、金丝战袍束带，并妻男[12]同来，乘骆驼，毡兜[13]、铜铎[14]入贡。三佛齐[15]皆瘦脊[16]，缠头，绯衣，上织成佛面。又有南蛮五姓番，皆椎髻[17]乌毡[18]，并如僧人礼拜入见，旋赐汉装锦袄之类。更有真腊[19]、大理[20]、大石[21]等国，有时来朝贡。其大辽使人，在都亭驿，夏国在都亭西驿，高丽在梁门外安州巷同文馆，回纥、于阗在礼宾院，诸番国在瞻云馆或怀远驿。唯大辽、高丽就馆赐宴[22]。大辽使人朝见讫，翌日，诣大相国寺烧香。次日诣南御苑射弓，朝廷旋选能射武臣伴射，就彼赐宴，三节人[23]皆与焉。先列招箭班十余于垛子前。使人多用弩子[24]射，一裹无脚小幞头子、锦袄子辽人，踏开弩子，舞旋[25]楷箭，过与[26]使人，彼窥得端正，止令使人发牙[27]。例本朝伴射用弓箭。中的[28]，则赐闹装[29]、银鞍马、衣着、金银器物有差[30]。伴射得捷，京师市井儿遮路争献口号[31]，观者如堵[32]。翌日，人使朝辞[33]。朝退，内前[34]灯山已上彩[35]，其速如神。

注释

[1] 正旦：农历正月初一。《列子·说符》："正旦放生，示有恩也。"

[2] 长大人：即长大之人，指体貌高大壮伟。《国语·晋语九》："瑶之贤于人者五，其不逮者一也。美鬓长大则贤。"

[3] 解首：即解元，指科举考试中乡试的第一名。唐代范摅《云溪友议》卷下"去山泰"条："及就府试，冯涯侍郎作掾而为试官，以解首送言也。"

[4] 二量冠：即二梁冠，起源于汉代博士至中二千石级别的官员所戴的一种顶上有两条横脊的帽子。唐代皮日休《箬笠》："纵带二梁冠，终身不忘尔。"又《宋史》卷一百五十二《舆服志四》："进贤冠，以漆布为之，上缕纸为额花，金涂银铜饰，后有纳言。以梁数为差，凡七等，以罗为缨结之：第一等，加貂蝉笼巾，貂鼠尾、立笔；第二等无貂蝉笼巾；第三等六梁，第四等五梁，第五等四梁，第六等三梁，第七等二梁。并如旧制，服同。"

[5] 顶：戴着。

[6] 蹀躞（dié xiè）：是一种多功能的腰带，至少在隋代时就已经出现。司马光《涑水记闻》卷九："元昊遣使戴金冠，衣绯，佩蹀躞，奉表纳旌节告敕。"

[7] 展裹：辽国、金国的官服。《辽史》卷五十六《仪卫志二》："公服谓之'展裹'，著紫。"

[8] 副使：正使的属官。叶梦得《石林燕语》卷三："契丹历法与本朝素差一日，熙宁中，苏子容奉使贺生辰，适遇冬至，本朝先契丹一日，使副欲为庆，而契丹馆伴官不受。"

[9] 吊敦背：穿着吊敦的背带。吊敦，又称"钓墪"，形制似长筒袜，但较为宽松，背后有吊带加以固定，为北方游牧民族和驿使所穿戴。宋代时为保护传统服装，禁止民众穿戴此服装。《宋史》卷一百五十三《舆服志五》："（政和七年）诏：敢为契丹服若毡笠、钓墪之类者，以违御笔论。钓敦，今

亦谓之袜裤，妇人之服也。”

[10] 交州：古地名，在今天的越南北部红河流域。汉武帝派兵剿灭南越后，设立交趾刺史部。

[11] 于阗（yú tián）：古代西域俯仰佛教的一个王国，是唐代设置安西都护府的四镇之一。《汉书》卷九十五《西域传》：“其河有两源，一出葱岭山，一出于阗。于阗在南山下。”

[12] 妻男：妻儿，泛指家室。

[13] 毡兜：用毛毡制成的布兜。

[14] 铜铎：铜制的摇奏体鸣乐器，常挂在牲口颈上，也挂在庙塔的檐角上，在牲口行走或风吹时发出响声。《说文解字》：“铎，大铃也。”

[15] 三佛齐：指室利佛逝王国，是7—14世纪巽他群岛上的一个信奉大乘佛教的强国，势力鼎盛时期，国土包括马来半岛和巽他群岛的大部分地区，唐宋时，三佛齐经常前来朝拜。

[16] 瘦脊：即瘦瘠，指身体瘦小。

[17] 椎髻：将头面扎成椎形的髻，指非正统士人（士女）的装束。《后汉书》卷八十三《梁鸿传》：“椎髻着布衣，操作而前。”又，《大唐西域记·婆罗痆斯国》：“或断发，或椎髻，露形无服，涂身以灰，精勤苦行，求出生死。”

[18] 乌毡：黑色毡毛制成的靴子。白居易《喜老自嘲》：“裘轻披白毳，靴暖蹋乌毡。”

[19] 真腊：东南亚古国，在今柬埔寨境内。韩愈《送郑尚书序》：“其海外杂国，若耽浮罗、流求、毛人、夷亶之州，林邑、扶南、真腊、於陀利之属，东南际天地以万数，或时候风潮朝贡，蛮胡贾人舶交海中。”

[20] 大理：南方古国，治境在今天的云南省、四川西南部。

[21] 大石：即大食，古代阿拉伯帝国。《新唐书》卷二二一《西域传下·大食传》：“大食，本波斯地。男子鼻高，黑而髯。好白皙，出辄鄣面。”

[22] 就馆赐宴：在其下榻的驿馆赐宴，以示殊宠。

[23] 三节人：即“三节人从”，指宋代（含夏、辽、金）出国使节的随

员。《金史》卷三十八《礼志十一》:“新定夏使仪注：夏国使、副及参议各一，谓之使。都管三。上节、中节各五，下节二十四，谓之三节人从。”

[24] 弩子：弩机。

[25] 舞旋：即旋舞，跳着转圈的舞蹈，大概是开弓之前的一种仪式表演。

[26] 过与：交给、递给。孟郊《自惜》:“倾尽眼中力，抄诗过与人。”

[27] 发牙：拨动弓弩上的扳机。

[28] 中的：射中靶心。今有成语“一语中的”。

[29] 闹装：用金银珠宝点缀而制成的腰带、鞍辔、辔头等。白居易《渭村退居寄礼部崔侍郎翰林钱舍人诗一百韵》:“贵主冠浮动，亲王辔闹装。”

[30] 有差：按等级、有差别。

[31] 口号：口头创作的赞颂之辞，也指文人创作的用于朝廷宴会的赞颂语。《宋史》卷一百四十二《乐志十七》:“每春秋圣节三大宴……乐工致辞，继以诗一章，谓之‘口号’。”李白有《口号呈征君鸿》，杜甫有《西阁口号呈元二十一》，苏轼有《集英殿春宴教坊词致语口号》等。

[32] 观者如堵：围观的人形成了一堵墙。杜甫《莫相疑行》:“集贤学士如堵墙，观我落笔中书堂。”

[33] 朝辞：入朝告辞。

[34] 内前：皇宫前。内，大内。

[35] 上彩：挂上彩饰。

译文

正月初一这一天，举行盛大的朝会，皇帝在大庆殿就座。有四个穿着盔甲的高大武士，站立在宫殿的角落，称为“镇殿将军”。各个国家派使者来道贺，殿庭之中排列着法驾仪仗队，百官都穿戴好冠冕和朝服。各路的举人解元，也都穿着士服站立在班行中，其服装款式是二梁冠，以及边缘为青色的白袍。各州进奏的官吏，各自拿着本州的土产进入殿堂呈献。各国使者的穿戴是：辽国的大使头戴金冠，后面的帽檐又尖又长，就像大的莲叶样，穿着紫色的窄瘦的衣袍，腰带是金蹀躞；副使腰间缠裹着金带，如同汉人的服饰。大使在跪拜时左脚站立着，跪下右脚，将两只手搭在右肩，这一套动作称为一拜；副使在参拜时，礼仪和汉人一样。夏国的大使和副使，都戴着金冠，样式较为短小，穿着红色的窄瘦的衣袍，腰上着金蹀躞，穿着吊敦背，双手交叉着参拜。高丽和南方番国交州的使者，都和汉人礼仪一样。回纥人都是大胡子高鼻孔，用布帛缠在头上，将其衣服散开来披着。于阗国的人都戴着小金花毡笠，金丝战袍，束带。他们带着妻子儿子一块前来，坐着骆驼，带着毡兜、铜铎作为贡品前来。三佛齐这个国家的使者都有着瘦瘦的脊背，也是将头发缠起来，红色的衣服上织成佛像的面容。还有南蛮五姓的番国使者，都是将头发梳成椎状，穿着黑色的毡靴，入殿参拜的礼节和僧人一样，随即就会赐给他汉人的服装如锦袄之类。还有真腊、大理、大食等国家的，有时也来朝贡。其中辽国的使臣住在都亭驿，夏国使臣住在亭西驿，高丽使臣住在梁门外安州巷的同文馆，回纥、于阗国的

· 南宋　佚名　《番骑图》

使臣住在礼宾院，众番国的使臣住在瞻云馆或怀远驿。只有辽国、高丽国会在其使馆中被赐宴。辽国的使臣朝见之后，第二天会到大相国寺烧香，第三天会到南御苑挽弓射箭，朝廷随即选择会射箭的武臣陪伴其射箭。在南御苑赐宴时，随从的三类人员都会参与。先在箭垛子前面排列好十几个招箭班的士兵，使臣大多使用弓弩射箭。一名裹着无脚小幞头子、身穿锦袄子的辽国人，用脚踏开弓弩，回旋着跳一圈舞蹈之后再搭上箭，把它传递给使臣，那个搭箭的人瞄得准确端正之后，只是让使臣扣动发射的机关。按惯例，本朝陪伴射箭的人使用弓箭。如果射中，就赐给闹装、银鞍马、衣着、有差别等级的金银器物。如果是伴射的赢了，京城里的、街市中的年少会遮断道路，争先恐后地献上赞美的话语，观看的人围成了一堵墙。第二天，各国的使臣入朝告辞。罢朝的时候，皇宫前的灯山就已经装饰上了色彩，这种速度如有神助。

立　春

立春前一日，开封府进春牛入禁中鞭春[1]。开封、祥符两县，置春牛于府前。至日绝早[2]，府僚打春，如方州[3]仪。府前左右，百姓卖小春牛，往往花装栏坐[4]，上列百戏人物，春幡[5]、雪柳[6]，各相献遗[7]。春日，宰执、亲王、百官，皆赐金银幡胜[8]。入贺讫，戴归私第。

注释

[1] 鞭春：立春前一天，在府、县前立土牛，用红绿色的鞭子抽打，以示迎春劝农之意。宋代范成大有《鞭春微雨》诗。

[2] 绝早：非常早、极早。黄庭坚《与逢兴文判官》："来日绝早成行。"

[3] 方州：指大地，古人谓天圆地方，故称，后来亦指州郡。王维《责躬荐弟表》："顾臣谬官华省，而弟远守方州。"也指地方长官。《资治通鉴·宋顺帝升平元年》："诉以其私用人为方州。"胡三省注："古者八州八伯，谓之方伯，后世遂以州刺史为方州。"又，王安石《韩持国从富并州辟》诗："他年佐方州，说将尚不纳。"

[4] 花装栏坐：给小春牛穿上服饰，将其安置在有栏杆的底座上。

[5] 春幡：春旗。立春这天将其挂在树梢，或者将缯绢剪成小旗，戴在头上以表示迎春之意。宋代高承《事物纪原》卷八"岁时风俗部第四十二"之"春幡"条："《续汉书·礼仪志》曰：'立春之日，京都立春幡。'《后汉书》曰：'立春皆青幡帻。'今世或剪彩错缉为幡胜，虽朝廷之制，亦镂金银或缯绢为之，戴于首。亦因此相承设之，或于岁旦刻青缯为小幡样，重累凡

十余，相连缀以簪之。此亦汉之遗事也。”

[6] 雪柳：宋代妇女在立春和元宵节所戴的一种绢或纸制成的头花。辛弃疾《青玉案·元夕》：“蛾儿雪柳黄金缕，笑语盈盈暗香去。”

[7] 遗：赠送。

[8] 幡胜：即彩胜。用金银箔纸或是绢帛制成的，用作装饰或馈赠的物品，形似幡旗，故称幡胜。范成大《鞭春微雨》：“幡胜丝丝雨，笙歌步步升。”

译 文

立春的前一天，开封府要进献春牛到禁中，以便鞭春之用。开封和祥符这两个县，将春牛放置在府衙之前，在立春这一天很早的时候，府衙中的僚属开始打春，和州郡长官打春时的礼仪一样。在府衙前面左右的空地上，有百姓售卖小春牛，往往给春牛系上花，将其放在栏杆下的座位上，上面陈列着百戏中的人物、春幡、雪柳，各自以此相互赠送。立春这一天，宰相、亲王、百官，都会被赏赐金银幡胜。入朝贺岁完毕后，戴着这些首饰回到私家宅第。

· 宋　赵佶 《虢国夫人游春图》，现藏于辽宁省博物馆

《虢国夫人游春图》原为唐代张萱画作，后下落不明，现留存于世的为宋徽宗赵佶的摹本。

元　宵

正月十五日，元宵。大内前，自岁前冬至后，开封府绞缚山棚[1]，立木正对宣德楼，游人已集御街两廊下。奇术异能，歌舞百戏，鳞鳞相切[2]，乐声嘈杂十余里，击丸、蹴踘，踏索[3]、上竿。赵野人倒吃冷淘，张九哥吞铁剑，李外宁药法傀儡，小健儿吐五色水，旋烧泥丸子。大特落灰药，榾柮儿杂剧。温大头、小曹，嵇琴[4]。党千，箫管。孙四，烧炼药方。王十二，作剧术[5]。邹遇、田地广，杂扮。苏十、孟宣，筑毬[6]。尹常卖，《五代史》。刘百禽，虫蚁。杨文秀，鼓笛。更有猴呈百戏，鱼跳刀门，使唤蜂蝶，追呼蝼蚁。其余卖药、卖卦，沙书地谜[7]，奇巧百端，日新耳目。至正月七日，人使朝辞，出门，灯山上彩，金碧相射，锦绣交辉。面北，悉以彩结山沓[8]，上皆画神仙故事。或坊市卖药、卖卦之人，横列三门，各有彩结金书大牌，中曰“都门道”，左右曰“左右禁卫之门”，上有大牌，曰“宣和与民同乐”。彩山[9]左右，以彩结文殊、普贤，跨狮子、白象，各于手指出水五道，其手摇动。用辘轳绞水上灯山尖高处，用木柜贮之，逐时放下[10]，如瀑布状。又于左右门上，各以草把缚成戏龙之状，用青幕遮笼，草上密置灯烛数万盏，望之蜿蜒，如双龙飞走。自灯山至宣德门楼横大街，约百余丈，用棘刺围绕，谓之“棘盆”[11]，内设两长竿，高数十丈，以缯彩结束，纸糊百戏人物，悬于竿上，风动宛若飞仙。内设乐棚，差衙前乐人作乐、杂戏，并左右军百戏在其中，驾坐一时呈拽[12]。宣德楼上，皆垂黄缘帘，中一位乃御座。用黄罗设一彩棚，御龙直执黄盖、掌扇，列于帘外。两朵楼各挂灯球一枚，约方圆丈余，内燃椽烛，帘内亦作乐。宫嫔嬉笑之声，下闻于外。楼下用枋木垒成露台[13]一所，彩结栏槛，两边皆禁卫排立，锦袍、幞头簪赐花，执骨朵子，面此乐棚。教坊、钧容直、露台弟子，更互[14]杂剧。近门亦有内等子班直排立。万姓皆在露台下观看，乐人时引万姓山呼[15]。

注释

[1] 绞缚山棚：把两股及以上的绳子扭在一起，以此来绑缚固定山棚。

[2] 鳞鳞相切：鳞次栉比地贴靠在一起。鳞鳞，聚集貌。切，贴、靠。

[3] 踏索：类似于今天的走钢丝。

[4] 嵇琴：一种类似于二胡的弦乐。沈括《梦溪笔谈》卷一“乐律”：“熙宁中宫宴，教坊伶人徐衍奏嵇琴。方进酒，而一弦绝，衍更不易琴，只用一弦终其曲。”

[5] 剧术：层次稍低的杂手艺的一种。耐得翁《都城纪胜》：“杂手艺皆有巧名：踢瓶、弄碗……，小则剧术：射穿弩子、打弹……”

[6] 筑毬：古代没有毬门的蹴鞠活动。宋代江少虞《新雕皇朝类苑》卷五十二“蹴鞠”条：“蹴之终无落地，以失蹴为耻，久不堕为乐，亦谓为筑毬鞠也。”

[7] 沙书地谜：在沙地写字、刻画，并使其改变形态的杂技。宋代陈葆光《三洞群仙录》卷三：“杜升真人，莫测其年寿，绝粒饮水，如二十许人，能以沙书一‘龙’字浮于水上，叱之，则变为小龙，飞起丈余，隐隐云霞，生呼之即下。”地谜，因“改字”而生发出来的一种语文游戏。

[8] 山杳（qǐ）：疑是“山沓”之误，谓堆沓如山也。

[9] 彩山：元宵节时宫内灯彩堆叠成山形，称为彩山。宋代范祖禹《和吕子进元夕》：“九重金阙外，万寿彩山旁。”

[10] 逐时放下：每按一段时间（待水蓄足）就放下来。

[11] 棘盆：为防止观众拥挤，用棘刺围起来的临时演出的场所。宋代金盈之《醉翁谈录》卷三："以棘为垣，所以节观者，谓之棘盆。"

[12] 呈拽：安排、安置。《宋会要辑稿·礼六二》："（绍兴元年）诏令户部支钱三十贯，择日呈拽。"

[13] 露台：露天的台榭。《史记》卷十《孝文本纪》："尝欲作露台，召匠计之，直百金。上曰：'百金，中民十家之产，吾奉先帝宫室，常恐羞之，何以台为！'"

[14] 更互：交替、轮番。

[15] 山呼：叩头而呼"万岁"者三次，"山"为"三"之音误。宋代高承《事物纪原》卷一"山呼"："后人以呼万岁为山呼者，其事盖起于汉武时。按《前汉·武帝本纪》：曰：'元封元年正月，登嵩高，御史乘属在庙旁，吏卒咸闻呼万岁者三。'迄今三呼以为式，而号'山呼'也。"

译文

正月十五，是元宵节。在皇宫前，从年前的冬至之后，开封府扎好山棚，正对着宣德楼立下一块木头，游人已经聚集在御街上，两边的走廊下罗列着奇术异能，歌舞，种种戏剧，鳞次栉比，相互紧挨着，奏乐之声非常嘈杂，能传到几十里开外。有击丸、蹴鞠、踏索、上竿等表演。赵野人表演倒立着吃冷淘，张九歌表演口吞铁剑，李外宁表演药法傀儡，小健儿表演口吐五种颜色的水、快速地烧制泥丸子。还有大特落的灰药，榾柮儿的杂剧，温大头、小曹表演的嵇琴，党千表演的箫管，孙四表演烧炼药方，王十二表演剧术，邹遇、田地广表演杂扮，苏十、孟宣表演筑毬。尹常卖讲演《五代史》。刘百禽表演虫蚁戏。杨文秀表演鼓笛。而且还有表演猴呈百戏，鱼跳刀门，使唤蜂蝶，追呼蝼蚁的。其余还有卖药卖卦，沙书地谜的，有百种的奇妙，令人耳目一新。到正月初七这一天，各国的使者朝见之后告辞出门，灯山上布置好了色彩，金碧辉煌，相互映射，一片锦绣交辉的景象。面朝北的山棚都用彩色的丝帛搭建起来的，上面全都画着神仙的故事，或者是坊间卖药卖卦的人。横着排列三道山门，每扇门都有彩色丝帛缠绕的上面写有金色大字的门牌，中间的门写着"都门道"，左右的门写着"左右禁卫之门"，上面有一个大的牌匾，写着"宣和与民同乐”。在彩山的左右，用彩帛连接文殊、普贤菩萨，这两座菩萨像分别跨着狮子和白象，他们两个的手指中各自有五道水柱流出，手也是可以摇动的。用辘轳将水绞至灯山尖的高处，用木柜把水贮藏起来，按一定的时间放下来，就呈现出瀑布的形状。又在左右的门上，用草把扎束成龙在游戏的形状，用青色的幕布遮盖笼罩住，草上密集地放置着几万盏灯烛，远远望去就像两条龙在蜿蜒飞走一样。从灯山到宣德门楼的横大街，大约有一百多丈，用棘刺将这里围绕，称为“棘盆”，里面放置着两个长竿，高达几十丈，用彩帛扎束，把用纸糊的百戏人物悬挂在长竿上，风吹动的时候就像飞仙一样。棘盆之内设有乐棚，差遣衙门前的乐队奏乐并演奏杂戏，左右军的百戏也在其中。皇帝的辇驾有时会抬到宣德楼上，楼上都垂挂着边缘为黄色的帘幕，中间的座位是御座。用黄色的罗绮设置一个彩棚，御龙直手里执掌着黄盖、掌扇，排列在帘幕之外。两边的朵楼各自悬挂一枚灯球，直径大约有一丈多，里面燃烧着椽烛。帘子里面也奏乐，宫女嫔妃的嬉笑之声，楼下的人也能听到。楼下用枋木垒成一个露台，栏槛也用彩帛缠绕。两边都是禁军排列着站在那里，穿着锦袍，戴着幞头，簪着御赐的花，手里拿着骨朵子，面朝着这个乐棚。教坊、钧容直、露台弟子，相互轮流表演杂剧。靠近宣德楼楼门的地方，也有内等子值班，排列着站立在那里。万民百姓都在露台下观看，奏乐的人时不时引导民众山呼，喊“万岁”。

· 南宋　刘松年《瑶台献寿图》

十四日车驾幸五岳观

正月十四日，车驾幸五岳观迎祥池，有对御[1]，谓赐群臣宴也。至晚还内。围子[2]、亲从官皆顶毬头大帽，簪花，红锦团答戏狮子衫，金镀天王腰带，数重骨朵。天武官，皆顶双卷脚幞头，紫上大搭天鹅结带宽衫。殿前班，顶两脚屈曲向后花装幞头，着绯、青、紫三色燃金线结带望仙花袍，跨弓剑，乘马，一扎鞍辔，缨绋[3]前导。御龙直，一脚指天一脚圈曲幞头，着红方胜[4]锦袄子，看带、束带，执御从物[5]，如金交椅、唾盂、水罐、果垒、掌扇、缨绋之类。御椅子皆黄罗珠蹙背座，则亲从官执之。诸班直皆幞头、锦袄、束带。每常驾出，有红纱帖金烛笼二百对，元宵加以琉璃玉柱掌扇灯。快行家[6]各执红纱珠络灯笼。驾将至，则围子数重，外有一人捧月样兀子[7]，锦覆于马上。天武官十余人，簇拥扶策，喝曰："看驾头！"次有吏部小使臣百余，皆公裳，执珠络毬杖，乘马听唤。近侍余官皆服紫、绯、绿公服，三衙、太尉、知閤[8]、玉带罗列前导，两边皆内等子。选诸军膂力者，着锦袄、顶帽，握拳顾望，有高声者，捶之流血。教坊、钧容直乐部前引，驾后诸班直马队作乐，驾后围子外，左则宰执、侍从，右则亲王、宗室、南班官[9]。驾近，则列横门，十余人击鞭。驾后有曲柄小红绣伞，亦殿侍执之于马上。驾入灯山，御辇院人员辇前喝"随竿媚来"，御辇团转一遭，倒行观灯山，谓之"鹁鸽旋"，又谓之"踏五花儿"，则辇官有喝赐矣。驾登宣德楼，游人奔赴露台下。

注释

[1] 对御：皇帝赐宴，与群臣共饮。宋代蔡絛《铁围山丛谈》卷一：“至凡大礼后恭谢，上元节游春，或幸金明池琼花，从臣皆扈跸而随车驾，有小燕，谓之对御。”

[2] 围子：帝王巡幸时的仪卫。宋代周密《武林旧事》卷一四孟驾出条：“亲从方围子，两行各一百四十人。围子两边各四重：第一重，内殿直已下两边各一百人；第二重，崇政殿围子两边各一百人。第三重，御龙直两边各一百人。第四重，崇政殿围子两边各一百人。”

[3] 缨绋（fú）：扎束起来的细丝带。

[4] 方胜：古代的一种首饰，由两个斜方形部分重叠相连而成。《续资治通鉴长编》：“三班使臣、陪位京官，为第七等，皆二梁冠，方胜练，鹊锦绶。高品以下服色衣。”

[5] 御从物：皇帝出行所携带的物品。

[6] 快行家：宫廷中快速奔走传达命令的差役。

[7] 兀子：即杌子。

[8] 知阁：“知阁门事”的省称，主管官员，掌朝会、游幸、宴享赞相礼仪等事。《宋史》卷一百六十六《职官志六》：“旧制有东、西上阁门，多以处外戚勋贵。建炎初元，并省为一……五年，诏右武大夫以上并称知阁门事兼客省、四方馆事。”

[9] 南班官：授予宗室子弟的虚衔。

译文

在正月十四这一天，皇帝的车驾会临幸五岳观的迎祥池，会有对御（意思是赐群臣宴饮），到晚上时回到皇宫。围子、亲从官都戴着顶上有小球的大帽子，头上簪着花，身上穿着红锦团答戏狮子衫，腰上系着镀金的天王腰带，周围有好几重手持骨朵的仪仗队。天武官头上都戴着双卷脚的幞头，身上穿着紫色上大搭天鹅结带的宽大衣衫。殿前班头上戴着两脚屈曲向后花装的幞头，穿着红、青、紫三种颜色捻金线结带望仙花袍，身挎弓箭，骑着马，马上有一扎鞍辔辔头，手里拿着缨绋在前面做向导。御龙直戴着一脚指天、一脚卷曲的幞头，穿着红方胜锦袄子，腰上系着看带、束带，拿着皇帝用的东西，比如金交椅、唾盂、水罐、果垒、掌扇、缨绋之类的。皇帝龙椅的座位和背部都是用黄色的罗绮包裹，镶嵌着珍珠，由亲从官拿着。众多的班直都戴着幞头，穿着锦袄，束着腰带，每当平时皇驾出门的时候，有红纱贴金的灯笼两百对，元宵节的时候外加琉璃玉柱掌扇灯，快行家各自拿着红纱珠络灯笼。皇驾将要到来时，就会先有数重围子保护，外面则一个人捧着月牙形状的小杌子，将锦绸覆盖在马上。十几个天武官的军士，簇拥着扶持，口中喝道："看驾头。"其次有吏部的小使臣一百多人，都穿着官服，拿着珠络、毬仗，乘坐在马上，随时听从使唤。剩下的在近旁服侍的官员都穿着紫色、红色、绿色的官服，三衙官长、太尉、诸阁的主管官员，腰系玉带排成一列作为前导，两边都是禁军士兵。在诸军中选拔有力气的人，穿着锦袄，戴着顶帽，握着拳头，向四周张望，如果有故意高声叫喊的人，会用拳头打他甚至将其打到流血。教坊、钧容直作为奏乐的部门在前面引导，皇驾后面众班直在马队上奏乐。皇驾之后的围子的外面，左边是宰相、侍从，右边是亲王、宗室、南班官。皇驾靠近时，就会排列出一道横门，有十几个人击鞭，皇驾的后面有手柄弯曲的小的红绣伞，也是由殿侍在马上拿着。皇驾进入灯山时，御辇院的人员在皇辇前喝道"随竿媚来"，皇辇在转了一圈之后，采用倒退着的路线观看灯山，称为"鹁鸽旋"，又称为"踏五花儿"，这时辇官就可以大声宣布皇帝的赏赐了。皇驾登上宣德楼时，游人就会奔赴到露台下。

十五日驾诣上清宫

十五日，诣上清宫[1]，亦有对御[2]。至晚回内[3]。

注　释

[1] 上清宫：道教寺观，为宋太宗所建。本书卷四“上清宫”条略有提及。

[2] 对御：与皇帝相对，这里指皇帝宴赏群臣。

[3] 内：皇宫，即卷一条目中的“大内”。

译　文

正月十五这天，皇帝会到上清宫去，也会赏赐群臣共饮，到了晚上时回到皇宫中。

十　六　日

十六日，车驾不出。自进早膳讫，登门，乐作，卷帘，御座临轩，宣万姓。先到门下者，犹得瞻见天表：小帽、红袍，独卓子。左右近侍，帘外伞、扇执事之人。须臾下帘，则乐作，纵万姓游赏。两朵楼相对：左楼相对郓王，以次彩棚幕次；右楼相对蔡太师，以次执政、戚里[1]幕次。时复自楼上有金凤飞下诸幕次，宣赐不辍。诸幕次中，家妓竞奏新声，与山棚露台上下[2]，乐声鼎沸。西朵楼下，开封尹弹压[3]。幕次罗列罪人满前，时复决遣[4]，以警愚民。楼上时传口敕[5]，特令放罪。于是华灯宝炬，月色花光，霏雾融融，动烛远近。至三鼓，楼上以小红纱灯毬缘索而至半空，都人皆知车驾还内矣。须臾，闻楼外击鞭之声，则山楼上下，灯烛数十万盏，一时灭矣。于是贵家车马，自内前鳞切[6]，悉南去游相国寺。寺之大殿前设乐棚，诸军作乐。两廊有诗牌[7]灯云："天碧银河欲下来[8]，月华如水照楼台。"并"火树银花合[9]，星桥铁锁开"之诗。其灯以木牌为之，雕镂成字，以纱绢幂之，于内密燃其灯，相次排定，亦可爱赏。资圣阁前安顿佛牙，设以水灯，皆系宰执、戚里、贵近占设看位。最要闹：九子母殿及东西塔院，惠林、智海，宝梵，竞陈灯烛，光彩争华，直至达旦。其余宫观寺院，皆放万姓烧香。如开宝、景德、大佛寺等处。皆有乐棚，作乐燃灯。惟禁宫观寺院，不设灯烛矣。次则葆真宫，有玉柱玉帘窗隔灯。诸坊巷、马行，诸香药铺席、茶坊酒肆，灯烛各出新奇。就中莲华王家香铺灯火出群，而又命僧道场，打花钹[10]、弄椎鼓，游人无不驻足。诸门皆有官中乐棚。万街千巷，尽皆繁盛浩闹。每一坊巷口，无乐棚去处，多设小影戏棚子，以防本坊游人小儿相失[11]，以引聚之。殿前班在禁中右掖门里，则相对右掖门设一乐棚，放本班家口登皇城观看。官中有宣赐茶酒、妆粉钱之类。诸营、班、院，于法不得夜游，各以竹竿出灯毬于半空，远近高低，若飞星然。阡陌纵横，城闉不禁。别有深坊小巷，绣额珠帘，巧制新妆，竞夸华丽，春情荡飏，酒兴融怡，雅会幽欢，寸阴可惜，景色浩闹，不觉更阑。宝骑骎骎[12]，香轮辘辘。五陵年少，满路行歌。万户千门，笙簧未彻。市人卖玉梅、夜蛾、蜂儿、雪柳、菩提叶、科头圆子[13]、拍头焦䭔。唯焦䭔以竹架子出青伞上，装缀梅红缕金小灯笼子，架子前后亦设灯笼，敲鼓应拍，团团转走，谓之"打旋罗"，街巷处处有之。至十九日收灯，五夜城闉不禁，尝有旨展日[14]。宣和年间，自十二月于酸枣门二名景龙。门上，如宣德门元夜点照，门下亦置露台，南至宝箓宫，两边关扑、买卖，晨晖门外，设看位一所，前以荆棘围绕，周回约五七十步。都下卖鹌鹑骨饳儿、圆子䭔、拍白肠、水晶鲙、科头细粉、旋炒栗子、银杏、盐豉汤、鸡段、金橘、橄榄、龙眼、荔枝。诸般市合，团团密摆，准备御前索唤。以至尊有时在看位内，门司、御药、知省、太尉，悉在帘前，用三五人弟子祗应[15]。缕盆[16]照耀，有同白日。仕女观者，中贵邀住，劝酒一金杯，令退。直至上元，谓之"预赏"。惟周待诏瓠羹，贡余者，一百二十文足一个，其精细果别如市店十文者[17]。

注　释

［1］戚里：帝王的亲戚、外戚。

［2］上下：相配合。

［3］弹压：控制、军事管制。

[4] 决遣：判决发落。陆机《晋平西将军周处碑》：“处转广汉太守。郡多滞讼，有经三十年而不决。处详其枉直，一朝决遣。”

[5] 口敕：皇帝的口头诏令。《北史》卷三十五《王劭传》：“劭在著作，将二十年，专典国史，撰《隋书》八十卷。多录口敕。”

[6] 鳞切：像鱼鳞一样密集地贴切而行。

[7] 诗牌：用来题诗的木板。王安石《董伯懿示裴晋公平淮右题名碑诗用其韵和酬》：“褒贤乐善自为美，当挂庙壁为诗牌。”

[8] 天碧银河欲下来：据《锦绣万花谷》所载，此为北宋诗人杨亿之句。

[9] 火树银花合：此为唐代诗人苏味道诗，题为《正月十五夜》。

[10] 钹（bó）：打击乐器。铜制，圆形，中间隆起的部分大，中间有穿孔，两片相击以发声。

[11] 相失：走散。

[12] 骎骎（qīn）：车马飞快而过的样子。

[13] 科头圆子：用纸或丝织品制成的没有上盖的圆形花灯。

[14] 展日：宽限、延长时日。

[15] 祗应：恭敬地伺候、侍从。

[16] 糁（shēn）盆：用芝麻榨油后剩下的渣子做燃料的火盆。

[17] 果别如市店十文者：果然与市店十文者有别。

译文

正月十六这一天，皇帝的车驾不出门。从进早膳结束后，登上宣德楼的城门，音乐响起，卷起帘幕，皇帝的座椅靠近城楼的栏杆边，向百姓宣告与民同乐。先到楼下的人，还可以瞻仰皇上的容颜。皇上头上戴着小帽子，穿着红色的衣袍，单独倚靠在小桌子上，左右是近旁的侍从，帘幕之外是打伞拿扇子这些执事。过了一会儿，帘幕就会放下，音乐就会响起，让百姓尽情游赏。两边的朵楼相对而立：左边朵楼与郓王以下的各位亲王的彩棚幕次相对，右边朵楼与蔡太师以下的各位执政、外戚的彩棚幕次相对。时不时会有金凤凰从楼上飞到下面的众多幕次中，宣赏恩赐没有停歇。在众多的幕次中，家妓竞相演奏新出的乐曲，和山棚、露台上下的乐曲声，

· 北宋　赵佶　《瑞鹤图》，现收藏于辽宁博物馆

形成歌声鼎沸的场面。西边的朵楼下，由开封府的府尹带领衙役维护秩序，在幕次前罗列满满当当的罪人，不时就要处决发落，以此来警示那些愚昧的百姓遵纪守法。楼上时不时会传下皇上的口谕，对其进行特赦，给予释放免罪。这个时候华灯宝炬，加之月色、花光，一片香雾霏霏，其乐融融，烛光摇动，远近接为一片。到三更天的时候，楼上用铁索将小红纱灯球升到半空中，京城里的人就都知道皇帝的车驾要回宫了。过了一会儿就会听到楼外有击鞭的声音，这时山棚楼台上下，数十万盏灯烛，一时就都熄灭了。之后权贵家的车马，从皇宫前鳞次栉比地紧贴着驶出，都到南边去游览相国寺了。寺院大殿的前面设置好乐棚，诸军演奏音乐，两边长廊上有悬挂诗牌的灯笼，写着“天碧银河欲下来，月华如水照楼台”，以及“火树银花合，星桥铁锁开”的诗句。这种灯笼先使用木板，在上面雕刻成字，然后用纱或绢布包裹，在里面密封处点燃灯烛，一个挨一个排好，也是可以值得观赏。在资圣阁的前面安顿好佛牙，设置水灯，都是宰相、外戚、权贵、近要占据这些观赏的位置。最重要热闹的地方要数：九子母殿、东西塔院、惠林院、智海院、宝梵院，它们竞相陈设灯烛，光彩相争相斗，直到第二天天亮。其余的宫观寺院，都允许万民百姓烧香，比如开宝寺、景德寺、大佛寺这些地方，都设有乐棚，演奏音乐，燃起灯烛。只有皇宫内部的宫观、寺院不再设有灯烛了。其次是葆真宫，有玉柱、玉帘、窗隔灯。众街坊小巷、马行、众香药铺、茶坊、酒肆，这里的灯烛各自展示出它们的新奇。这其中莲华王家的香铺，灯火最为出群，而后又命令僧道场击打花钹、玩弄椎鼓，游人没有不驻足观看的。各个城门都有官府设置的乐棚。万条街，千条巷，都是极尽浩繁热闹。在每一个街坊巷口，没有设置乐棚，而是多多地设置小影戏的棚子，为的是防止本街坊里游人和小孩子走散，以此引诱小孩子观看聚集，方便大人寻找。殿前班在皇宫中的右掖门里，就在相对右掖门的地方设置一处乐棚，让本班禁军的家人登上皇城观看。官中有赏赐茶酒钱、妆粉钱之类的。禁军中需要值班的各营房、各班直，依法规定是不允许在夜晚游玩的，他们各自用竹竿将灯球挑出到半空中，远近高低一片，就像天上飞过的流星一样。街道纵横交错，走在路上也没有禁令。另外还有深坊小巷，挂着锦绣的匾额，卷起珠饰的帘子。人们穿着制作精巧的衣服、崭新的服饰，竞相夸饰着华丽。到处是春情荡漾，处处是酒兴融洽。人们于此雅会，尽其幽欢，每一寸光阴都值得珍惜。景色浩大又热闹，不知不觉中夜色渐阑。宝马的影子一闪而过，香车的轮子滚滚而去。京城里的纨绔子弟，填满了道路，边走边唱。千门万户，笙歌不息。街市上的人卖的有玉梅、夜蛾、蜂儿、雪柳、菩提叶、科头圆子、拍头焦䭔等。特别是卖焦䭔的，用竹架子撑出一把青色的大伞，上面装饰着梅红缕金的小灯笼，架子的前面后面，也设有小灯笼，敲起鼓点，小灯笼会应着节拍，团团地旋转，称之为“打旋罗”，大街小巷到处都有这些。到正月十九日这天收灯，总共有五个夜晚，城里不禁止夜游，曾经有圣旨让把灯市延长的情况。宋徽宗宣和年间，从十二月份开始，在酸枣门（也叫景龙门）的城门上，依照宣德门之例，在元夜之时点灯相照，门下也设置了露台。向南到宝箓宫，两边都是关扑、买卖的。晨晖门的外面设置一处观看的位置，前面用荆棘围绕，周围回环大约有五七十步。都城中卖的有鹌鹑骨饳儿、圆子、䭔拍、白肠、水晶鲙、科头细粉、旋炒栗子、银杏、盐豉汤、鸡段、金橘、橄榄、龙眼、荔枝之类的食盒，一团团地密集地摆放着，准备被皇上随时索取呼唤。因为皇上有时就在看位里面，门司、御药、知省、太尉等，都在帘子前侍立，用三五个弟子叫唤呼应。用芝麻榨油后剩的渣子做燃料的火盆中火光闪耀，如同白日。如果有权贵家的仕女前来观赏，宦官会邀请她们停下来，劝她们喝下一金杯的酒，然后再令她们退下。一直延续到元宵节，称为“预赏”。只有周待诏卖的瓠羹，在进贡之后剩余的，足足要一百二十文钱才能卖一个，其口味的精细，果然与街市店面上卖的十文钱一个的有所区别。

收灯都人出城探春

收灯毕，都人争先出城探春。州南，则玉津园、外学方池亭榭、玉仙观，转龙湾西去，一丈佛园子、王太尉园，奉圣寺前孟景初园，四里桥望牛冈、剑客庙。自转龙弯东去，陈州门外，园馆尤多。州东宋门外，快活林、勃脐陂、独乐冈、砚台、蜘蛛楼、麦家园。虹桥，王家园。曹、宋门之间，东御苑，乾明、崇夏尼寺。州北，李驸马园。州西，新郑门大路，直过金明池西道者院，院前皆妓馆。以西，宴宾楼，有亭榭，曲折池塘，秋千、画舫。酒客税小舟，帐设游赏。相对祥祺观，直至板桥，有集贤楼、莲花楼，乃之官河东、陕西五路之别馆。寻常饯送，置酒于此。过板桥，有下松园、王太宰园、杏花冈。金明池角南去，水虎翼巷，水磨下，蔡太师园。南，洗马桥。西巷内，华严尼寺[1]、王小姑酒店。北，金水河，两浙尼寺、巴娄寺、养种园，四时花木，繁盛可观。南去，药梁园、童太师园。南去，铁佛寺、鸿福寺、东西柏榆村。州北，模天坡、角桥，至仓王庙、十八寿圣尼寺、孟四翁酒店。州西北，元有[2]庶人园，有创台、流杯亭榭数处，放人春赏。大抵都城左近皆是园圃，百里之内，并无閒地[3]。次第春容满野，暖律暄晴，万花争出。粉墙细柳，斜笼绮陌。香轮暖辗，芳草如茵。骏骑骄嘶，杏花如绣。莺啼芳树，燕舞晴空。红妆按乐于宝榭层楼，白面[4]行歌近画桥流水。举目则秋千巧笑，触处[5]则蹴踘疏狂。寻芳选胜，花絮时坠金樽；折翠簪红，蜂蝶暗随归骑。于是相继清明节矣。

注释

[1] 华严尼寺：信奉华严宗的尼姑寺院。

[2] 元有：即“原有”。

[3] 閴地：即“阒（qù）地”，安静之地。

[4] 白面：即“白面郎”，指纨绔子弟。杜甫《少年行》：“马上谁家白面郎，临堦下马坐人床。”又，白居易《采地黄者》：“凌晨荷锄去，薄暮不盈筐。携来朱门家，卖与白面郎。”

[5] 触处：犹“触地”，到处。《南史》卷七十《循吏传·序》：“凡百户之乡，有市之邑，歌谣舞蹈，触处成群，盖宋世之极盛也。”

译文

收灯之后，京城里的人争先到城外去探春。汴州城南面则有玉津园、外学的方池台榭、玉仙观、转龙湾。向西走一丈开外，则是佛园子、王太尉园。奉圣寺的前面有孟景初园。四里桥外则有望牛冈、剑客庙。从转龙湾向东到陈州门外，园亭馆舍尤其多。汴州城东的宋门外，则有快活林、勃脐陂、独乐冈、砚台、蜘蛛楼、麦家园、虹桥、王家园。在曹门和宋门之间，有东御苑、尼姑居住的乾明寺、崇夏寺。汴州城的北面，有李驸马园。汴州城的西边，是新郑门大路，一直穿过金明池西边的道者院，院子前面都是妓馆。西边是宴宾楼，有亭榭、曲折的池塘、秋千、画船，喝酒的客人租一条小船，设置饮宴的帐幕以供游赏之用。与此相对的是祥祺观，可以一直通到板桥，附近有集贤楼、莲花楼，然后就到了官河东、陕西五路的别馆，平常的送别，会在这里设置筵席。过了板桥，有下松园、王太宰园、杏花冈。金明池角向南去，水虎翼巷子的水磨下，就是蔡太师的园子。南边洗马桥西边的巷子内，是尼姑居住的华严寺、王小姑酒店。北边是金水河，两浙尼寺、巴娄寺、养种园，一年四季，花木繁盛，非常值得观赏。往南去是药梁园、童太师园。再往南去是铁佛寺、鸿福寺、东西柏榆村。汴州城北是模天坡、角桥，一直可以到达仓王庙、十八寿圣居寺、孟四翁酒店。汴州城的西北，以前有庶人园，内有创台、几处曲觞流水的亭榭，允许人们进入赏春。大抵而言，京城的附近都是花园药圃，百里以内，没有空闲的地方。依次望去，春天的容光铺满原野，节律向暖，令人眼睛感到温和。

万紫千红争相探出粉色的墙壁，细而斜的柳丝笼罩着繁丽的街道。宝马香车，在暖日里辗过，绿草如茵；骏马嘶鸣，穿过如锦绣船的杏花。黄莺在树上啼叫，燕子在晴空飞舞。粉饰红妆的歌女在宝榭层楼上演奏音乐，白面郎君在靠近画桥流水的地

· 南宋　佚名　《春宴图卷》局部

方放声歌唱。举目望去，处处都是秋千上少女的巧笑盈盈；步履所及，处处都是蹴鞠的轻狂年少。寻找芳华，选出胜场，花絮纷飞中，金樽不时地坠落；折下鲜翠，簪贴红花，蜂蝶成群，暗随归骑而去。于是接下来就到清明节了。

卷之七

垛子前列招箭班二十余人，皆长脚幞头、紫绣抹额、紫宽衫、黄义襕，雁翅排立，御箭去则齐声招舞，合而复开，箭中的矣。

清 明 节

清明节，寻常京师以冬至后一百五日为大寒食。前一日谓之“炊熟”，用面造枣䭉、飞燕，柳条串之，插于门楣，谓之“子推燕”[1]。子女及笄[2]者，多以是日上头[3]。寒食第三日，即清明节矣。凡新坟，皆用此日拜扫。都城人出郊。禁中前半月，发宫人车马朝陵，宗室、南班、近亲，亦分遣诣诸陵坟享祀，从人皆紫衫、白绢三角子、青行缠，皆系官给。节日，亦禁中出车马，诣奉先寺、道者院，祀诸宫人坟。莫非金装绀幰[4]，锦额珠帘，绣扇双遮，纱笼前导，士庶阗塞，诸门纸马铺，皆于当街用纸衮叠[5]成楼阁之状。四野如市，往往就芳树之下，或园囿之间，罗列杯盘，互相劝酬。都城之歌儿舞女，遍满园亭，抵暮而归。各携枣䭉、炊饼、黄胖[6]、掉刀[7]、名花、异果[8]、山亭[9]、戏具、鸭卵、鸡雏，谓之“门外土仪”[10]。轿子即以杨柳、杂花装簇顶上，四垂遮映。自此三日，皆出城上坟，但一百五日最盛。节日，坊市卖稠饧[11]、麦糕、乳酪、乳饼之类。缓入都门，斜阳御柳；醉归院落，明月梨花。诸军禁卫，各成队伍，跨马作乐四出，谓之“摔脚”。其旗旌鲜明，军容雄壮，人马精锐，又别为一景也。

注 释

[1] 子推燕：用以纪念介子推的一种用柳条穿起来的形如飞燕的面食。

[2] 及笄：女子满十五岁时把头发绾起来，插上簪子，表示到了可以结

婚的年龄。

[3] 上头：又称“及笄”，旧指女子出嫁时将头发上拢结成发髻。南朝梁萧纲《和人渡水》：“婉娩新上头，湔裾出乐游。”

[4] 绀幰（gàn xiǎn）：天青色的车幔。王安石《送郓州知府宋谏议》：“班春回绀幰，问俗卷彤襜。”

[5] 衮叠：卷起来，折叠。

[6] 黄胖：亦称“黄胖儿”，用黄色泥土捏成的胖小子，有祈子之意。

[7] 掉刀：当即“棹刀”，本书中屡有提及，如“棹刀蛮牌”“各执木棹刀一口”等。这里指儿童玩耍的棹刀玩具。

[8] 异果：奇异的果子。

[9] 山亭：亦称“山亭儿”，指宋代用陶土制成的各种各样的玩具，如泥孩儿、泥塑模型。

[10] 土仪：土特产。

[11] 稠饧：浓稠的饴糖。

译 文

清明节的习俗是：京城里的人通常以冬至后的一百零五天为大寒食。大寒食的前一天，称为“炊熟”，用面粉制作出飞燕一样的枣䭔，用柳条将它穿起来，插在门楣上面，称为“子推燕”。家中的女孩子到了及笄的年龄，都在这一天将头发束起来并插上簪子。寒食过后的第三天，就是清明节了。只要是这一年有立新坟的家里都要在这一天进行拜祭扫洒，京城中的人到郊外去扫墓。宫中在清明节的前半个月，派遣宫人乘着车马到先帝的陵墓洒扫。皇室中的南班官等近亲，也分别派人到诸陵园扫坟祭祀。随从的人员都穿着紫色的衣衫，戴着用白绢制成的三角子，裹着青色的绑腿布（这些都是官府供给的）。在清明节这一天，皇宫中也会车马外出，到奉先寺、道者院去，祭祀众位宫人的坟墓。全都用黄金装饰、垂下天青色的帘幕，车的门额用锦绣装饰，悬挂着珍珠车帘，用彩绣的扇子双双遮挡，用纱布制成的灯笼作为前导。士人和百姓填满了整个街道，各个门巷的纸马铺都在大街上售卖用纸糊成的楼阁形状的祭品，四个方向的田野就像集市一样，往往在靠近芳树的下面，或是在花园之间，将酒杯餐盘罗列开来，互相劝酒酬答。京城里的歌儿舞女，遍布于园亭之中，到了傍晚的时候才回去，各自带着枣錮、炊饼、泥孩儿、玩具棹刀、名花、异果、泥塑玩具、观具、鸭蛋、小嫩鸡等，称为“门外土仪”。轿子就用杨树条、柳树条、各种杂花装饰在轿顶上，从轿子的四面垂下来遮映。从清明节开始的三天，都要出城上坟，但大寒食的那一天最为盛大。在清明节这天，街市上卖的有稠饧、麦糕、乳酪、乳饼之类。缓缓地进入城门，此时斜阳照着御路边的柳树；从歌舞院落醉归时，明月照映在梨花之上。各个军营禁军，各自排成队伍，跨上骏马向四个方向奏乐而出，称为“摔脚”。旗帜鲜明，军容雄壮，人马皆为精锐，这又是另一番景象了。

·《清明上河图》局部，本画作曾被解读为描绘清明时节汴梁城内人民的日常生活。画中有介绍在扫墓回家的时候，要在轿子顶上插满野花和柳枝。王家纸马在销售着各式各样、形形色色的祭奠用品。

三月一日开金明池琼林苑

三月一日，州西顺天门外，开金明池、琼林苑，每日教习车驾上池仪范[1]。虽禁从[2]、士庶许纵赏，御史台有榜，不得弹劾。池在顺天门街北，周围约九里三十步，池西直径七里许。入池门内南岸，西去百余步，有西北临水殿，车驾临幸，观争标[3]、锡宴[4]于此。往日旋以彩幄[5]，政和间用土木工造成矣。又西去数百步，乃仙桥，南北约数百步，桥面三虹，朱漆栏楯，下排雁柱，中央隆起，谓之“骆驼虹”，若飞虹之状。桥尽处，五殿正在池之中心，四岸石甃向背。大殿中坐，各设御幄，朱漆明金龙床，河间云水戏龙屏风，不禁游人。殿上下回廊，皆关扑钱物、饮食、伎艺人作场，勾肆罗列左右。桥上两边，用瓦盆，内掷头钱[6]，关扑钱物、衣服、动使。游人还往，荷盖[7]相望。桥之南，立棂星门，门里对立彩楼。每争标作乐，列妓女于其上。门相对街南，有砖石甃砌高台，上有楼观，广百丈许，曰宝津楼。前至池门，阔百余丈，下瞰仙桥、水殿，车驾临幸，观骑射、百戏于此。池之东岸，临水近墙皆垂杨，两边皆彩棚幕次，临水假赁，观看争标。街东皆酒食店舍，博易场户，艺人勾肆、质库，不以几日解下，只至闭池，便典没出卖。北去，直至池后门，乃汴河西水门也。其池之西岸，亦无屋宇，但垂杨蘸水，烟草铺堤，游人稀少，多垂钓之士。必于池苑所买牌子，方许捕鱼。游人得鱼，倍其价买之，临水斫脍，以荐芳樽，乃一时佳味也。习水教罢，系小龙船于此。池岸正北，对五殿，起大屋，盛大龙船，谓之“奥屋”，车驾临幸，往往取二十日。诸禁卫班直，簪花、披锦绣、捻金线衫袍，金带勒帛之类，结束竞逞鲜新。出内府金枪，宝装弓剑，龙凤绣旗，红缨锦辔，万骑争驰，铎声震地。

注释

[1] 仪范：礼仪、典范。《晋书》卷七十九《谢安传》：“安虽处衡门，其名犹出万之右，自然有公辅之望，处家常以仪范训子弟。”

[2] 禁从：指翰林学士之类的文学侍从。胡仔《苕溪渔隐丛话前集卷四十·东坡三》：“然东坡自此脱谪籍，登禁从，累帅方面。”

[3] 争标：争夺锦标。苏轼《次韵张安道读杜诗》：“扫地收千轨，争标看两艘。”

[4] 锡宴：即“赐宴”。

[5] 彩幄：用彩绸做的帐篷。《宋史》卷一百一十三《礼志十六》：“徙坊市邸肆，对列御道，百货骈布，竞以彩幄镂版为饰。”

[6] 头钱：用来赌博的一掷而定胜负的铜钱。

[7] 荷盖：荷叶形状的车盖。《楚辞·九歌·河伯》：“乘水车兮荷盖，驾两龙兮骖螭。”

译文

三月一日，在汴州城西边的顺天门外，开放金明池、琼林苑，每天教训演习皇帝车驾临幸金明池的礼仪范式。即使是皇帝的文学侍从、士人、普通百姓也允许纵情观赏，御史台有榜文，不得弹劾此事。金明池在顺天门大街的北边，周围大约有九里外加三十步，池的西面直径大约有七里。进入金明池门内的南岸，再向西一百多步，有面朝北的临水殿，皇帝车驾临幸时，观看争标，并在此处赐宴。以前都是用彩幄临时搭建，到了政和年间就用土木工造成了此建筑。再往西去几百步，就到了仙桥，桥的南北大约有几百步，桥面有三处拱曲，像彩虹一样，栏杆扶手用的都是红漆，下面排着雁齿柱子，中央是隆起的，称为“骆驼红”，形状就像飞动的彩

· 宋　佚名 《金明池争标图》

虹。在桥的尽处，可以发现五座殿堂正在金明池的中心，四面的岸边都是用石头砌成的，相背而立。大殿中心的座位，各自设有御用的帷幄，用红色的漆和明亮的黄金制成的龙床，在河间设有云水戏龙的屏风，不禁止游人来观赏。大殿上下的回廊边，都被从事关扑、钱物、饮食、伎艺的人作为营业的场所，罗列在左右两旁。桥面上的两边，用瓦盆在里面掷头钱，关扑钱物、衣服、日常用具的也是这里。游人来往回还，车盖伞盖远远相望。仙桥的南边建立了棂星门，门的里面有彩楼相对而立。每当争标作乐的时候，将妓女罗列于其上。与棂星门相对的街的南面，有用砖石砌成的高台，上面有楼观，大概有一百丈那么广，叫作宝津楼。向前到达池门，有一百多丈那么宽。向下可以俯瞰仙桥、水殿，皇帝的车驾临幸时，在这里观看骑射、百戏。金明池的东岸，靠近水边、靠近墙边的地方都种上了垂杨，两边都搭建了彩棚、幕次，靠近水边出租，观看争标赛。街的东边都是酒店、食店、博易的店家、艺人演出的勾肆、当铺。如果不在几天之内将所当之物赎回，到金明池关闭后，就会没收所典押的物品，拿出售卖了。向北而去直到金明池的后门，就是汴河的西水门了。金明池的西岸，也是没有屋舍的，只有垂杨蘸着水面，草色如烟，铺满了整个堤岸，游人稀少，有很多垂钓的人。必须到池苑买个牌子，才会被允许捕鱼。游人得到鱼后，会用加倍的钱将其买下，靠近水边做成鱼脍，以此佐酒，是一时的美味佳肴。演习了水上的战阵之后，将小龙船系在此处。金明池岸边的正北方对着五殿，建起了大屋子，装着大龙船，称为“奥屋”。皇帝车驾临幸的时候，往往选在三月二十日这天。众禁军侍卫、众诸直头上簪着花，身披锦绣，穿着捻金线的衫袍，系金带勒帛之类，在装扮上竞相夸耀。展出内库的金枪，宝装的弓剑、龙凤绣旗、红缨锦辔，万骑争相驰骋，铃铎之后响天震地。

驾幸临水殿观争标锡宴

驾先幸池之临水殿，锡宴群臣。殿前出水棚，排立仪卫。近殿水中横列四彩舟，上有诸军百戏，如大旗狮豹、掉刀蛮牌、神鬼杂剧之类。又列两船，皆乐部。又有一小船，上结小彩楼，下有三小门，如傀儡棚，正对水中乐船。上参军色[1]，进致语。乐作，彩棚中门开，出小木偶人，小船子上有一白衣人垂钓，后有小童举棹划船，辽绕数回，作语。乐作，钓出活小鱼一枚。又作乐，小船入棚。继有木偶筑毬、舞旋之类，亦各念致语、唱和，乐作而已[2]，谓之“水傀儡”。又有两画船，上立秋千，船尾百戏人上竿，左右军院虞候、监教，鼓笛相和。又一人上蹴秋千，将平架，筋斗掷身入水，谓之“水秋千”。水戏呈毕，百戏乐船，并各鸣锣鼓，动乐舞旗，与水傀儡船分两壁退去。有小龙船二十只，上有绯衣军士各五十余人，各设旗鼓铜锣。船头有一军校，舞旗招引，乃虎翼指挥兵级也。又有虎头船十只，上有一锦衣人，执小旗立船头上，余皆着青短衣，长顶头巾，齐舞棹，乃百姓卸在行人[3]也。又有飞鱼船二只，彩画间金，最为精巧。上有杂彩戏衫五十余人，间列杂色小旗、绯伞，左右招舞，鸣小锣、鼓、铙、铎之类。又有鳅鱼船二只，止容一人撑划，乃独木为之也。皆进花石朱缅[4]所进。诸小船竞诣奥屋[5]，牵拽大龙船出诣水殿。其小龙船争先团转翔舞，迎导于前。其虎头船以绳索引龙舟。大龙船约长三四十丈，阔三四丈，头尾鳞鬣，皆雕镂金饰，槏板[6]皆退光[7]，两边列十閤子，充閤分歇泊[8]，中设御座，龙水屏风。楻板到底深数尺，底上密排铁铸大银样如卓面大者压重，庶不欹侧也。上有层楼、台观、槛曲，安设御座。龙头上人舞旗，左右水棚，排列六桨，宛若飞腾。至水殿，舣[9]之一边。水殿前至仙桥，预以红旗插于水中，标识地分[10]远近。所谓小龙船，列于水殿前，东西相向。虎头、飞鱼等船，布在其后，如两阵之势。须臾，水殿前水棚上，一军校以红旗招之。龙船各鸣锣鼓出阵，划棹旋转，共为圆阵，谓之"旋罗"。水殿前又以旗招之，其船分而为二，各圆阵，谓之"海眼"。又以旗招之，两队船相交互，谓之"交头"。又以旗招之，则诸船皆列五殿之东，面对水殿，排成行列，则有小舟，一军校执一竿，上挂以锦彩银碗类，谓之"标竿"，插在近殿水中。又见旗招之，则两行舟鸣鼓并进。捷者得标，则山呼拜舞。并虎头船之类，各三次争标而止。其小船复引大龙船，入奥屋内矣。

注释

[1] 参军色：亦称"竹竿子"，宋代宫廷杂剧乐舞演出时，负责开场和引导的人员。

[2] 已：停止。

[3] 卸在行人：卸下之前从事的行业的人。在行，对某一行业熟悉、了解。

[4] 朱缅：苏州人。宋徽宗垂意奇花异石，朱缅刻意奉迎。至宋钦宗时削去朱缅父子官位，又将其在流放途中赐死。《宋史》卷四百七十有列传。

[5] 奥屋：深而广的屋宅。曾巩《兜率院记》曰："言庐累百十，大抵穷墉奥屋，文衣精食，舆马之华，封君不如也。"这里指大龙船，本卷上条"三月一日开金明池琼林苑"曰："池岸正北，对五殿，起大屋，盛大龙船，谓之'奥屋'。"

[6] 楻板：船板。楻，通"艎"，一种木制的大船。

[7] 退光：退光漆。刚上漆时，光泽较暗，之后逐渐发亮，故名。

· 宋　李昭道　《龙舟竞渡图》

[8] 充阁分歇泊：代替阁子，分开供诸宫嫔歇息。歇泊，安扎、歇息。岳飞《奏收复邓州唐州信阳军防守措置事宜》："臣缘所统军马，道路日久，委是疲劳，除已统率起发，前去德安府歇泊，听候朝廷指挥。"

[9] 舣（yǐ）：使船靠岸。左思《蜀都赋》："试水客，舣轻舟。"

[10] 地分：区域、地段。

译　文

皇帝的车驾首先临幸金明池的临水殿，在此宴赐群臣。在临水殿的前面搭建水棚，排列站立仪仗士兵。靠近临水殿的水面中，横着排列四条彩舟，上面演出诸军百戏，比如大旗狮豹、掉刀蛮牌、神鬼杂剧之类的。又排列了两条船，都是乐部奏乐用的。还有一条小船，上面扎着小彩楼，下面有三个小门，像傀儡棚一样，正对着水中的乐船。参军色上场时，口中说着献辞，然后音乐响起，彩棚中间的门打开，出现小木偶人。小船上面，有一个白衣人在垂钓，后面有个小童子举起船棹在划船，小船转了好几个圈，口中说着一些颂辞，音乐响起，钓起一个活着的小鱼。音乐再次响起，小船划入水棚中。然后会有木偶踢毬、跳旋转舞之类的，也各自念着赞颂之语、相互唱着应和并奏乐等，称为"水傀儡"。还有两条画船，上面立着秋千，在船尾表演百戏的人爬上桅杆，左右军院的虞候监管并教习此事，鼓声、笛声夹杂而和谐。又有一人表演荡秋千，在秋千与架子将要平齐时，翻个筋斗扎入水中，称为"水秋千"。水上的表演结束后，载有百戏的乐船，各自鸣锣敲鼓，在音乐的节奏中挥舞着旗帜，和水傀儡的船分作两队而退去。有二十只小龙船，上面各有五十多个穿着红色衣服的军士，各自设有旗鼓铜锣。船头有一位军校，挥舞着旗帜招引众人，其军衔级别是虎翼指挥。还有十只虎头船，上面有一位穿着锦衣的人，拿着小旗站在船头上，其余人都穿着青色的短衣，戴着长顶方巾，拿着齐舞棹，他们是卸下了之前行业的平民百姓。还有两只飞鱼船，彩色的图画中夹杂着金色，显得最是精巧绝伦，上面有穿着杂彩杂服的人五十多个，夹杂排列着杂色的小旗帜和红色的伞，左右晃动招舞，敲着小锣鼓、铙、铎之类的。还有两条鳅鱼船，船的大小仅能容下一人撑船，是用一根木头做成的，都是进送花石纲的朱缅进呈。众多小船都到奥屋去，将大龙船牵拽出来，让它到水殿去，其中的小龙船争先恐后地打转舞蹈，在前面做导引。其中的虎头船用绳子牵引龙舟。大龙船大约长三四十丈，宽三四丈，船头船尾都有鳞鬣，都雕刻着黄金的装饰。舱板上都涂着退光漆，船的两边排列着十个阁子，这些阁子供各个后宫的嫔妃歇息，中间设有皇帝的御座以及龙水屏风。舱板到船底有数尺之深，船底密集地排列着用铁铸成的像银钱样的大钱，就像桌面那么大，用它来压重，希望这样能使船不倾斜晃动。上面有层楼、台观、曲槛回廊，安放设置着皇帝的御座。船的龙头上有人挥舞着旗帜，左右的水棚排列着六条船桨，船就像在飞腾一样。到了水殿时，就依靠在一边。从水殿前面到水桥，预先用红旗插在水中，用来标示场地，划分远近。所谓的小龙船，排列在水殿的前面，东西相对。虎头船、飞鱼船等，排布在小龙船后面，就像两军对阵的态势一样。没过一会儿，水殿前的水棚上，一位军校用红旗招摇，龙船各自鸣锣击鼓出阵，划动船棹开始旋转，共同构成一个圆阵，称为“旋罗”。水殿前又用旗帜召唤，这些船只分为两阵，各自组成圆阵，称为“海眼”。又用旗帜召唤，两只船队相互交叉，称为“交头”。再用旗帜召唤，这些船只就排列在五殿的东边，面对着水殿，排成一行一列。这时就会出现一条小船，上面的一位军校，拿着一个竹竿，上面挂着锦帛彩丝、银碗之类的东西，称之为“标竿”，将其插在靠近五殿的水中。又看见旗帜召唤的时候，排成两行的船只就会击鼓并行。快捷的船只得到标竿，观众就会山呼而拜，随之起舞。加上虎头船之类，各自争标三次，然后停止。随后小船就再次引导大龙船进入奥屋之内了。

驾幸琼林苑

驾方幸琼林苑。在顺天门大街，面北，与金明池相对。大门牙道，皆古松怪柏。两傍有石榴园、樱桃园之类，各有亭榭，多是酒家所占。苑之东南隅，政和间创筑华觜[1]冈，高数丈，上有横观层楼，金碧相射；下有锦石缠道，宝砌池塘。柳锁虹桥，花萦凤舸。其花皆素馨[2]、末莉、山丹[3]、瑞香、含笑、射香等。闽、广、二浙所进南花，有月池、梅亭、牡丹之类，诸亭不可悉数。

注　释

[1] 觜：即“嘴”。

[2] 素馨：木犀科，素馨属植物，花白色而芳香，花期8—10月。宋代方岳有《素馨》诗：“雪骨冰肌合耐寒，怕寒却不离家山。老夫怀土与渠等，一镬移来得许顽。”

[3] 山丹：别名“红百合”。唐代孟诜《食疗本草》：“百合，红花者名山丹。”

译　文

皇帝车驾将要临幸的琼林苑，位于顺天门大街，面朝北，与金明池相对。琼琳苑的大门、牙道，都种着古松怪柏。牙道的两旁有石榴园、樱桃园之类的，园子中各有亭台楼榭，大多被酒家所占据。琼林苑的东南角，在政和年间新创建了华觜冈，高达数十丈。上面有横观层楼，金碧辉煌，自相照耀。下面有用锦石铺就的相互交织的道路，用宝石镶砌岸边的池塘，柳枝拂动，锁住了虹桥，飞花缠绕着凤船。其中的花朵都是素馨、茉莉、山丹、瑞香、含笑、射香等，由福建、两广、两浙所进献的南方品种。还有月池、梅亭、牡丹之类的亭台。这些亭台不能够一一地细数。

·《清明上河图》中的苍松翠柏

驾幸宝津楼宴殿

宝津楼之南，有宴殿，驾临幸，嫔御车马在此。寻常亦禁人出入，有官监之。殿之西有射殿，殿之南有横街，牙道柳径，乃都人击毬之所。西去，苑西门、水虎翼巷，横道之南，有古桐牙道，两傍亦有小园圃、台榭。南过画桥，水心有大撮焦亭子[1]，方池柳步围绕，谓之虾蟆亭，亦是酒家占。寻常驾未幸，习旱教[2]于苑大门。御马立于门上。门之两壁，皆高设彩棚，许士庶观赏，呈引百戏。御马上池，则张黄盖，击鞭如仪。每遇大龙船出，及御马上池，则游人增倍矣。

注释

[1] 撮焦亭子：未详，或说指四角向上翘起的亭子。

[2] 旱教：叶梦得《石林燕语》卷一："金明水战不复习，而诸军犹为鬼神戏，谓之'旱教'。"

译文

宝津楼的南边，有宴殿。皇驾临幸之时，随行的嫔妃及其车马也停留在这里。平日这里也禁止人们进入，有官员在此监管。宴殿的西边有射殿，宴殿的南边有横街，牙道旁边是柳荫长道，这是京城里人们击毬的场所。向西边，就到达了琼林苑的西门、水虎翼巷。横道的南边，有种植着古老梧桐的牙道，牙道的两旁也有小的花园药圃以及亭台楼榭。向南路过画桥，水面中心有大的撮焦亭子，在池塘的四周都有柳树围绕，称为“虾蟆亭”，也是酒店占据了。平时皇驾未临幸的时候，在琼林苑的大门口演习步兵战阵。皇驾临幸时，御马站立在门前，门的左右两边都设置有彩色的棚屋，允许士人百姓观赏，呈献百戏。御马要到金明池的时候，则要撑开黄盖，像朝仪一样击鞭。每当遇到大龙船出来，以及御马到金明池的时候，游人的数量就会成倍增长。

· 宋　马远　《华灯侍宴图》

驾登宝津楼诸军呈百戏

驾登宝津楼，诸军百戏，呈于楼下。先列鼓子十数辈，一人摇双鼓子，近前进致语[1]，多唱“青春三月蓦山溪”也。唱讫，鼓笛举，一红巾者弄大旗，次狮豹入场，坐作进退，奋迅举止，毕。次一红巾者，手执两白旗子，跳跃旋风而舞，谓之“扑旗子”。及上竿、打筋斗之类，讫，乐部举动，琴家弄令[2]，有花妆轻健军士百余，前列旗帜，各执雉尾、蛮牌、木刀。初成行列，拜舞，互变开门、夺桥等阵，然后列成“偃月阵”。乐部复动“蛮牌令”。数内两人，出阵对舞，如击刺之状。一人作奋击之势，一人作僵仆出场，凡五七对，或以枪对牌、剑对牌之类。忽作一声如霹雳，谓之“爆仗”，则蛮牌者引退。烟火大起，有假面披发，口吐狼牙烟火，如鬼神状者上场。着青帖金花短后之衣，帖金皂袴，跣足[3]，携大铜锣，随身步舞而进退，谓之“抱锣”。绕场数遭，或就地放烟火之类。又一声爆仗，乐部动“拜新月慢”曲，有面涂青碌，戴面具、金睛，饰以豹皮锦绣看带之类，谓之“硬鬼”。或执刀斧，或执杵棒之类，作脚步蘸立，为驱捉视听之状。又爆仗一声，有假面长髯、展裹绿袍、靴简如钟馗像者，傍一人以小锣相招和舞步，谓之“舞判”。继有二三瘦瘠、以粉涂身，金睛白面，如髑髅状，系锦绣围肚看带，手执软仗，各作魁谐，趋跄举止若排戏，谓之“哑杂剧”。又爆仗响，有烟火就涌出，人面不相睹。烟中有七人，皆披发文身，着青纱短后之衣、锦绣围肚看带，内一人，金花小帽、执白旗，余皆头巾，执真刀，互相格斗击刺，作破面剖心之势，谓之“七圣刀”[4]。忽有爆仗响，又复烟火出，散处以青幕围绕，列数十辈，皆假面异服，如祠庙中神鬼塑像，谓之“歇帐”。又爆仗响，卷退。次有一击小铜锣，引百余人，或巾裹，或双髻，各着杂色半臂、围肚看带，以黄白粉涂其面，谓之“抹跄”。各执木棹刀一口，成行列。击锣者指呼，各拜舞起居，毕，喝喊变阵子数次，成一字阵，两两出阵格斗，作夺刀、击刺之态百端，讫，一人弃刀在地，就地掷身，背着地有声，谓之“扳落”。如是数十对，讫，复有一装田舍儿者入场，念诵言语，讫，有一装村妇者入场，与村夫相值[5]，各持棒杖，互相击触，如相殴态。其村夫者以杖背村妇出场，毕，后部乐作，诸军缴队[6]杂剧一段，继而露台弟子杂剧一段，是时弟子萧住儿、丁都赛、薛子大、薛子小、杨总惜、崔上寿之辈，后来者不足数。合曲舞旋讫，诸班直常入祗候子弟所呈马骑，先一人，空手出马，谓之“引马”。次一人磨旗[7]出马，谓之“开道旗”。次有马上抱红绣之毬，击以红锦索，掷下于地上，数骑追逐射之，左曰“仰手射”，右曰“合手射”，谓之“拖绣球”。又以柳枝插于地，数骑以刬子箭，或弓或弩射之，谓之“褙柳枝”。又有以十余小旗，遍装轮上而背之出马，谓之“旋风旗”。又有执旗挺立鞍上，谓之“立马”。或以身下马，以手攀鞍而复上，谓之“骗马”。或用手握定镫袴，以身从后鞦来往，谓之“跳马”。忽以身离鞍，屈右脚挂马鬃，左脚在镫，左手把鬃，谓之“献鞍”，又曰“弃鬃背坐”。或以两手握镫袴，以肩着鞍桥，双脚直上，谓之“倒立”。忽掷脚着地，倒拖顺马而走，复跳上马，谓之“拖马”。或留左脚着镫，右脚出镫，离鞍，横身，在鞍一边，右手捉鞍，左手把鬃存身，直一脚，顺马而走，谓之“飞仙膊马”。又存身，拳曲在鞍一边，谓之“镫里藏身”。或右臂挟鞍，足着地顺马而走，谓之“赶马”。或出一镫，坠身着鞦，以手向下绰地，谓之“绰尘”。或放令马先走，以身追及，握马尾而上，谓之“豹子马”。或横身鞍上，或轮弄利刃，或重物、大刀、双刀百端，讫，有黄衣老兵谓之“黄院子”，数辈执小绣龙旗前导。宫监马骑百余，谓之“妙法院”。女童皆妙龄翘楚[8]，结束如男子：短顶头巾，各着杂色锦绣，捻金丝番段窄袍，红绿吊敦、束带，莫非玉羁金勒，宝镫花鞯，艳色耀日，香风袭人。驰骤至楼前，团转数遭，轻帘鼓声，马上亦有呈骁艺者。中贵人许畋押队，招呼成列，鼓声一齐掷身下马，一手执弓箭，揽缰子就地，如男子仪，拜舞山呼，讫，复听鼓声，骗马而上。大抵禁庭如男子装者，便随男子礼起居。复驰骤团旋，分合阵子，讫，分两阵，两两出阵，左右使马，直背射弓，使番枪或草棒，交马野战。呈骁骑讫，引退。又作乐，先设彩结小毬门于殿前，有花装男子百余人，皆裹角子向后拳曲花幞头，半着红、半着青锦袄子，义襕、束带、丝鞋，各跨雕鞍花鞿驴子，分为两队，各有朋头[9]一名，各执彩画毬杖，谓之“小打”。一朋头用杖击弄毬子如缀，球子方坠地，两朋争占，供与朋头，左朋击毬子过门入孟[10]为胜，右朋向前争占，不令入孟，互相追逐，得筹谢恩而退。续有黄院子引出宫监百余，亦如小打者，但加之珠翠装饰，玉带红靴，各跨小马，谓之“大打”。人人乘骑精熟，驰骤如神，雅态轻盈，妖姿绰约，人间但见其图画矣。呈讫。

注释

[1] 致语：宫廷艺人演唱前进呈的颂辞。

[2] 弄令：弹奏令曲。弄，奏。令，杂曲的一种，如调笑令。

[3] 跣（xiǎn）足：光着脚，不穿鞋袜。《吴越春秋》：“子胥之吴，乃被发佯狂，跣足涂面，行乞于市。”

[4] 七圣刀：一种类似于魔术的表演。《西湖繁胜录》（不分卷）：“行七圣法，切人头下，卖符，少间依元接上。”

[5] 相值：相遇、相对。苏轼《芙蓉城》：“此生流浪随沧溟，偶然相值

两浮萍。”

[6] 缴队：队伍缠绕交错。

[7] 磨旗：挥动旗帜。关汉卿《窦娥冤》第三折：“刽子做磨旗科。”

[8] 翘楚：本指高出杂树的荆条，这里指人才之杰出。《诗经·周南·汉广》：“翘翘错薪，言刈其楚。”郑玄笺：“楚，杂薪之中尤翘翘者。”又，孔颖达《〈春秋正义〉序》：“刘炫于数君之内，实为翘楚。”

[9] 朋头：本指朋党的首领，这里指游戏、竞赛中的队长。唐代李肇《唐国史补》卷下：“天宝中，则有刘长卿、袁成用分为朋头，是时常重东府西监。”

[10] 入孟：也称“孟入”。宋代熊克《宋中兴纪事本末》卷八下引朱胜非《闲居录》曰：“元祐末，哲宗方择后。京师里巷作打毬戏，以一击入窠者为胜，谓之‘孟入’。”又，吴处厚《清箱杂记》卷三：“韩魏公应举时，梦打毬一棒孟入。时魏公年仅弱冠，一上登科，则一棒孟入之应也。”

译文

皇驾登上宝津楼时，诸军百戏在楼下演出呈现。首先排列十几个鼓手，其中一人手中摇着双鼓子，走向前去进呈颂辞，唱的大多是“青春三月蓦山溪”。唱过之后，鼓和笛子一时齐奏。一位头戴红巾的人舞弄着大旗，其次是舞狮舞豹的进场，表演坐下、起立、前进、后退，动作迅速而有力。结束此项之后，然后是另一个头戴红巾的人，手里拿着两面白色的旗帜，跳着回旋生风的舞蹈，称为“扑旗子”。等到上竿、打筋斗之类的结束后，乐部一齐演奏，弹琴的音乐家表演其曲令，有一百多个身穿花妆、身体轻盈矫捷的军士，他们的前面排列着旗帜，各自用野鸡尾羽装饰的蛮牌木刀，刚开始成行成列地下拜而舞，之后互相变化，形成开门、夺桥等阵势，然后排列成偃月阵势。乐部再一次演奏《蛮牌令》，队列中有两人，走出阵势相对而舞，就好像击刺的样子：一人做出奋力出击的态势，一人做出僵卧的形状出场，演出的共有五七对人，或者是用枪对战盾牌，或者是用剑对战盾牌之类的。忽然有一声巨响，有如霹雳，称为“爆仗”，于是表演蛮牌的人开始退场。这时烟花、焰火大起，有人戴着假面具披头散发，口中吐着狼牙烟火、扮演着鬼神之状来到场上，穿着后面短小的青色的贴着金花的上衣、贴金的黑色裤子，光着脚，携带着大铜锣，随着身体前进的脚步而进退舞蹈，称为“抱锣”。围绕场地几圈之后，或者就地燃放烟火之类。又一声爆仗之后，乐部演奏《拜新月慢》的曲子，有人脸上涂着青绿色，戴着面具，眼睛是金色的，身上装饰着豹皮、锦绣之类的，称为“硬鬼”。有人手中拿着刀斧，有人拿着木杵、木棒之类的，将脚跟踮起来站着，做出因为驱赶、捉拿而进行视听的样子。又一声爆仗之后，有一个长着长长的胡须，戴着面具，身上裹着绿色衣袍，穿着靴子，拿着手板，仿佛钟馗画像一样的人，身旁有一个用小锣招呼，配合着钟馗舞步的人，称为“舞判”。接着有两三个脊背瘦小的人，用粉涂抹着身体，眼睛是金色的，脸是白色的，像骷髅的形状，腰上系着锦绣围肚、看带，手中拿着软杖，各自做出诙谐、前进踉跄的动作，行动举止就像滑稽的戏剧一样，称为“哑杂剧”。又是一声爆仗的响声，有烟火涌出，人们相互看不清对方的脸。烟雾中有七个人，全都是有着文身、披头散发的样子，后面穿着短小的青纱衣，系着锦绣围肚、看带。其中有一人头戴金花小帽，拿着白色的旗帜，其余都是戴着普通的头巾，拿着真刀，互相格斗、击刺，做出破面、剖心的姿势，称为“七圣刀”。忽然爆仗响起，烟火再一次出现，分散的地方用青色的幕布围绕起来，排列着几十人，都戴着假面具，穿着异样的服装，就好像祠堂庙宇中神鬼的塑像，称为“歇帐”。爆仗再一次响起，帷幕卷起退出。接着有一人击打着小铜锣，引出一百多人，有的裹着头巾，有的留着两个头髻，各自穿着杂色的半臂、围肚、看带，以黄、白的脂粉涂抹在脸上，称为“抹跄”。他们各自拿着一口木制的棹刀，排成行列，击锣者指呼众人，各自拜舞、起居完成后，呼喝叫喊着变化几次阵脚，排成“一”字阵，两两走出阵脚相互格斗，做出百种夺刀、击刺的状态之后，一人将刀丢弃在地上，就地将身子摔下来，能够听到背部着地的声音，称为“扳落”。像这样做出几十对动作之后，还有一个装扮为农民样子的人入场，念完颂语祝词之后，有一个装扮成村妇的人入场，与村夫相对，各自拿着棍棒手杖相互击打，就像互殴一样。村夫用手杖背着村妇出场之后，后面的部曲开始奏乐，众军士合作表演一段杂剧，然后是露台弟子表演一段杂剧。这时的演出弟子有萧住儿、丁都赛、薛子大、薛子小、杨总惜、崔上寿这些人，后来表演的就不足为数了。合曲旋舞结束之后，众班直经常选入祗候弟子所呈献的马术表演。先有一人空手骑着马走出来，称为“引马”。然后有一人摇动着旗帜将马骑出来，称为“开道旗”。接着有人在马上抱着红绣球，用红锦索系着，将其扔在地上，有数人各自骑着马追逐射取，左边的叫作“仰手射”，右边的叫作“合手射”，这种表演称为“拖绣球”。又用柳枝插在地上，数骑人马用划子箭，或者弓弩射之，谓之“褙柳枝”。还有的用十几面小旗，一一地装在可以转动的圆轮子上，背着它出马，称为“旋风旗”。还有的拿着旗帜挺立在马鞍上，称为“立马”。有的将身体置于马腹之下，以手攀着马鞍再转上来，称为“骗马”。有的用手牢牢地握住镫裤，将身体从马后面的鞦带边跳来跳去，称为“跳马”。忽然身体离开马鞍，弯曲其右脚挂在马鬃上，左脚在马镫上，左手攥着马鬃，称为“献鞍”，又叫作“弃鬃背坐”。有人用两手握着镫裤，用肩膀靠着鞍桥，双脚伸直向上，称为“倒立”。忽然松下脚着地，倒着拖动身体而前进，再一次跳上马，称之为“拖马”。或者留下左脚踩着马镫，右脚脱离马镫、离开马鞍，将身体横在马鞍的一边，右手扳着马鞍、左手攥着马鬃，将身体存放，伸直一只脚 ，顺着马匹前进，称为“飞仙膊马”。又有将身体存放蜷曲在马鞍的一边的，称为“镫里藏身”。或者用右臂夹着马鞍，用脚着地，顺着马匹行走，称为“赶马”。或者一只脚离开马镫，身体下坠，靠着鞦带，用手向下接触地面，称为“绰尘”。或者命令马匹先走，自己以身追之，手握马尾爬到马背上，称为“豹子马”。或者将身体横在马鞍上，或者转动摆弄着锋利的刀刃，或者是挥舞着沉重的器物、大刀、双刀等百种杂技，此项结束后，有身穿黄衣的老兵，称为“黄院子”的一群人拿着小的绣着龙的旗帜做前导，宫中的监官骑着百余匹马跟着，称为“妙法院”。女童都是年轻美丽数一数二的，穿着打扮像男子一样，戴着短顶头巾，各自穿着杂色锦绣，捻金丝番段窄袍，腰系红绿吊敦束带，使用的全都是玉羁金勒，宝镫花鞯，色彩鲜艳，光耀白日，香风袅袅，袭人口鼻。一路奔驰到宝津楼前，团团地转上几圈，此处有轻盈的帘幕和击鼓声，马背上也有进呈骁勇武艺的。朝中权贵宦官许畋押队，招呼众人排成队列，鼓声响起时，一齐从马背上跳下来，一只手拿着弓箭，揽着缰绳，就地像男子一样按照朝仪拜舞山呼，之后，再次听到鼓声，用“骗马”的方法再次上马。大概在宫禁之中，像男子一样装扮的，就跟随男子的礼仪起居样式。再次奔腾围成一团，表演阵势的分合。之后，分作两阵，两两出阵，从左右两个方向操纵马匹，挺直腰背弯弓骑射，使弄着番国的刀枪或是草棒，骑马相交，就像在野外战斗一样，呈现骁勇的马戏之后，就引退了。然后又演奏音乐，先在殿前设立彩结的小毬门，有一百多个穿着花装的男子，头上都裹着向后拳曲的花幞头，一半是红色、一半是青色的袄子，腰上系着义襕、束带，穿着丝鞋，各自跨上雕鞍花鞻的驴子，分作两队，每队各有朋头一名，各自拿着绘有彩画的毬杖，称为“小打”。一位朋头用毬杖击打像连缀在杖头一样的毬子，毬刚坠地时，两队的人争先抢占，将其供给朋头，左边的朋子击打毬子，将其穿过毬门，使其进入“孟”这个区域就算胜利，右边的队伍向前争取，不让其进入“孟”这个区域。两队互相追逐，得到算筹后谢恩退去。接着有“黄院子”引出宦官百余人，也和“小打”相似，只是在毬杖上增加了珠翠等装饰，他们系着玉带，穿着红靴，各自骑着小马，称为“大打”。每人骑马的技术都很精熟，疾驰飞奔有如神助，姿态优雅轻盈，风姿绰约美好，而人间只能见到这样的图画而已。诸军百戏至此结束。

驾幸射殿射弓

驾诣射殿射弓。垛子前列招箭班二十余人，皆长脚幞头、紫绣抹额、紫宽衫、黄义襕[1]，雁翅排立[2]，御箭去则齐声招舞，合而复开，箭中的矣。又一人，口衔一银碗，两肩、两手共五只。箭来皆能承之。射毕，驾归宴殿。

注释

[1] 黄义襕：王得臣《麈史》卷上“礼仪”：“衣冠之制，上下混一。尝闻杜岐公欲令人吏、技术等官少为差别。后韩康公又议改制，如人吏公裇俾加褑，俗所谓‘黄义襕’者是也。”

[2] 雁翅排立：像大雁展翅飞行那行排成站立。庾信《伏闻游猎》：“石关鱼贯上，山梁雁翅行。”

译文

皇驾临幸射殿射箭，箭垛子前面排列着二十多个招箭班的军士，每人都戴着长脚幞头，穿着紫绣抹额、紫色的宽大衣衫，系着黄义襕，像大雁展翅那样排列两边。皇帝的箭射出去之后，众人齐声招呼舞蹈，众人围合后再次散开，就表明箭射中靶心了。又有一人口中衔着一个银碗，加上肩膀上的两个、两手中的两个，一共是五个碗，箭射过来的时候，就能用碗接下。射箭结束后，皇驾回到宴殿。

池苑内纵人关扑游戏

池苑内，除酒家艺人占外，多以彩幕缴络[1]，铺设珍玉、奇玩、匹帛、动使、茶酒器物关扑。有以一笏扑三十笏[2]者。以至车马、地宅、歌姬、舞女，皆约以价而扑之。出九和合[3]，有名者，任大头、快活三之类，余亦不数。池苑所进奉鱼、藕、果实，宣赐有差。后苑作进小龙船，雕牙缕翠，极尽精巧。随驾艺人，池上作场者，宣、政间，张艺多、浑身眼、宋寿香、尹士安小乐器，李外宁水傀儡，其余莫知其数。池上饮食：水饭、凉水绿豆、螺蛳肉、饶梅花酒[4]，查片[5]、杏片、梅子、香药脆梅、旋切鱼脍、青鱼、盐鸭卵、杂和辣菜之类。池上水教罢，贵家以双缆黑漆平船，紫帷帐，设列家乐游池。宣、政间，亦有假赁大小船子，许士庶游赏，其价有差。

注释

[1] 缴络：缠绕连络以固定。

[2] 以一笏扑三十笏：即赔率为三十。

[3] 出九和合：赌博术语。宋代吴曾《能改斋漫录》卷七"出九入十"条："世俗博戏，有'出九入十'之说，谓之摊赌。故律云：'诸博戏赌财物，并停止出九。'和合者，各令众五日。豫章诗：'肉食倾人如出九。'"

[4] 饶梅花酒：额外赠送的梅花酒。梅花酒，宋代流行的用以消暑的酒。《梦粱录》卷十六"茶肆"条："暑天添卖雪泡梅花酒……向绍兴年间，卖梅

花酒之肆，以鼓乐吹《梅花引》曲破卖之。”

[5] 查片：即“楂片”。

译 文

池苑之内，除了被酒家、艺人占据之外，大多用彩色的帷幕缠绕，上面铺设着珍贵的玉器、奇玩、布匹绢帛、日常用品、器物，用以关扑之用。有时赔率会高达三十倍，甚至是车马、地宅、歌姬、舞女，都可以约定价值进行关扑。在“出九和合”这一关扑项目中，有任大头、快活三等人，其余的也不胜其数了。池苑内进奉的有鱼、藕、果实之类，天子用之赏赐群臣，数量上也有多少的差别。后苑中制造用以进献的小龙舟，上面雕刻着象牙、刻镂着翡翠玉石，极为精巧。随从皇驾的艺人，在池苑上登台表演的，在宣和、政和年间有张艺多、浑身眼、宋寿香、尹士安等人表演小乐器，李外宁表演水傀儡，其余的就难以计算其数目了。池苑上的饮食有：水饭、凉水绿豆、螺蛳肉、饶梅花酒、楂片、杏片、梅子、香药脆梅、旋切鱼脍、青鱼、咸鸭蛋、杂和辣菜之类的。金明池上的水兵操练结束后，权贵人家用有两条缆绳的漆有黑漆的平船，在上面设置紫色帷帐，在金明池上设列各自家的宴席乐会。宣和、政和年间，也有租赁大船、小船的，允许士人百姓游赏，租赁的价格有所差别。

驾回仪卫

驾回，则御裹小帽，簪花乘马，前后从驾臣寮[1]、百司仪卫，悉赐花。大观初，乘骢马至太和宫前，忽宣“小乌”，其马至御前，拒而不进，左右曰：“此愿封官。”敕赐龙骧将军，然后就辔，盖“小乌”，平日御爱之马也。莫非锦绣盈都，花光满目。御香拂路，广乐[2]喧空。宝骑交驰，彩棚夹路。绮罗珠翠，户户神仙。画阁红楼，家家洞府。游人士庶，车马万数。妓女旧日多乘驴，宣、政间惟乘马，披凉衫[3]，将盖头背系冠子上。少年狎客，往往随后，亦跨马，轻衫小帽。有三五文身恶少年控马，谓之“花褪马”。用短缰促马头，刺地而行，谓之“鞅缰”。呵喝驰骤，竞逞骏逸。游人往往以竹竿挑挂终日关扑所得之物而归。仍有贵家士女，小轿插花，不垂帘幕。自三月一日至四月八日闭池，虽风雨亦有游人，路无[4]虚日矣。

是月季春，万花烂漫，牡丹、芍药，棣棠、木香，种种上市。卖花者以马头竹篮铺排，歌叫之声，清奇可听。晴帘静院，晓幕高楼。宿酒未醒，好梦初觉。闻之莫不新愁易感，幽恨悬生[5]，最一时之佳况。诸军出郊，合教阵队。

注 释

[1] 臣寮：同“臣僚”，大臣及其僚属。苏洵《议修礼书状》：“后闻臣寮上言，以为祖宗所行，不能无过差不经之事，欲尽芟去，无使存录。”

[2] 广乐：盛大之乐。《列子·周穆王》："王实以为清都紫微，钧天广乐，帝之所居。"

[3] 凉衫：宋代士人（女）骑马时所穿的灰黑色的便服。宋代沈括《梦溪笔谈》卷二"故事二"："近岁京师士人朝服乘马，以黪衣蒙之，谓之'凉衫'。"

[4] 路无：当是"略无"之讹，谓丝毫亦无也。

[5] 悬生：同"旋生"，随之而生。

·宋 佚名 工笔《花篮图》

译文

皇驾回宫时，皇上头上戴着小的帽子，簪着花朵，乘马而回。前后随从皇驾的臣下僚属、各种司仪禁卫，全都有赏赐花朵。大观初年，皇上骑着一匹骢马走到太和宫前的时候，忽然传唤小乌马，小乌马到皇上的面前时，不肯再往前进，左右随驾的人说："这是想要封官。"皇上就赐其为龙骧将军，然后小乌马才肯靠近辔头驾车，大概是因为小乌马平日里就是皇上所喜爱的。到处是锦绣铺满都城，满眼望去都是花光，皇宫中的香气充满了道路，宽广的乐声使天空喧闹了起来，宝马车骑交互驰骋，路的两旁全都排列着彩棚。到处都是罗绮、珠翠，每一户都犹如神仙；到处都是画阁、红楼，每一家都犹如洞府。游赏的士人、百姓，车马动辄以万数。妓女在往日里大多乘驴，宣和、政和年间就只乘马了，披着清凉的衣衫，将披肩背在身后系在帽子上。少年狎客，往往跟在后面，也骑着马，穿着轻薄的衣衫，戴着小帽子。还有三五个文身的恶少骑着马，称为"花褪马"。用短的缰绳鞭打着马头，使马头贴着地面奔走，称为"鞅缰"。呼喊吆喝着骑马奔走，竞相展示其骏逸的一面。游人往往用竹竿挑挂着他们一整天关扑所获得的物品而归。还有权贵人家的士女，坐着小轿子，上面插着花，不垂下帘幕。从三月一日到四月八日关闭金明池，即使遇到风雨天，也会有游人，没有一天空闲的时间。

这个月是季春，万种鲜花竞相烂漫，牡丹、芍药、棣棠、木香等各种上市。卖花的人用马头竹篮将鲜花铺排好，歌唱叫卖的声音，清新奇物，颇值得倾听。在晴天的帘幕下，在安静的院落中，在早晨的帷幄里，在高高的楼台上，当宿酒未醒，好梦初觉之时，听到这种声音的时候，没有不产生新愁而易于感动的，幽恨之情随之而起，是一时间内最美好的体验。众军营在此时都到郊外去，合并为一处，演习队列。

卷之八

九月，重阳。都下赏菊。有数种：其黄白色，蕊若莲房，曰『万龄菊』；粉红色，曰『桃花菊』；白而檀心，曰『木香菊』；黄色而圆者，曰『金铃菊』；纯白而大者，曰『喜容菊』，无处无之。

四 月 八 日

四月八日，佛生日。十大禅院各有浴沸斋会，煎香药糖水相遗，名曰“浴佛水”。迤逦时光昼永，气序清和。榴花院落，时闻求友之莺；细柳亭轩，乍见引雏之燕。在京七十二户诸正店，初卖煮酒，市井一新。唯州南清风楼最宜夏饮，初尝青杏，乍荐[1]樱桃，时得佳宾，觥酬交作。是月，茄瓠初出上市，东华门争先供进，一对可直三五十千者。时果则御桃[2]、李子、金杏[3]、林檎之类。

注 释

[1] 荐：进献。周邦彦《齐天乐》(绿芜凋尽台城路)：“正玉液新篘，蟹螯初荐。”

[2] 御桃：宋代袁文《瓮牖闲评》卷七：“今之小金桃，名曰御桃。汉献帝自洛迁许，许州有小李，色黄，大如樱桃，帝爱而植之，亦曰御桃。”

[3] 金杏：唐代段成式《酉阳杂俎·前集卷十八》“木篇”之“汉帝杏”条：“济南郡之京南，有分流山，山上多杏，大如梨，色黄如橘，土人谓之汉帝杏，亦曰金杏。”

译 文

四月八日的时候，是佛祖的生日，十大禅院都各自举行浴佛的斋会。煎制好香药糖水，彼此赠送，称为“浴佛水”。渐渐地时光变得昼长夜短，气候节序慢慢变得清爽温和。在石榴花落下的院子里，时不时会听到黄莺求友的声音；在细柳摇摆的亭台轩阁中，突然看到引领幼鸟的燕子。在京城里的七十二户正店，则开始卖煮酒，街市为之一新。只有汴州城南的清风楼最适宜夏天饮酒。一年中初次品尝青杏，也刚刚进献樱桃，偶尔碰到佳客，便举杯换盏，觥筹交错。这个月茄子、瓠瓜刚上市，东华门争相呈供，每一对的价值可达三五十千钱。时令的水果则有御桃、李子、金杏、林檎之类。

· 宋　佚名《桃枝栖雀图》

端　　午

端午节物：百索[1]、艾花[2]、银样鼓儿、花花巧画扇、香糖果子、粽子、白团。紫苏、菖蒲、木瓜，并皆茸切，以香药相和，用梅红匣子盛裹。自五月一日及端午前一日，卖桃、柳、葵花、蒲叶、佛道艾，次日家家铺陈于门首，与粽子、五色水团、茶酒供养，又钉艾人于门上，士庶递相宴赏。

·元　王振鹏《金明池龙舟图卷》

注释

[1] 百索：各种用五色线扎成的绳子，也称“长命缕”。

[2] 艾花：端午节时妇女所戴的头饰。

译文

端午节的时令物品有：百索、艾花、银样鼓儿、花花巧画扇、香糖果子、粽子、白团。紫苏、菖蒲、木瓜，这些全都要切成细碎的茸末之状，用香药来调和，用梅红色的匣子盛装、包裹起来。从五月初一直到端午节的前一天，售卖桃枝、柳枝、葵花、蒲叶、佛道艾等物品。第二天，家家户户都把这些物品铺在各自的门前，和粽子、五色水团、茶酒一起供养神灵、祖先。又将用艾草扎成的人形钉在门楣之上。士人百姓相互轮流宴请、观赏。

六月六日崔府君生日，二十四日神保观神生日

六月六日，州北崔府君[1]生日。多有献送，无盛如此。二十四日，州西灌口二郎[2]生日，最为繁盛。庙在万胜门外一里许，敕赐神保观。二十三日，御前献送后苑作与书艺局等处制造戏玩，如毬杖、弹弓、弋射之具，鞍辔、衔勒、樊笼之类，悉皆精巧。作乐，迎引至庙。于殿前露台上设乐棚，教坊、钧容直作乐，更互[3]杂剧舞旋。太官局供食，连夜二十四盏，各有节次。至二十四日，夜五更争烧头炉香，有在庙止宿，夜半起以争先者。天晓，诸司及诸行百姓献送甚多。其社火呈于露台之上，所献之物，动以万数。自早呈拽百戏，如上竿、趯[4]弄、跳索、相扑、鼓板、小唱、斗鸡、说诨话、杂扮、商谜、合笙、乔筋骨[5]、乔相扑、浪子杂剧、叫果子、学像生[6]、倬刀、装鬼、砑鼓、牌棒、道术之类，色色有之。至暮呈拽不尽。殿前两幡竿，高数十丈，左则京城所，右则修内司，搭材分占，上竿呈艺解。或竿尖立横木，列于其上，装神鬼，吐烟火，甚危险骇人。至夕而罢。

注释

[1] 崔府君：姓崔名珏，字子玉，民间普遍信仰的神仙之一，负责审判来到冥府的幽魂。

[2] 灌口二郎：即“二郎神”。《事物纪原》卷七：“元丰时，国城之西，民立灌口二郎神祠，云神永康导江县广济王子，王即秦李冰也，《会要》所

谓‘冰次子，郎君神’也。”

[3] 更互：交替、轮流。晋代干宝《搜神记》卷三：“信都令家，妇女惊恐，更互疾病。”

[4] 趯（yuè）：同“跃”。

[5] 乔筋骨：假扮的肢体表演。乔，假装的。筋骨，不详，大概是一种肢体表演。

[6] 学像生：模拟各种真实的动作。《梦粱录》有“像生花果”，非真实之花果，像生而已。

译文

六月初六这一天，是汴州城北所供奉的崔府君的生日，人们经常有所供奉呈献，没有比这更繁盛的了。六月二十四日，是汴州城西灌口二郎的生日，场面最为繁盛。庙宇在万胜门外大约一里的地方，皇帝亲赐为“神保观”。二十三日的时候，皇宫也会有所呈献奉送。后苑以及书艺局等各处，制作一些游戏赏玩的东西，比如毬杖、弹弓、弋射之类的器具，还有鞍辔、衔勒、樊笼之类的，样式都很精巧，在音乐的演奏中引导至庙宇前。在殿前的露台上设立乐棚，教坊、钧容直演奏音乐，还要相互表演杂剧和旋转的舞蹈。太官局提供食物，白天连及夜晚，提供二十四盏食物，各自有一定的次序。到二十四日夜晚五更的时候，大家争相去烧头炉香，有在庙宇住宿，半夜的时候起来争先去烧香的人。拂晓时分，各个官署以及各行各业的百姓来供奉献礼的人非常多。社日里演出的各种杂戏就在露台上呈现，所呈献的供品，动辄以万计算。自早上就开始呈献百戏，比如上竿、趯弄、跳索、相扑、鼓板、小唱、斗鸡、说浑话、杂扮、商谜、合笙、乔筋骨、乔相扑、浪子杂剧、叫果子、学像生、倬刀、装鬼、砑鼓、牌棒、道术之类的，各种各样的都有，至傍晚的时候，可供呈献的百戏还没有表演完。大殿的前面有两根幡竿，高达几十丈，左边的幡竿是由京城所提供材料建筑的，右边的幡竿则由修内司提供材料，演出者爬到幡竿上呈献其伎艺。或者在幡竿的顶端立上一根横木，表演者站在横木上，装扮鬼神，口吐烟火，非常危险，令人惊骇。到傍晚的时候才停止。

是月巷陌杂卖

是月时物，巷陌路口，桥门市井，皆卖大小米水饭、炙肉、干脯、莴苣笋、芥辣瓜儿、义塘甜瓜[1]、卫州白桃、南京金桃、水鹅梨、金杏、小瑶李子、红菱、沙角儿、药木瓜、水木瓜、冰雪凉水、荔枝膏，皆用青布伞，当街列床、凳堆垛。冰雪惟旧宋门外两家最盛，悉用银器。沙糖绿豆、水晶皂儿、黄冷团子、鸡头穰冰雪[2]、细料馉饳儿、麻饮鸡皮、细索凉粉、素签成串、熟林檎、脂麻团子、江豆硧儿、羊肉小馒头、龟儿沙馅之类。都人最重三伏，盖六月中别无时节，往往风亭水榭，峻宇高楼。雪槛冰盘，浮瓜沉李[3]。流杯曲沼，苞鲊新荷。远迩笙歌，通夕而罢。

注释

[1] 义塘甜瓜：宋代张邦基《墨庄漫录》卷二："襄邑义塘村出一种瓜，大者如拳，破之色如黛，味甘如蜜，余瓜莫及。"

[2] 鸡头穰冰雪：大概是一种冰镇的鸡头米。

[3] 浮瓜沉李：曹丕《与朝歌令吴质书》："浮甘瓜于清泉，沉朱李于寒冰。"

译文

这个月（六月）的时令物品，在街道路口、桥边、城门外都有集市，在售卖大小米水饭、烤肉、干脯、莴苣笋、芥辣瓜儿、义塘甜瓜、卫州白桃、南京金桃、水鹅梨、金杏、小瑶李子、红菱、沙角儿、药木瓜、水木瓜、冰雪凉水、荔枝膏等，都用青色的布搭一个伞棚，当街排列好床凳，将这些物品堆垛其上。卖冰雪凉水的，只有旧宋门外面的两家最为繁盛，全都是用银器盛装，花样有：沙糖绿豆、水晶皂儿、黄冷团子、鸡头穰冰雪、细料馉饳儿、麻饮鸡皮、细索凉粉、素签成串、熟林檎、脂麻团子、江豆碢儿、羊肉小馒头、龟儿沙馅之类的。京城里的人最看重三伏天，大概是因为六月中再没有其他的节日，往往在风亭水榭中，在高峻的楼宇上，将冰雪围在瓜果之外，将冰块压在盘子中，将瓜果、杏子浸泡在冷水中任其浮沉，在池沼边曲水流觞，用新鲜的荷叶包裹腌渍的肉制品，远近一片笙歌，响彻整个通宵之后才停下来。

· 宋　马麟　《荷香清夏》局部

七　夕

七月，七夕。潘楼街东、宋门外瓦子，州西梁门外瓦子，北门外、南朱雀门外街及马行街内，皆卖磨喝乐[1]，乃小塑土偶耳。悉以雕木彩装栏座，或用红纱碧笼，或饰以金珠牙翠，有一对直数千者。禁中及贵家与士庶，为时物追陪。又以黄蜡[2]铸为凫雁、鸳鸯、鸂鶒[3]、龟鱼之类，彩画金缕，谓之"水上浮"。又以小板上傅土[4]，旋种粟，令生苗，置小茅屋、花木，作田舍家小人物，皆村落之态，谓之"谷板"。又以瓜雕刻成花样，谓之"花瓜"。又以油面糖蜜造为笑靥儿，谓之"果实花样"，奇巧百端，如捺香[5]、方胜之类。若买一斤，数内[6]有一对被介胄者，如门神之像，盖自来风流，不知其从[7]，谓之"果食将军"。又以绿豆、小豆、小麦，于磁器内，以水浸之，生芽数寸，以红篮彩缕束之，谓之"种生"。皆于街心彩幕帐设，出络货卖。七夕前三五日，车马盈市，罗绮满街，旋折未开荷花，都人善假做[8]双头莲，取玩一时，提携而归，路人往往嗟爱。又小儿须买新荷叶执之，盖效颦磨喝乐。儿童辈特地新妆，竞夸鲜丽。至初六日、七日晚，贵家多结彩楼于庭，谓之"乞巧楼"。铺陈磨喝乐、花瓜、酒炙、笔砚、针线，或儿童裁诗，女郎呈巧，焚香列拜，谓之"乞巧"。妇女望月穿针。或以小蜘蛛安合子内，次日看之，若网圆正，谓之"得巧"。里巷与妓馆，往往列之门首，争以侈靡相尚。（"磨喝乐"本佛经"摩睺罗"，今通俗而书之。）

注释

[1] 磨喝乐：是佛祖释迦牟尼的儿子，经汉化之后，由蛇首人身变为可爱的儿童的形象，一般做成泥偶之状，在七夕节作为供品。

[2] 蠟（là）：同“蜡”。黄蜡，即蜂蜡，中药名，由蜜蜂腹部四对蜡腺分泌出来的蜡，其色为黄，故称黄蜡。

[3] 瀏鶒（xī lái）：即鸂鶒（chì），一种形似鸳鸯而体型较大的水鸟，羽毛多为紫色，喜成双成对出游。杜甫《卜居》“无数蜻蜓齐上下，一双鸂鶒对沉浮”即指此。

[4] 傅土：通“敷土”，轻轻抹上一层泥土。

[5] 捺香：或许是和方胜类似的一种头饰。句谓油面糖蜜制品软而薄，有如头饰之轻巧。

[6] 数内：其中。

[7] 不知其从：不知其所从来。

[8] 假做：做假的、造伪。

译文

在七月的七夕节，在潘楼街东边和宋门外面有瓦子，汴州城西的梁门外也有瓦子，北门外、南边的朱雀门的外街，以及马行街内，都有售卖磨喝乐的，就是就泥土雕塑的小的玩偶罢了。全都用雕刻有彩色花纹的木头做成有栏杆的底座，或者用红色的纱布或碧色的纱笼罩着，或者用黄金珠宝象牙翡翠作装饰，有一对泥偶可值好几千金的。皇宫中的人、权贵之家，以及士人百姓，都将此作为节下物品，相互追陪。又用黄蜡铸造成凫雁、鸳鸯、鸂鶒、龟鱼之类的，上面涂上彩画或是用金色装饰，称为“水上浮”。还有的在小木板上盖一层土，随即种上粟，令其发芽长苗，在上面放置小茅屋和花木，再做一些农村中的小人物，全都体现村落的样貌，称之为“谷板”。又用瓜雕刻成花的样子，称为“花瓜”。又用油、面、糖、蜜做成一个人的笑脸，称为“果食”。花样真可谓是百端奇巧，比如做成捺香、方胜之类的。如果买一斤这样的果食，其中就会有一对被着盔甲，像门神一样的小人儿，大概本来就有这种风俗流行，不知道它的来源，称为“果食将军”。还有把绿豆、小豆、小麦放在瓷器内用水浸泡的，等其长出几寸的小芽，用红、蓝色的彩线将其捆扎起来，称为“种生”。全都在大街正中心彩色的幕帐里，缚上彩丝加以售卖。七夕节的前三五天，车马充满了集市，身穿罗绮的人们充满了街道。随即拆开尚未开放的荷花骨朵，京城里的人善于制作假的并蒂莲，以供一时的取乐玩笑，将其带回家时，路上的行人往往表现出嗟叹爱慕的神情。还有就是，小孩子必定要买新荷叶拿在手里，大概是模仿磨喝乐的样子。儿童们特意地穿上新衣服，竞相夸耀光鲜亮丽。到初六、初

· 北宋　佚名　《洛神赋图》

七的晚上，权贵之家大多在庭院中扎起彩楼，称为“乞巧楼”，将磨喝乐、花瓜、酒炙、笔砚、针线铺陈罗列，或者由儿童献上自己的诗作，女子呈献她们精巧的手工，焚香列队而拜，称为“乞巧”。妇女望着月亮穿针，或者将小蜘蛛安放在盒子里，到第二天去看，如果结的网圆而正，就称之为“得巧”。街里、巷子、妓馆，往往将在门前排列其物品，争相以奢靡相夸。（“磨喝乐”，来源于佛经的“摩睺罗”，这里是按照通俗的称谓而记录的。）

中　元　节

七月十五日，中元节。先数日，市井卖冥器：靴鞋、幞头、帽子、金犀假带、五彩衣服。以纸糊架子，盘游[1]出卖。潘楼并州东、西瓦子，亦如七夕。要闹处亦卖果食、种生[2]、花果之类，及印卖《尊胜目连经》。又以竹竿斫成三脚，高三五尺，上织灯窝之状，谓之“盂兰盆”，挂搭衣服、冥钱在上焚之。构肆[3]乐人，自过七夕，便般《目连经救母》杂剧，直至十五日止，观者增倍。中元前一日，即卖练叶[4]，享祀时铺衬卓面。又卖麻谷窠儿[5]，亦是系在卓子脚上，乃告祖先秋成之意。又卖鸡冠花，谓之“洗手花”。十五日，供养祖先素食，才明，即卖穄米饭[6]，巡门叫卖，亦告成意也。又卖转明菜花、花油饼、馂䭕[7]、沙䭕之类。城外有新坟者，即往拜扫。禁中亦出车马，诣道者院谒坟。本院官给祠部十道[8]，设大会，焚钱山，祭军阵亡殁，设孤魂道场。

注　释

[1] 盘游：本指游乐。《尚书·五子之歌》：“（太康）乃盘游无度，畋于有洛之表，十旬弗反。”孔传：“盘乐游逸无法度。”这里指用游走的方式售卖，边走边卖。

[2] 种生：即上条“七夕”所言者。

[3] 构肆：即“勾栏瓦肆”。

[4] 练叶：桑叶。

[5] 麻谷窠儿：用葛黍苗、麻苗、粟苗制成，以告秋成。

[6] 穄（jì）米饭：穄，一年生的草本植物，即黏糯的黍类，又名“糜（méi）子”，去壳之后称为穄米。穄米饭，类似于今天的糯米饭。

[7] 馂（jùn）豏：即“馂馅”。馂，吃剩的，熟食。

[8] 祠部十道：祠部所发行的十个度牒。度牒，官方颁发的承认僧侣身份的文书。

译文

七月十五日，是中元节。在此节之前的几天，集市上卖有冥器有靴鞋、幞头、帽子、像金犀样的假腰带、五彩的衣服，用纸糊成架子，到处游走转卖。潘楼以及汴州城东西也有瓦子，和七夕节时一样。在重要热闹的地方，也有卖果食、种生、花果之类的，以及售卖印好的《尊胜》和《目连经》。又将竹竿劈出三只脚，竹竿有三五尺那么高，上端编织成灯窝的形状，称为“盂兰盆”，在上面挂着搭着衣服、冥钱等，然后焚烧掉。勾栏瓦肆中的乐人，自从过了七夕节之后，便搬演出《目连救母》的杂剧，一直到十五日才停止，观看的人在中元节时成倍地增加。中元节的前一天，就要售卖桑叶，在祭祀飨天时将其铺垫在桌面之上。又有售卖麻谷窠儿的，也是将其系在桌子脚上，这是向祖先传达秋天收成的意思。又有卖鸡冠花的，称为“洗手花”。十五日这一天，用素食供养祖先，天才亮的时候就有卖穄米饭的，挨家挨户地售卖，也是为了向祖先报告收成的意思。还有卖转明菜花、花油饼、馂豏、沙豏之类的。城门外有新坟的，就在这一天前去祭拜扫墓。皇宫中也有车马外出，造访道院，拜谒祭坟，由各自部院的主管发给祠部十道文书，设立大会，焚烧冥钱堆成的小山丘，祭拜阵亡的将士，为孤魂野鬼设立超度的道场。

立　　秋

立秋日，满街卖楸叶[1]，妇女儿童辈，皆剪成花样戴之。是月，瓜果梨枣方盛，京师枣有数品：灵枣、牙枣、青州枣[2]、亳州枣[3]。鸡头上市，则梁门里李和家最盛。中贵戚里，取索供卖。内中泛索[4]，金合络绎。士庶买之，一裹[5]十文，用小新荷叶包，糁以麝香，红小索[6]儿系之。卖者虽多，不及李和一色[7]拣银皮子嫩者货之。

注　释

[1] 楸叶：楸树叶，叶大且较早落下。

[2] 青州枣：贾思勰《齐民要术》卷四“种枣第三十三”：“青州有乐氏枣，丰肌细核，多膏肥美，为天下第一。”

[3] 亳州枣：宋代梅尧臣《亳州李密学寄御枣一箧》：“沛谯有巨枣，味甘蜜相差。其赤如君心，其大如王瓜。”

[4] 内中泛索：皇宫中不定时地索要。泛索，不定时地索取。

[5] 一裹：类似一袋、一包。

[6] 红小索：红色的小绳索。

[7] 一色：清一色。

译　文

立秋的这一天，满大街都是卖楸叶的，妇女、儿童，都将其剪成各种花样戴在头上。这个月，瓜果梨枣刚刚进入旺季。京城中的枣子有好几个品种，比如灵枣、牙枣、青州枣、亳州枣等。鸡头也上市了，这其中梁门的李和家生意是最兴盛的，一边是宫中权贵、皇亲国戚向李和家索取，另一边李和家也要供应售卖。皇宫中不停地索要，金色的盒子则络绎不绝地送进去。士人百姓买的话，一个包裹就十文钱，用小的新鲜的荷叶包裹着，夹杂着麝香，用红色的小绳索系着。卖鸡头的虽多，但都不如李和家选用清一色的外皮为银色的嫩鸡头售卖得好。

· 宋　马和之《月色秋声图》

秋　社

八月，秋社，各以社糕、社酒相赍送[1]。贵戚、宫院以猪羊肉、腰子、奶房、肚肺、鸭饼、瓜姜之属，切作棋子片样，滋味调和，铺于饭上，谓之“社饭”，请客供养。人家妇女皆归外家，晚归。即外公、姨、舅皆以新葫芦儿、枣儿为遗，俗云“宜良[2]外甥”。市学先生[3]预敛[4]诸生钱，作社会[5]，以致雇倩[6]、祗应、白席、歌唱之人。归时各携花篮、果实、食物、社糕而散。春社、重午[7]、重九，亦是如此。

注释

[1] 赍（jī）送：赠送。《商君书·垦令》：“农逸则良田不荒，商劳则去来赍送之礼，无通于百县。”

[2] 宜良：即“姨娘”之谐音也。

[3] 市学先生：私塾先生。

[4] 预敛：预收（学费）。

[5] 社会：秋社聚会。

[6] 雇倩：花钱请人为自己服务。唐代长孙无忌《唐律疏议》卷二十五：“其受雇倩，为人伤残者，与同罪。”

[7] 重午：端午节。

译文

在八月时要举行秋社，大家各自用社糕、社酒相互赠送。权贵、国戚、宫院中的人则用猪羊肉、腰子、奶房、肚肺、鸭饼、瓜姜之类的酬赠，将其切作棋子一样的薄片状，用各种滋味将其调和，铺在米饭上，称为“社饭”，用来请客和供养祖先。各家各户的妇女都在此时回娘家，到了傍晚时再回来，那么孩子的外公、姨妈、舅舅，就都用新葫芦儿、枣儿作为赠礼，俗谚称之为“宜良外甥”。集市上的私塾先生此时预收学生们的学费，以此来举办秋社的宴会，以至于雇用供呼唤的人、宴席上的杂役，或是请来歌唱的人。秋社结束回家时，各人都携带着花篮、果实、食物、社糕，然后散去。春社、重午、重九的时候，也和这个一样。

· 北宋　赵佶　《池塘秋晚图》

中　　秋

中秋节前，诸店皆卖新酒，重新结络门面彩楼，花头画竿[1]，“醉仙”锦旆。市人争饮，至午、未间，家家无酒，拽下望子[2]。是时，螯蟹新出，石榴、榅勃、梨、枣、栗、孛萄、弄色[3]枨橘[4]，皆新上市。中秋夜，贵家结饰台榭，民间争占酒楼玩月，丝篁鼎沸。近内庭居民，夜深遥闻笙竽之声，宛若云外。闾里儿童，连宵嬉戏。夜市骈阗，至于通晓。

注　释

[1] 花头画竿：顶端雕刻花纹的桅杆。

[2] 望子：表示经营行业的标志。《广韵》：“帘，青帘，酒家望子。”

[3] 弄色：给（水果）上色，以保持其鲜艳，或使其表面纹理更加好看。

[4] 枨（chéng）橘：即“橙橘”。宋代梅尧臣《述酿赋》：“安得涤其具，更其术，时其物，清其室，然后渍以椒桂，侑以枨橘，吾将沾醉乎穷日。”

译　文

在中秋节之前，众多店铺都会出售新酒，重新将门面、彩楼装饰一番，到处都是顶端雕刻着花纹的桅杆，悬挂着“醉仙”的锦旗。集市上的争相欢饮，到午时和未时交叉的这段时间，各个酒家都已经没酒卖了，将酒招子拽下。这个时候螃蟹刚刚上市，石榴、榅勃、梨枣、栗、孛萄、弄色枨橘，都是新鲜上市的。中秋之夜，权贵的家里将歌台舞榭装饰一番，民间大多争相占据酒楼的好位置赏月，丝竹之声鼎沸喧天。都城里靠近皇宫的民居，在深夜时可以远远听到宫中的笙竽之声，就好像云外飘来一样。街坊里的儿童，整夜里玩耍，夜市异常拥挤热闹，一直持续到天亮。

· 晋　王献之《中秋帖手卷》局部

重　　阳

九月，重阳。都下赏菊。有数种：其黄白色，蕊若莲房，曰“万龄菊”；粉红色，曰“桃花菊”；白而檀心，曰“木香菊”；黄色而圆者，曰“金铃菊”；纯白而大者，曰“喜容菊”，无处无之。酒家皆以菊花缚成洞户[1]。都人多出郊外登高（如仓王庙、四里桥、愁台、梁王城、砚台、毛驼冈、独乐冈等处）宴聚。前一二日，各以粉面蒸糕遗送，上插剪彩小旗，掺饤果实[2]，如石榴子、栗黄、银杏、松子肉之类。又以粉作狮子、蛮王之状，置于糕上，谓之“狮蛮”。诸禅寺各有斋会，惟开宝寺、仁王寺有狮子会。诸僧皆坐狮子上，作法事讲说，游人最盛。下旬即卖冥衣、靴鞋、席帽、衣段[3]，以十月朔日烧献[4]故也。

注　释

[1] 洞户：幽深的内室。《后汉书》卷三十四《梁冀传》：“堂寝皆有阴阳奥室，连房洞户。”

[2] 掺饤果实：点缀着饾饤类的果实。掺，通“糁”，点缀。

[3] 衣段：衣物、绸缎。《旧唐书》卷一百七十《裴度传》：“杨文端奏称衣段疏薄。”

[4] 烧献：向神祇等焚烧奉品。《清平山堂话本·刎颈鸳鸯会》：“请医调治，倩巫烧献。”

译文

九月的重阳节，京城里人都会去赏菊。有如下几个品种：其中花蕊黄白相间，像莲房的称为“万龄菊”，粉红色的称为“桃花菊”，色白而花心浅红的称为“木香菊”，色黄而圆形的称为“金铃菊”，纯白色而花朵较大的称为“喜容菊”，到处都有这些品种。卖酒的店家都会将菊花扎在一起，做成一个个门洞窗户。京城里的人都会到郊外去登高（比如仓王庙、四里桥、愁台、梁王城、砚台、毛驼冈、独乐冈这些地方）举行饮宴聚会。在重阳节前一两天，各自用粉面蒸成的糕点作为节礼相互赠送，在上面插上用彩布剪成的小旗，还会点缀一些饾饤的果实，比如石榴子、栗子黄、银杏、松子肉之类的。又用面粉做成狮子蛮王的形状，将其放在糕点上，称为“狮蛮”。各个禅寺都有举办斋会，只有开宝寺、仁王寺有狮子会。众僧人都坐在狮子上，做法事、讲佛经，游人最为兴盛。九月下旬就有卖冥衣、靴鞋、席帽、衣缎的了，因为十月初一的时候就要烧纸钱、供奉先人了。

· 北宋　佚名　《陶潜赏菊图》局部

卷之九

是月立冬。

前五日，西御园进冬菜。

京师地寒，冬月无蔬菜，

上至宫禁，下及民间，

一时收藏，以充一冬食用。

于是车载马驼，充塞道路。

十月一日

十月一日，宰臣已下受衣着锦袄。三日（今五日），士庶皆出城飨坟[1]。禁中车马，出[2]道者院及西京朝陵。宗室车马，亦如寒食节。有司进暖炉[3]炭。民间皆置酒作暖炉会也。

注释

[1] 飨（xiǎng）坟：扫墓。

[2] 出：到……地方去。

[3] 暖炉：白居易《新雪二首》（其一）："惟忆静恭杨阁老，小园新雪暖炉前。"

译文

十月初一这天，宰相以下的大臣接受皇上赏赐的锦绣棉袄。初三时（现在是在初五），士人百姓都要出城上坟祭飨先人。皇宫中的车马外出，去道者院以及西京的先帝陵庙祭拜，宗室的车马外出，情形和寒食节一样。相应的部门向皇宫进献暖炉炭。民间都置办酒席，以此代替暖炉会。

天 宁 节

初十日，天宁节。前一月，教坊集诸妓阅乐[1]。初八日，枢密院率修武郎[2]以上，初十日，尚书省宰执率宣教郎[3]以上，并诣相国寺罢散[4]祝圣斋筵，次赴尚书省都厅[5]赐宴。

注 释

[1] 阅乐：审阅音乐等技艺，这里指演习。

[2] 修武郎：宋徽宗政和二年，定武臣官阶为五十三阶，修武郎为第四十四阶，正八品，以此替代之前的内殿崇班。

[3] 宣教郎：据《宋九朝编年备要》卷第二十载，宣教郎即前之宣德郎，

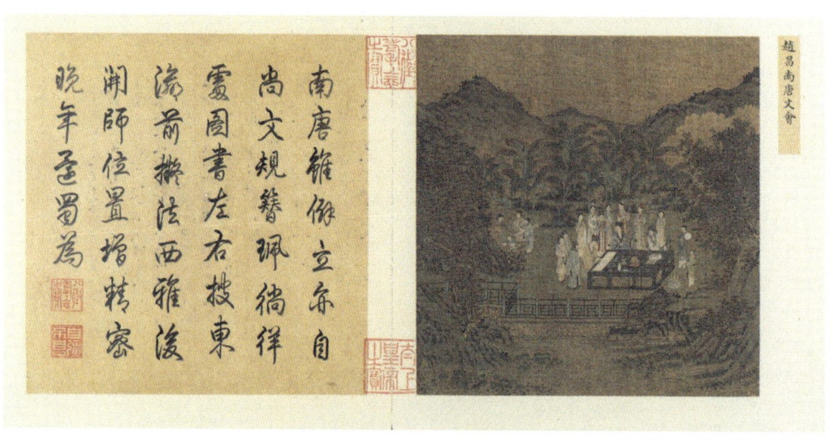

· 宋　赵昌《南唐文会图》

因其与宣德楼的称号相犯，故改为今名。

[4] 罢散：解散、结束。苏辙《罢散青词》："请女道士二七人，于福宁殿罢散明堂礼毕道场，设醮一座，一百二十分位。"

[5] 都厅：尚书省的总办公厅。宋代赵与时《宾退录》卷一："祖宗时，诸郡皆有都厅。至宣和三年，怀安军奏：'今尚书省公相厅改作都厅，内外都厅，并行禁止。欲将本军都厅以佥厅为名。'从之，且命诸路依此。"

译文

十月初十这天，是天宁节。在此前一月，教坊聚集众多乐妓演习乐曲。初八这天，枢密院率领修武郎以上的官员，初十这天，尚书省的宰相率领宣教郎以上的官员，一齐到相国寺，在祝福圣上的斋宴结束散去之后，再到尚书省都厅中参加皇上的赐宴。

宰执亲王宗室百官入内上寿

十二日，宰执、亲王、宗室、百官，入内上寿[1]大起居[2]（搢笏舞蹈）。乐未作，集英殿山楼上教坊乐人效百禽鸣，内外肃然，止闻半空和鸣，若鸾凤翔集。百官以下谢坐讫，宰执、禁从、亲王、宗室、观察使已上，并大辽、高丽、夏国使副，坐于殿上。诸卿少百官，诸国中节使人，坐两廊。军校以下，排在山楼之后。皆以红面青墩黑漆矮偏钉。每分列环饼、油饼、枣塔为看盘，次列果子。惟大辽加之猪羊鸡鹅兔连骨熟肉为看盘，皆以小绳束之。又生葱、韭、蒜、醋各一楪。三五人共列浆水一桶，立勺数枚。教坊色长二人，在殿上栏干边（皆诨裹宽紫袍，金带、义襕）看盏。斟御酒。看盏者举其袖，唱引曰“绥御酒”[3]，声绝，拂双袖于栏干而止。宰臣酒，则曰“绥酒”，如前。教坊乐部，列于山楼下彩棚中，皆裹长脚幞头，随逐部服紫、绯、绿三色宽衫、黄义襕，镀金凹面腰带。前列柏板，十串一行，次一色画面琵琶五十面，次列箜篌两座，箜篌高三尺许，形如半边木梳，黑漆镂花金装画。下有台座，张二十五弦，一人跪而交手擘之。以次高架大鼓二面，彩画花地金龙，击鼓人背结宽袖，别套黄窄袖，垂结带，金裹鼓棒，两手高举互击，宛若流星。后有羯鼓两座，如寻常番鼓子，置之小卓子上，两手皆执杖击之，杖鼓应焉。次列铁石方响[4]，明金彩画架子，双垂流苏。次列箫、笙、埙、篪、觱篥、龙笛之类，两旁对列杖鼓二百面，皆长脚幞头、紫绣抹额、背系紫宽衫、黄窄袖、结带、黄义襕。诸杂剧色皆诨裹，各服本色紫、绯、绿宽衫，义襕，镀金带。自殿陛对立，直至乐棚。每遇舞者入场，则排立者叉手，举左右肩，动足应拍，一齐群舞，谓之“挼曲子”。“挼”字，仍回反。

第一盏御酒，歌板色一名，唱中腔一遍讫，先笙与箫、笛各一管和，又一遍，众乐齐举，独闻歌者之声。宰臣酒，乐部起《倾杯》。百官酒，《三台》。舞旋，多是雷中庆[5]。其余乐人舞者，诨裹、宽衫，唯中庆有官，故展裹。舞曲破、攧前一遍。舞者入场，至歇拍，续一人入场，对舞数拍。前舞者退，独后舞者终其曲，谓之“舞末”。

第二盏御酒，歌板色，唱如前。宰臣酒，慢曲子。百官酒，《三台》，舞如前。

第三盏，左右军百戏入场，一时呈拽。所谓左右军，乃京师坊市两厢也，非诸军之军。百戏，乃上竿、跳索、倒立、折腰、弄碗注、踢瓶、筋斗、擎戴之类，即不用狮豹、大旗、神鬼也。艺人或男或女，皆红巾彩服。殿前自有石镌柱窠，百戏入场，旋立其戏竿。凡御宴，至第三盏，方有下酒肉、咸豉、爆肉，双下驼峰角子。

第四盏，如上仪，舞毕，发谭子，参军色执竹竿、拂子，念致语、口号，诸杂剧色打和，再作语，勾合大曲舞。下酒榼：雟子骨头、索粉、白肉、胡饼。

第五盏御酒，独弹琵琶。宰臣酒，独打方响。凡独奏乐，并乐人谢恩讫，上殿奏之。百官酒，乐部起《三台》舞如前，毕，参军色执竹竿子，作语，勾[6]小儿队舞。小儿各选年十二三者二百余人，列四行，每行队头一名，四人簇拥，并小隐士帽，着绯、绿、紫、青生色花衫，上领四契，义襕、束带，各执花枝排定。先有四人，裹卷脚幞头紫衫者，擎一彩殿子，内金贴字牌，擂鼓而进，谓之“队名”，牌上有一联，谓如“九韶翔彩凤，八佾舞青鸾”之句。乐部举乐，小儿舞步进前，直叩殿陛。参军色作语问，小儿班首近前，进口号，杂剧人皆打和，毕，乐作，群舞合唱，且舞且唱，又唱破子[7]，毕，小儿班首入进致语，勾杂剧入场，一场两段。是时教坊杂剧色：鳖膨，刘乔、侯伯朝、孟景初、王颜喜而下，皆使副也。内殿杂戏，为有使人预宴，不敢深作谐谑，惟用群队，装其似像，市语谓之“拽串”。杂戏毕，参军色作语，放小儿队。又群舞《应天长》曲子出场。下酒：群仙炙、天花饼、太平毕罗，干饭、缕肉羹、莲花肉饼。驾兴，歇座。百官退出殿门幕次。须臾追班[8]，起居再坐。

第六盏御酒，笙起慢曲子；宰臣酒，慢曲子；百官酒，《三台》舞。左右军筑毬，殿前旋立毬门，约高三丈许，杂彩结络，留门一尺许。左军毬头苏述，长脚幞头，红锦袄，余皆卷脚幞头，亦红锦袄，十余人。右军毬头孟宣，并十余人，皆青锦衣。乐部哨笛、杖鼓断送[9]。左军先以毬团转众小筑数遭，有一对次毬头，小筑数下，待其端正，即供毬与毬头，打大肷[10]过毬门。右军承得毬，复团转，众小筑数遭，次毬头亦依前供毬与毬头，以大肷打过，或有即便复过者胜。胜者赐以银碗、锦彩，拜舞谢恩，以赐锦共披而拜也。不胜者毬头吃鞭，仍加抹抢。下酒：假鼋鱼，密浮酥捺花。

第七盏御酒，慢曲子。宰臣酒，皆慢曲子，百官酒，《三台》舞讫，参军色作语，勾女童队入场。女童皆选两军妙龄容艳过人者四百余人，或戴花冠，或仙人髻，鸦霞之服，或卷曲花脚幞头，四契红、黄生色销金锦绣之衣，结束不常，莫不一时新妆，曲尽其妙。杖子头[11]四人，皆裹曲脚向后指天幞头，簪花，红黄宽袖衫，义襕，执银裹头杖子。皆都城角者，当时乃陈奴哥、俎姐哥、李伴奴、双奴，余不足数。亦每名四人簇拥，多作仙童丫髻仙裳，执花舞步，进前成列（或舞《采莲》，则殿前皆列莲花槛曲）。亦进队名。参军色作语问队，杖子头者进口号，且舞且唱。乐部断送《采莲》，讫，曲终复群舞。唱中腔，毕，女童进致语，勾杂戏入场，亦一场两段，讫，参军色作语，放女童队，又群唱曲子，舞步出场。比之小儿，节次增多矣。下酒：排炊羊、胡饼、炙金肠。

第八盏御酒，歌板色一名，唱踏歌。宰臣酒，慢曲子，百官酒，《三台》舞。合曲破舞旋。下酒：假沙鱼、独下馒头、肚羹。

第九盏御酒，慢曲子，宰臣酒，慢曲子，百官酒，《三台》舞。曲如前。左右军相扑。下酒：水饭、簇饤下饭。驾兴。

御筵酒盏，皆屈卮[12]如菜碗样，而有手把子。殿上纯金，廊下纯银。食器，金、银、鋑、漆碗楪也。宴退，臣僚皆簪花归私第，呵引从人皆簪花，并破官钱[13]。诸女童队出右掖门，少年豪俊，争以宝贝供送，饮食、酒果迎接。各乘骏骑而归，或花冠，或作男子结束，自御街驰骤，竞逞华丽，观者如堵。省宴亦如此。

注释

[1] 上寿：向尊者敬酒，祝其长寿。《史记》卷九十九《刘敬叔孙通列传》："至礼毕，复置法酒。诸侍坐殿上皆伏抑首，以尊卑次起上寿。"

[2] 大起居：《新雕皇朝内苑》卷第二十六："每五日，文武朝官，厘务、不厘务，并赴内朝，谓之百官大起居。"

[3] 绥御酒：叶梦得《石林燕语》卷五："公燕合乐，每酒行一终，伶人必唱'嚾酒'，然后乐作，此唐人送酒之辞。本作'碎'音，今多为平声，文士亦或用之。王仁裕诗'淑景易从风雨去，芳樽须用管弦嚾'。"

[4] 方响：南朝梁代时出现的一种打击乐器，后来成为隋唐燕乐中的常用乐器，通常由十六块铁板按音高顺序制成，用小铁锤或木棒敲击，用以固定音高。

[5] 雷中庆：北宋时著名舞人，据宋代蔡绦《铁围山丛谈》卷六所载："舞有雷中庆，世皆呼之为'雷大使'。"

[6] 勾：引导。

[7] 破子：王谠《唐语林》卷五《补遗》："天宝中，乐章多以边地为名，

若《凉州》《甘州》《伊州》之类是焉。其曲启蒙繁声为破。”

[8] 追班：百官按位次排列拜见皇帝。宋代王得臣《麈史》卷上“朝制”条：“凡朝会必集于此，以待追班，然后入。”

[9] 断送：宋元时的戏曲名词，犹饶头，是多增加的、赠送的。宋代周密《武林旧事·皇后归谒家庙》：“勾杂剧色吴国宝等做《年年好》，断送《四时欢》。”

[10] 大肷：一种踢毬的方式。

[11] 杖子头：头领。元代无名氏《云窗梦》第一折：“两京诗酒客，烟花杖子头。”

[12] 屈卮：一种弯柄的酒器。唐代于武陵《劝酒》：“劝君金屈卮，满酌不须辞。”

[13] 破官钱：破费了公家的钱。《旧唐书》卷八十九《狄仁杰传》：“违额加给军士，破官钱数十万。”

译文

十月十二日，宰相、亲王、宗室、百官进入皇宫为圣上祝寿，举行盛大的朝拜典礼（需要手拿笏板并舞蹈）。乐曲尚未演奏之时，教坊的乐人在集英殿的山楼上仿效百鸟的鸣叫声，皇宫内外一片肃静，只听到半空中百鸟的和鸣声，就好像鸾鸟凤凰在此翱翔聚集。百官以下告谢皇帝的赐座之后，宰相、禁从、亲王、宗室、观察使以上的官员，连及辽国、高丽国、夏国的使节和副使，坐在大殿上；众多卿少百官，各国的使节随从，坐在两边的走廊；军校以下的官兵，排列在山楼的后面。宴会使用的都是红色面布、青色脚墩、漆有黑漆、旁边钉有斜钉的矮脚桌子。每一份宴席上都排列有环饼、油饼、枣塔作为看盘，其次摆列着果子。只有辽国使者的宴席上增加了猪、羊、鸡 、鹅、兔的连骨熟肉作为看盘，都用小绳子扎束起来。还有生葱、韭、蒜、醋各一碟，每三五个人配列一桶浆水，在桶中排立着几枚木勺。两位教坊色长站在大殿的栏杆上面（都穿裹着宽大的紫色衣袍，腰上系着金带、义襴）观察着为皇上斟酒。负责斟酒的人高举起其衣袖，拖着长音唱到“绥御酒”，声音停止的时候，将双袖拂过栏杆而止。为宰相看酒，则曰“绥酒”，其他礼仪和前文一样。教坊乐部设置在山楼下的彩棚中，乐人的头上都裹着长脚幞头，随着各自部曲，身穿紫、绯、绿三种颜色的宽大衣衫，腰上系着黄义襕、镀金的凹面腰带。前面排列着拍板，每十串一行。其次是清一色的绘有图案的琵琶，共五十面。其次排列着两座箜篌，箜篌大约三尺高，形状就像半边的梳子，漆有黑漆、雕镂着花纹、装饰有金色的画案，下面有台座，共安装了二十五根弦，一人跪着用双手交叉着擘画。其次是两面高架着的大鼓，上面画着彩色的花地、金龙，击鼓的人背后结束着宽大的衣袖，另外再套上一件黄色窄袖，将带子垂下来，鼓棒用金色的彩帛包裹起来，高举双手互相击打，速度之快就好像流星一样。后面还有两座羯鼓，就像平常的番鼓子一样，放置在小桌子上，两手都拿着鼓杖敲击，杖鼓之声与此相应和。其次排列着铁石制作的方响，涂饰着明亮如金的色彩，悬架上也有绘画，另有一对流苏。其次排列着箫、笙、埙、篪、觱篥、龙笛之类的，两旁相对陈列着两百面杖鼓，鼓手都戴着长脚幞头，穿着紫绣抹额，后背系着紫色的宽大衣衫，穿着黄色的狭窄衣袖，束着黄色的义襕。众多演出杂剧的演员都将头巾裹成各种滑稽的样子，各自穿着符合自己角色的紫、红、绿等颜色的宽大衣衫，腰系义襕、镀金的衣带。自大殿的台阶下相对而立，一直排到乐棚。每当遇到舞者入场时，在两排站立的演员就双手交叉，晃动着左右的肩膀，脚步也活动起来应着节拍，和众人一齐舞动，称为“挼曲子”。(“挼”字，仍回反。)

进第一盏御酒时，一名歌板色，歌唱一遍中腔，结束后，先各自用一管笙和箫、笛子和着，再和一遍时，众多乐曲一齐演奏，此时众人听到的只有歌者的声音。到宰相饮酒的时候，乐部奏起《倾杯》曲。百官饮酒时，乐曲《三台》响起。跳回旋舞的，大多是雷中庆。其他跳舞的乐人，都裹着头巾，穿着宽大的衣衫，只有雷中庆有官爵，所以穿着展裹官服。在舞曲“破”“撷”的前一遍，舞者开始入场，一直舞到节拍停止，接着有一人入场，相对而舞，持续数拍。然后，之前舞蹈的人退场，只有后来的舞者跳到乐曲终结，称为“舞末”。

进第二盏御酒的时候，歌板色的歌唱与之前的一样。宰相饮酒时，唱和舒缓的曲子。百官饮酒时，所跳的《三台》舞，一如之前。

进第三盏御酒时，左右军营的百戏开始入场，一时都呈现出来。所谓的左、右军，是指京城中两厢的坊市，并非是部队的军营。百戏指的是上竿、跳索、倒立、折腰、弄碗注、踢瓶、筋斗、擎戴之类的，也就是说，不动用舞狮、舞豹、大旗、表演鬼神之类。艺人有的是男性，有的是女性，都是头戴红巾，身穿彩服。殿前本来就有用石头凿成的坑臼，百戏入场时，很快就可以将戏竿立起来。但凡是御宴，都是在饮过第三盏后，才端上酒肉等下酒菜，有咸豉、爆肉、双下驼峰角子等。

进第四盏御酒时，礼仪和之前的一样。舞蹈结束后，开始表演一些滑稽诙谐的节目。参军色手里拿着竹竿、拂尘，口中念着颂辞、口号。其他杂剧的角色在一旁附和，然后再念一段颂辞，串联起大曲舞。下酒的盒子中装着炙子骨头、索粉、白肉、胡饼。

进第五盏御酒时，乐器中只弹奏琵琶。为宰相斟酒时，只击打方响。但凡是单独演奏乐器的，都要等到艺人谢恩之后，才上殿演奏。为百官斟酒时，乐部奏起《三台》舞，和之前的仪式一样。结束后，参军色手里拿着竹竿子，口中念着颂辞，串联起小儿队的舞蹈。小儿各自选取二百多个十二三岁的年纪的人，列成四行，每一行有一名队头，四人拥簇在其周围，全都戴着小隐士帽，穿着红、绿、紫、青等鲜艳的花布衣衫，上面的衣领向四面叉开，腰中束着义襕、束带，手中各自拿着花枝，在固定的位置排列好。先有四个人头上裹着卷脚幞头，身上穿着紫色衣衫的人，手中举着一个彩殿子，内里贴金的字牌，在擂鼓之声中向前进，称为“队名”，牌上面有一副对联，比如“九韶翔彩凤，八佾舞青鸾”这样的句子。乐部奏乐，小儿舞移动其脚步向前，直到大殿的台阶下。参军色向小儿队发问，小儿队的领队走向前致辞、口号。杂剧表演的人都在一旁附和，音乐此时响起，众人一起舞蹈、合唱，一边舞蹈一边唱歌，又唱《破子》曲，结束之后，小儿班的领队走到皇帝面前，进呈颂辞，引导杂剧表演入场，一场有两段。这个时候教坊中演杂剧角色的有：鳖膨、刘乔、侯伯朝、孟景初、王颜喜，在此之下的都是教坊使、教坊副使。内殿里的杂戏，因为有各国的使节参加宴会，所以不敢过于诙谐戏谑，只是用众人作一队，装扮出大致模样就行了，市井俗语称之为“拽串”。杂戏结束后，参军色致辞，放走小儿队。然后又是众人齐舞《应天长》的曲子出场。下酒菜有：群仙炙、天花饼、太平毕罗、干饭、缕肉羹、莲花肉饼。圣驾起座，稍作歇息，百官退出殿门，在幕次边等候。过一会儿之后，百官按照各自的位次排列拜见皇帝，重新坐下。

进第六盏御酒的时候，用笙先起一个缓慢的曲子。为宰相斟酒的时候，演奏的也是缓慢的曲子。为百官斟酒的时候，表演《三台》舞。左右军开始表演踢毬。殿前随即竖立起毬门，高度大约有三丈左右，用各种各样的色彩装饰，留出一尺宽左右的毬门。左军毬队的队长叫苏述，头戴长脚幞头，身穿红色的锦袄，其余的都是头戴卷脚幞头，也穿着红色的锦袄，共有十几人。右军毬队的队长叫孟宣，也是十几人，都穿着青色的锦衣。乐部吹响哨笛，擂起杖鼓，比赛就开始了。左军毬队先让毬在众人中来回旋转起来，众人小范围传过几次毬后，有两个副队长小踢几次后，等到毬的位置端正时，将其传给队长，队长通过"打大肷"的方式将毬踢过毬门。右军的毬队在得到毬之后，也让其在队员中来回旋转，众人在小范围内传过几次毬后，副队长也依照前例将毬传给队长，用"打大肷"的方式将毬踢过毬门。有时会用踢毬之时再多过一次对方毬门的方法分个胜负。胜利的一方被赏赐银碗、锦彩，领赏时要拜舞谢恩，众人把赏赐的锦彩共同披在身上来拜谢。没有取得胜利的一方，毬队的队长要挨鞭子，还要在身上涂抹作标记。下酒菜是：假鼋鱼、蜜浮酥捺花。

进第七盏御酒的时候，演奏缓慢的曲子。为宰相斟酒的时候，用的也都是缓慢的曲子。为百官斟酒的时候，表演《三台》舞，结束之后，参军色呈辞，引出女童队入场。女童全都是在左右两军中选择年轻貌美过人的，有四百多人。有的人头上戴着花冠，有的人梳着仙人髻，穿鸦霞色的服装，或是戴着卷曲花脚幞头，上领向四周散开，身穿红、黄色鲜艳的销金锦绣的衣裳。装扮不主故常，莫不是一时的时尚新妆，曲尽其妙。杖子头共有四人，头上都裹着曲脚向后指天幞头，簪着花，身穿红、黄色的宽大衫袖，腰系义襕，手里拿着顶端用银裹着的杖子，担任杖子头的，都可以称得上是京城里的名角，在当时有：陈奴哥、俎姐哥、李伴奴、双奴，其余的就不足道了。每位杖子头也是有四人拥簇，大多打扮成仙人童子、仙人丫鬟的样子，穿着仙人的衣裳，手中拿着花朵，移动舞步向前靠近排成队列（或者跳《采莲》舞，殿前就都要排列好莲花和围栏）。也要进呈舞队的名称。参军色向舞队发问，杖子头进呈口号，一边跳舞一边唱。乐队结束《采莲》舞的伴乐后，在曲终之时，也要来一个众人舞蹈，唱过中腔之后，女童进呈颂辞，引导杂戏入场，也是一场作两段演，结束之后，参军色进颂辞，放女童队下场。众人又在一起唱曲子，用舞步走出场地。和小儿队相比，节目次序都增多了。下酒菜有：排炊羊、胡饼、炙金肠。

进第八盏御酒的时候，有一名歌板色唱《踏歌》。给宰相斟酒的时候，演奏缓慢的曲子。给百官斟酒的时候，表演《三台》舞，和着曲破的节奏跳起回旋舞。下酒菜有：假沙鱼、独下馒头、肚羹。

进第九盏御酒的时候，乐队演奏缓慢的曲子。给宰相斟酒的时候，也是演奏缓慢的曲子。给百官斟酒的时候，表演《三台》舞，曲子和前面的一样。左、右两军表演相扑。下酒菜有：水饭、簇饤下饭。皇驾起程回宫。

御宴上用的酒盏，都是屈卮，就像菜碗的形状一样，但是有手柄。殿上用的屈卮是纯金的，殿下用的是纯银的。所用的食器，都是金银铵漆的碗碟。御宴退去后，群臣僚属都簪着花回到各自的府第，在前面呵斥开道的随从也都簪着花，其花费也是由官府承担。参加演出的各个女队从右掖门退出，少年豪俊争相用宝贵的器具赠送，用饮食、酒果来迎接她们。各自乘坐着骏马回去，有的戴着花冠，有的打扮成男子的装束，从御街上飞驶而过，竟相展示着华丽，观看的人形成了一堵人墙。省宴的场面也像这般热闹。

· 五代　南唐　顾闳中《韩熙载夜宴图》

立　冬

是月立冬。前五日，西御园进冬菜。京师地寒，冬月无蔬菜，上至宫禁，下及民间，一时[1]收藏，以充一冬食用。于是车载马驼，充塞道路。时物：姜豉、㓨子、红丝、末脏、鹅梨、榅桲、蛤蜊、螃蟹。

注　释

[1] 一时：同时、一齐。刘义庆《世说新语·容止》："始入门，诸客望其神姿，一时退匿。"

译　文

这个月进入立冬。在立冬前五天，西御园进贡冬天的菜蔬。京师所处之地较为寒冷，冬天的月份不生产蔬菜，上到皇宫，下到民间，一齐收集贮藏蔬菜，来供应一整个冬天的食用。于是就用车子载，就用马来驮，车马充塞于道路之中。时令的物品有：姜豉、㓨子、红丝、末脏、鹅梨、榅桲、蛤蜊、螃蟹。

·北宋　佚名《雪山行旅图》

卷之十

至除日，禁中呈大傩仪。
并用皇城亲事官、
诸班直，戴假面，
绣画色衣，执金枪龙旗。
……是夜，
禁中爆竹山呼，声闻于外。
士庶之家，围炉团坐，
达旦不寐，谓之『守岁』。

冬　至

十一月，冬至。京师最重此节，虽至贫者，一年之间，积累假借，至此日，更易[1]新衣，备办饮食，享祀先祖。官放关扑，庆贺往来，一如年节。

注　释

[1] 更易：改变、改换。这里指更换。《吕氏春秋·召类》："舜却苗民，更易其俗。"高诱注："更，改。"

译　文

十一月，就进入冬至了。京城里的人最看重这个时节，即使最贫穷的人，在一年之间，通过积蓄、借贷，到这一天的时候也要换上新衣服，准备好饮食，祭祀先祖。官府允许人们用赌博的方式进行交易，人们来往之间相互庆贺，和年节的时候一个样。

· 宋　佚名《冬日戏婴图》

大礼预教车象

遇大礼[1]年，预于两月前教车象。自宣德门至南薰门外，往来一遭[2]。车五乘，以代五辂[3]轻重。每车上置旗二口，鼓一面，驾以四马。挟车卫士，皆紫衫、帽子。车前数人击鞭。象七头。前列朱旗数十面，铜锣、鼙鼓十数面。先击锣二下，鼓急应三下。执旗人紫衫、帽子。每一象则一人（裹交脚幞头、紫衫），人跨其颈，手执短柄铜镢[4]，尖其刃，象有不驯，击之。象至宣德楼前，团转行步数遭，成列，使之面北而拜，亦能唱喏。诸戚里、宗室、贵族之家，勾呼[5]就私第观看，赠之银彩无虚日。御街游人嬉集，观者如织。卖扑[6]土、木、粉捏小象儿，并纸画，看人携归，以为献遗。

注释

[1] 大礼：指郊祀。《左传·成公十三年》："国之大事，在祀与戎。"

[2] 一遭：一个完整的来回。

[3] 五辂（lù）：亦称"五路"，指古代帝王所乘坐的五种车子，即玉辂、金辂、象辂、革辂、木辂。

[4] 镢（jué）：亦称为"锴"，一种起土的农具，有单刃、双刃之分。《尔雅·释器》："斫谓之锴"。

[5] 勾呼：传唤，使聚集。

[6] 卖扑：售卖，扑卖。

译　文

在遇到大的礼仪的年份，预先两个月演练车驾和大象。从宣德门一直到南薰门外面，往返走上一遍。车驾有五乘，用来替代表明身份高低的五辂。每辆车子上放置两面旗帜，一面鼓，用四匹马拉着。跟随车辆的卫兵，都穿着紫色的衣衫，戴着帽子。车驾的前面有几个人击鞭。大象有七头，前面排列着几十面红色的旗帜，以及几十面铜锣、鼙鼓。先击打锣鼓两下，紧接着击鼓三下作为回应。拿旗帜的人穿着紫色的衣衫，戴着帽子。每一头大象的上面都有一个穿着紫色衣衫、头上裹着交脚幞头的人跨在其脖颈上，手里拿着短柄的铜镬，将其刀刃磨得尖锐锋利，大象如果有不驯服的表现，就用铜镬击打它。大象走到宣德楼的前面，转着圈儿走上几遍，然后排成行列，驯象人使其面朝北而朝拜，大象也能唱喏。众多的皇亲国戚、宗室、贵族的家庭，传唤驯象人，让象群靠近自己的私人宅第以便观看，连接着赠送金银彩帛，没有一天不是这样。御街上游人嬉戏不断，观看的人密密麻麻。做买卖的、从事关扑的人，售卖一些用泥塑的、用木雕的、用粉捏的小象，和一些纸画，观看的人将其带回家，用来作为献礼或赠品。

车驾宿大庆殿

冬至前三日，驾宿大庆殿。殿庭广阔，可容数万人。尽列法驾仪仗于庭，不能周遍[1]。有两楼对峙，谓之“钟鼓楼”。上有太史局生，测验刻漏。每时、刻作鸡唱[2]，鸣鼓一下，则一服绿者执牙牌而奏之，每刻曰“某时几棒鼓”，一时则曰“某时正”。宰执、百官，皆服法服，其头冠各有品从[3]。宰执、亲王加貂蝉笼巾，九梁，从官七梁，余六梁至二梁有差。台谏增廌角[4]也。所谓“梁”者，谓冠前额梁上排金铜叶也。皆绛袍皂缘，方心曲领，中单，环佩，云头履鞋，随官品执笏。余执事人，皆介帻[5]、绯袍，亦有等差。惟阁门、御史台，加方心曲领尔。入殿祗应人给黄方号，余黄长号、绯方长号，各有所至去处。仪仗车辂，谓信幡[6]、龙旗、相风乌、指南车、木辂、象辂、革辂、金辂、玉辂之类（自有《三礼图》可见，更不缕缕），排列殿门内外及御街远近。禁卫全装，铁骑数万，围绕大内。是夜，内殿仪卫之外，又有裹锦缘小帽、锦络缝宽衫兵士，各执银裹头黑漆杖子，谓之“喝探兵士”，十余人作一队，聚首而立，凡数十队。各一名喝曰：“是与不是？”众曰：“是。”又曰：“是甚人？”众曰：“殿前都指挥使高俅。”更互喝叫不停，或如鸡叫。又置警场于宣德门外，谓之“武严兵士”。画鼓二百面，角称之[7]。其角皆以彩帛如小旗脚装结其上。兵士皆小帽、黄绣抹额、黄绣宽衫、青窄衬衫。日晡时、三更时，各奏严也。每奏，先鸣角。角罢，一军校执一长软藤条，上系朱拂子，擂鼓者观拂子[8]，随其高低，以鼓声应其高下也。

注释

[1] 周遍：遍及、全面。《朱子语类》卷十九："圣人之言虽是平说，自然周遍，亭亭当当，都有许多四方八面不少了些子意思。"

[2] 鸡唱：鸡鸣，这里指鸡人唱筹。鸡人，见《周礼·春官》，后来专指报晓之人。（南朝梁）陆倕《新刻漏铭》："坐朝晏罢，每旦晨兴，属传漏之音，听鸡人之响。"又，李商隐《马嵬》（其一）："无复鸡人报晓筹。"

[3] 品从：正品和从品，后泛指官员的品级。《元典章·兵部三·给驿》："在先薛禅皇帝时，分台里、行台里、廉访司里之任去的官人，每二千里之外，验看他的品从与铺马来。"

[4] 廌（zhì）角：廌的角。廌，一种类似于山牛的独角异兽，相传能辨别曲直，法庭用其判别是非。《说文解字》："廌，解廌，兽也。似山牛，一角。古者决讼，令触不直。象形，从豸省。"

[5] 介帻（zé）：古代贵贱通用的一种长耳的裹发巾，演变为后来的进贤冠，用来朝见皇帝的礼帽。《隋书》卷一一《礼仪志六》："帻，尊卑贵贱皆服之。文者长耳，谓之介帻。"

[6] 信幡：也称"信旛"，是古代一种用不同图案和颜色制成的表示官号、用作符信的旗帜。《东观汉记·梁讽传》："匈奴畏感，奔驰来降，讽辄为信旛遣还营，前后万余人，相属于道。"

[7] 角称之：号角的数量与之相称。

[8] 拂子：拂尘，柄上扎束着兽毛、棉、麻等。

译文

冬至的前三天，皇驾住宿在大庆殿。大殿的庭院非常广阔，可以容纳数万人。庭院中全都排列着法驾、仪仗等，不能一一地全面记述。有两座楼相对而立，称为"钟鼓楼"。上面有太史局的诸生测量和验证漏刻，每到某一时的某一刻，鸡人就会报筹，鸣鼓一次，同时一位身穿绿衣、手拿牙牌的人要奏时，每过一刻钟，就说“某时几鼓棒”，正好到整点的某一时，就会说“某时正”。宰相百官都穿着规定的服饰，头上戴的帽子根据各自的官阶品级都有等差。宰相、亲王的冠饰会添加貂蝉、笼巾，有九梁，从官是七梁，其余的从六梁到二梁，各有差别。御史和谏官的头上增加有廌的角。所谓的“梁”，指的是帽子的前额梁上所排定的金铜叶。百官都穿着红色的衣袍，搭配黑色的边缘，胸前有方形的图案，领口是圆形的，腰中间挂着单个的环佩，脚上穿着云头履鞋，根据各自的官品，拿着相应的笏板。其余的侍从，头上都裹着红色的头巾，穿着红色的衣袍，也是各自等级差别的。只有閤门、御史台的官员增加了胸口前的方形图案以及圆形的领口。进入大庆殿之后，听从差遣的值班人员，发给黄色的正方形的号牌，其余的是黄色长方形的号牌、红色长方形的号牌，各自代表他们所到达的地方。仪仗、车辂，指的是信幡、龙旗、相风乌、指南车、木辂、象辂、革辂、金辂、玉辂之类的（这些在《三礼图》中自然可以看得到，就不再一一赘述了），排列在殿门的内外，御街的远近侍卫、禁军等，都是全副铁骑，有数万人围绕着皇宫。这天晚上，在内殿的仪仗、卫兵之外，还有一些头戴锦缘小帽、身穿锦络宽缝衣衫的士兵，手中各自拿着顶端裹着银的、漆有黑漆的手杖，称为“喝探兵士”。十几个人列作一队，聚集起来站在那里，一共有几十队。每队中各有一人喝道：“是与不是？”众人回答道：“是。”又喝道：“是什么人？”众人回答道：“殿前都指挥使高俅。”各队之间相互呼喝叫喊不停，或者发出鸡鸣一样的声音。又在宣德门外设置警戒场所，称为“武严兵士”。有两百面画鼓，号角也和这大致相当，号角上面全都用像小旗脚一样的彩帛装饰。士兵都戴着小帽，抹额是用黄色锦绣做成的，身穿黄色锦绣的宽大衣衫，配着青色的窄衬衫。在下午三五点和半夜时，都要用鼓角奏严。每次吹奏的时候，先吹响号角，号角吹过后，一个军校拿着一个又长又软的藤条，上面系着红色的拂子，擂鼓的人观察着红拂子，随着拂子的高低，相应地用鼓声的高低配合着。

驾行仪卫

次日五更，摄大宗伯执牌，奏中严外办[1]，铁骑前导番衮[2]。自三更时相续而行，象七头，各以文锦被其身，金莲花座安其背，金辔笼络其脑，锦衣人跨其颈，次第高旗大扇，画戟长矛，五色介胄。跨马之士，或小帽锦绣抹额者，或黑漆圆顶幞头者，或以皮如兜鍪[3]者，或漆皮如戽斗[4]而笼巾者，或衣红、黄罨画锦绣之服者，或衣纯青、纯皂以至鞋袴皆青、黑者，或裹交脚幞头者，或以锦为绳如蛇而绕系其身者，或数十人唱引持大旗而过者，或执大斧者、胯剑者、执锐牌者、持镫棒者，或持竿上悬豹尾者，或持短杵者。其矛、戟皆缀五色结带铜铎，其旗扇皆画以龙，或虎，或云彩，或山河。又有旗高五丈，谓之“次黄龙”。驾诣太庙、青城，并先到立斋宫前，叉竿舍索旗坐[5]约百余人。或有交脚幞头、胯剑、足靴如四直使者千百数，不可名状。余诸司祗应人，皆锦袄。诸班直、亲从、亲事官，皆帽子、结带、红锦，或红罗上紫团答[6]戏狮子、短后打甲[7]背子，执御从物。御龙直皆真珠结络、短顶头巾、紫上杂色小花绣衫、金束带、看带、丝鞋。天武官皆顶朱漆金装笠子、红上团花背子，三衙并带御器械官，皆小帽、背子或紫绣战袍，跨马前导。千乘万骑，出宣德门，由景灵宫、太庙。

注 释

[1] 中严外办：警卫宫禁，也指负责警卫宫禁的官员。《晋书》卷二十一

《礼志下》:“漏未尽五刻，谒者、仆射、大鸿胪各各奏群臣就位定。漏尽，侍中奏外办。皇帝出，钟鼓作，百官皆拜伏。”又，《新唐书》卷六《肃宗纪》:“有司行册礼，其仪有中严、外办，其服绛纱。太子曰:‘此天子礼也。’乃下公卿议。太师萧嵩 、左丞相裴耀卿请改‘外办’为‘外备’。”

[2] 番衮：即“番滚”。番，番乐。衮，形容番乐的风格粗犷，滚滚而来。

[3] 兜鍪（dōu móu）：古代作战时所戴的头盔。《东观汉记·马武传》:“（武）身被兜鍪铠甲，持戟奔击。”

[4] 戽（hù）斗：取水灌田的旧式农具，和斗相似，两端有绳，使用时两人对立，拉绳取水。陆游《喜雨》:“水车罢踏戽斗藏，家家买酒歌时康。”

[5] 叉竿舍索旗坐：句未详。叉竿，或指可以原地插立的旗杆。舍索旗坐，或指自带的便于固定的绳索和有底座的旗帜，类似于今天野外搭帐篷的工具。舍，或是“含”之误。吴自牧《梦粱录》:“更有含索旗座，约百余人立之。”

[6] 团答：即“团搭”。《梦粱录》卷五“驾诣景灵宫仪仗”所记此事为：“红罗上紫团搭系狮子。”

[7] 打甲：缀有铁甲的。

译 文

第二天的五更时分，供职大宗伯的官员手里拿着牙牌，禀奏道：中庭已戒严，外面已备办好。铁骑在前面引导，从三更时分，接连着向前行走。七头大象，各自用锦绣披在其身上，在象背上安放着金色的莲花底座，用黄金辔头笼络着其脑袋，身穿锦衣的驯象人跨在其脖颈上。接着是高高旗帜、大大的宫扇、画戟和长矛，以及身穿五颜六色的介胄之士。跨在马上的军士，或是头戴锦绣抹额的小帽子，或是头戴黑漆圆顶的幞头，或是戴着形如兜鍪的皮冠，或是戴着形如戽斗、漆有黑漆而加有笼巾的帽子，或是身穿红、黄杂色的锦绣服装，或是穿着纯青、纯黑甚至鞋和裤子都是青色、黑色的，或是头上裹着交脚幞头，或者用像蛇一样的用锦帛制成的长绳缠绕在其身上，或者是几十个人一边唱着曲子一边手拿大旗而经过，或者是手中拿着大斧，或是腰上挎着剑，或是手举尖尖的牙牌，或是手中拿着镫、棒，或是手中拿着上端悬有豹尾的竹竿，或是手中拿着短小的木棒。矛和戟上面都缀有五色的带子，绑着用铜做的铎，旗帜和宫扇上面都画着龙，或是虎，或是云彩，或是山河。又有高达五丈的旗帜，称为“次黄龙”。皇驾临幸太庙、青城，一并先到立斋宫前面，将竹竿插在地上，用自带的绳索和底座将“次黄龙”的旗帜固定好。还有千百个头戴交脚幞头，腰间挎着剑，脚上穿着靴子，装扮如同四直使的人，用言辞不足以记录其形状。其余的各个部司的侍从官，都穿着锦绣的衣袄。各个班直、亲从、亲事官，全都戴着帽子，系着腰带，披着红锦，或是红色罗裳上绣着紫团答戏狮子，后衣略短的打甲背子，拿着御用的物品。御龙直全都戴着真珠结络的短顶头巾，上衣穿着紫色的绣有杂色小花的衬衫，腰上系着金束带、看带，穿着丝鞋。天武官头上都戴着一顶漆有红漆、用金色装饰的笠子，上衣穿着红色的团花背子。三衙的官员，以及带有御用器械的官员，都戴着小帽子，穿着打甲背子，或是身披紫绣战袍，跨在马上作为前导。一路千骑万乘，走出宣德门，由景灵宫到达太庙。

驾宿太庙奉神主出室

驾乘玉辂，冠服如图画间星官之服，头冠皆北珠[1]装结，顶通天冠[2]（又谓之“卷云冠”），服绛袍，执元圭[3]。其玉辂顶，皆镂金大莲叶攒簇[4]，四柱、栏槛，镂玉盘花龙凤，驾以四马，后出旗、常[5]，辂上御座，惟近侍二人，一从官傍立，谓之“执绥”，以备顾问。挟辂卫士，皆裹黑漆团顶无脚幞头，着黄生色宽衫、青窄衬衫、青裤，系以锦绳。辂后四人，擎行马[6]。前有朝服二人，执笏面辂倒行。是夜，宿太庙。喝探、警严，如宿殿仪。至三更，车驾行事[7]。执事皆宗室。宫架[8]乐作，主上在殿上东南隅西面立，有一朱漆金字牌曰“皇帝位”。然后奉神主出室，亦奏中严外办，逐室行礼毕，甲马、仪仗、车辂，番衮出南薰门。

·北宋　范宽　《烟岚秋晓图卷》局部

注 释

[1] 北珠：北方松花江流域所产珍珠，极为名贵。《宋九朝编年备要》卷二十七："（梁）子美将漕河北，倾漕计以市宠，至用三百万缗市北珠以进。北珠者，皆自虏中来。"

[2] 通天冠：形如高耸之山，冠梁用铁制成，为皇帝所戴。《后汉书》卷一百二十《舆服志第三十》："通天冠，高九寸，正竖，顶少邪却，乃直下为铁卷梁，前有山、展筒、为述，乘舆所常服。"

[3] 元圭：玄圭。黑色的玉器，上尖下方。

[4] 攒簇：簇集在一起。元代徐再思《小桃红·花篮髻髻》："东风攒簇一筐春，吹在秋蝉鬓。"

[5] 常：帝王出行时所用的旗帜。《周礼·春官》："司常，中士二人，下士四人，府二人，史二人，胥四人，徒四十人。"郑玄注："司常，主王旌旗。"

[6] 行马：古代用木头制成的路障，即本书前文所言之"杈子"。

[7] 行事：办事、从事。《韩非子·外储说左上》："故人行事施予，以利之为心，则越人易和；以害之为心，则父子离且怨。"

[8] 宫架：宫廷中悬挂乐器的支架，也指宫廷音乐。《宋史》卷三百五十六《刘昺传》："（徽宗）令太学诸生习肄雅乐。阅试日，昺与大司

成刘嗣明奏，有鹤翔宫架之上。”

译文

皇驾乘坐的是玉辂，其衣冠服饰和图画上星官的服饰差不多，头上的皇冠都是用北方的珍珠装饰穿结的，头上戴着通天冠（又称为“卷云冠”），身上穿着红色的衣袍，手中拿着玄圭。玉辂的顶上都用镂金的大莲叶簇拥在一起，四面的柱子栏杆都雕镂着玉盘花、龙凤。用四匹马驾车，后面竖立旗帜，在玉辂上面的御座旁边，通常只有两个靠近的侍从，一个从官在旁边站立着，称为“执绥”，用以准备顾问的。在玉辂两旁的卫士，头上都裹着一顶圆形的漆有黑漆的无脚幞头，穿着黄色的鲜艳宽大的衣衫，配着青色窄衬衫，下身穿着青色的裤子，用锦绳系着。玉辂后面有四个人，手中举着行马。前面有两个穿着朝服的人，手中拿着笏板，面对着玉辂，倒着行走。这天晚上住宿在太庙，喝探、警戒的仪式，和住宿在皇宫时是一样的。到三更天的时候，皇上开始祭祀，在旁边侍奉的都是皇亲宗室。宫廷中的音乐响起，皇上在大殿上面东南角，面向西边而立，有一个漆有红漆用金字书写的牌子，写着“皇帝位”。然后奉拜先祖神灵，走出宫室，也要禀奏道“中严外办”，挨个到供奉着牌位的每位先祖的房间去行礼，结束之后，一路甲胄、马匹、仪仗、车辂、番衮，走出南薰门。

驾诣青城斋宫

驾御玉辂，诣青城斋宫。所谓“青城”，旧来止以青布幕为之，画砌甃之文，旋结城阙殿宇。宣、政间，悉用土木盖造矣。铁骑围斋宫外，诸军有紫巾绯衣素队约千余，罗布郊野。每队军乐一火[1]。行宫巡检部领[2]甲马，来往巡逻。至夜，严警、喝探如前。

注 释

[1] 一火：唐代兵制，十人为一火，后泛指一群人，即“一伙”。《新唐书》卷五十《兵志第四十》：“五十人为队，队有正。十人为火，火有长。”

[2] 部领：统辖率领。《后汉书》卷八十九《南匈奴传》：“自呼韩邪后，诸子以次立，至比季父孝单于舆时，以比为右薁鞬日逐王，部领南边及乌桓。”

译 文

皇上乘坐着玉辂，来到青城斋宫。所谓的“青城”，以前本来只是用青色的幕布搭起来的帐篷，上面画着类似于砖砌的条纹，之后就建成了城阙、殿宇。到宣和、政和年间，全都用土木建造了。禁军的铁骑围在青城斋宫的外面，各个军部共有一千多个戴着紫色头巾、穿着红色衣衫、不穿军装的士兵，分散布局在郊野之外，每队都有十人组成的军乐。行宫的巡检部率领着身披甲胄的骑兵来回巡逻，到了夜晚时，警戒、喝探一如之前。

驾诣郊坛行礼

三更，驾诣郊坛行礼。有三重壝墙[1]。驾出青城，南行，曲尺西去，约一里许，乃坛也。入外壝东门，至第二壝里，面南设一大幕次，谓之“大次”，更换祭服，平天冠（二十四旒），青衮龙服，中单，朱舄，纯玉佩。二中贵扶侍，行至坛前，坛下又有一小幕殿，谓之“小次”，内有御座。坛高三层，七十二级。坛面方圆三丈许，有四踏道。正南曰午阶，东曰卯阶，西曰酉阶，北曰子阶。坛上设二黄褥，位北面南，曰“昊天上帝”；东南面曰“太祖皇帝”。惟两矮案，上设礼料[2]。有登歌[3]道士十余人，列钟磬二架，余歌色[4]及琴瑟之类，三五执事人而已。坛前设宫架乐，前列编钟、玉磬。其架有如常乐方响，增其高大。编钟形稍褊，上下两层挂之，架两角缀以流苏。玉磬状如曲尺，系其曲尖处，亦架之，上下两层挂之。次列数架大鼓，或三或五，用木穿贯，立于架座上。又有大钟，曰景钟[5]，曰节鼓[6]。有琴而长者，如筝而大者，截竹如箫管，两头存节而横吹者，有土烧成如圆弹而开窍者，如笙而大者，如箫而增其管者。有歌者，其声清亮，非郑、卫之比。宫架前立两竽，乐工皆裹介帻（如笼巾），绯宽衫，勒帛。二舞者，顶紫色冠，上有一横板，皂服，朱裙，履。乐作，初则文舞，皆手执一紫囊，盛一笛管，结带。武舞，一手执短矟[7]，一手执小牌。比文舞加数人，击铜铙、响环，又击如铜灶突[8]者。又两人共携一铜瓮，就地击者。舞者如击刺，如乘云，如分手，皆舞容矣。乐作，先击柷[9]（以木为之，如方壶，画山水之状），每奏乐，击之内外，共九下，乐止则击敔[10]（如伏虎，脊上如锯齿），一曲终，以破竹刮之。礼直官奏请驾登坛。前导官皆躬身侧引，至坛止，惟大礼使[11]登之，先正北一位拜，跪酒，殿中监东向一拜，进爵盏；再拜，兴；复诣正东一位，才登坛而宫架声止，则坛上乐作。降坛，则宫架乐复作。武舞上，复归小次。亚献[12]、终献，上亦如前仪。当时燕、越王为亚、终献也。第二次登坛，乐作如初，跪酒毕，中书舍人读册，左右两人举册而跪读。降坛，复归小次，亚、终献如前。再登坛，进玉爵盏，皇帝饮福[13]矣。亚、终献毕，降坛，驾小次前立，则坛上礼料、币帛、玉册，由西阶而下。南壝门外，去坛百余步，有燎炉，高丈许，诸物上台，一人点唱[14]，入炉焚之。坛三层回，踏道之间，有十二龛，祭十二宫神。内外祭百星。执事与陪祠官皆面北立班。宫架乐罢，鼓吹未作，外内数十万众肃然，惟闻轻风环佩之声。一赞者喝曰："赞一拜"皆拜，礼毕。

注释

[1] 壝（wéi）墙：祭坛周围矮小的土墙。

[2] 礼料：举行祭礼所用的物料。

[3] 登歌：又称"升歌"，古代举行祭典或大朝会时，乐师登堂而歌。《乐府诗集》卷三："登歌者，祭祀燕飨，堂上所奏之歌也。"

[4] 歌色：大乐名件的一种。《建炎以来朝野杂记·乙集》卷四"大乐局乐色名件"："太常寺大乐局，祀天神，祭地祇，享宗庙应用。大乐名件凡三十四种，有歌色，歌色一也，笛色二也，埙色三也……"

[5] 景钟：春秋时晋景公所铸之钟，以铭其功勋，后来指用以铭功的大钟。汉代杨修《答临淄侯笺》："若乃不忘经国之大美，流千载之英声，铭功景钟，书名竹帛。斯自雅量，素所畜也。"

[6] 节鼓：形状有如博局，中间开有圆孔。郭茂倩《乐府诗集》卷二十一《横吹曲辞》题解："三曰大横吹部，其乐器有角、节鼓、笛、箫、筚

箓、笳、桃皮筚篥七种，凡二十九曲。”

[7] 稍（shuò）：长矛。

[8] 灶突：灶上的烟囱。成语有“曲突徙薪”。

[9] 柷（zhù）：古代木制乐器，形状类似于方形的斗。《说文解字》：“柷，乐木空也，所以止音为节”。

[10] 敔（yǔ）：形如木虎，宫廷雅乐结束时，以竹条刮奏，以示乐终。《说文解字》：“敔，禁也。一曰乐器，椌楬也，形如木虎。”《释名》：“敔，衙也。衙，止也。所以止乐也。”

[11] 大礼使：五代、宋时，皇帝祭祀时临时设置的官名。五代时，后梁以河南尹为大礼使，宋代以宰相为大礼使。

[12] 亚献：祭礼时第二次献酒，称为“亚献”。《后汉书》卷一百十四《百官志一》：“（太尉）凡郊祀之事，掌亚献。”

[13] 饮福：祭祀之后饮用供神的香酒。汉代焦赣《易林·萃之晋》：“安坐玉堂，听乐行觞，饮福万岁，日受无疆。”

[14] 点唱：清点、唱报。

译 文

到三更天的时候，皇驾来到郊坛行祭天之礼。祭坛周围有三重的壝墙。皇驾走出青城宫，向南前进，在转弯之后再向西而去，大约一里左右，就到了祭坛。从外面壝墙的东门而入，到了第二重壝墙里，面朝南设立一个大幕帐，称为“大次”。在这里更换上祭祀的服装：头上戴的平天冠（前后共有二十四串珠子组成），身穿青色的衮龙服，里面穿着中单，脚上穿着红色的鞋子，腰间戴着纯色的玉佩。由两名太监扶着，行走到祭坛的前面。祭坛的下面又有一个小的用帷幕围成的殿堂，称为“小次”，内面有皇帝的御座。祭坛有三层高，共有七十二级台阶。祭坛的表面有方圆三丈左右，有四个踏道：正南方的叫午阶，东边的叫卯阶，西边的叫酉阶，北边的叫子阶。祭坛的上面设有两条黄色的褥子，在北边的位置而面朝南的，称为“昊天上帝”，朝向东南边的，称为“太祖皇帝”。只有两个矮的桌子，上面陈设着祭礼所用的物料。坛上有十几个登歌道士，排列着两架钟磬，其余是唱歌的角色，以及琴、瑟之类的，还有三五个侍奉的人而已。祭坛前面陈设着宫架的乐器，前面排列着编钟、玉磬。宫架和普通的乐器架一样，只是方响更加高大。编钟的形状稍为扁一些，分上下两层挂着。其次排列着几架大鼓，或是三个，或是五个，用木头将其贯穿起来，将其竖立在架座的上面。又有大钟，叫作景钟，又有一种叫作节鼓的乐器，有的乐器像琴一样但要更长一些，有的乐器像筝一样但更大，还有的乐器是用截下来的竹管制成，两端存有骨节，是横着吹的，有的乐器是用土烧制的，形状有如圆形的弹丸并且开有小孔，有的乐器像笙但更大，有的乐器像箫但增加了管子。有唱歌的人，其声音既清且亮，不是郑卫之音所能比拟的。宫架的前面竖着两个竿子，乐工的头上都裹着介帻（像头巾一样），穿着红色的宽大衣衫，腰上束着勒帛。有两个跳舞的人，头戴一顶紫色的帽子，帽子上有一个横板，穿着黑色的服装，下身穿着红色的裙子和红色的鞋子。音乐响起时，起初是文舞，舞者的手中都拿着一个紫囊，里面装着一个笛子，笛子上面束着带子。接着是武舞，每一位舞者手中拿着短矟，另一只手中拿着小盾牌，和文武相比增加了几个人，跳舞时击打着铜铙和响环，又击打着像铜灶突的乐器，又有两个人共同拿着一个铜瓮就地击打。跳舞的人就像在击刺敌人，就像在乘云驾雾，就像在分手相别，这些都是跳舞时的形状。音乐响起时，先击打柷（它是用木头做成的，像方壶一样，上面画着山水的形状），每当奏乐的时候，就击打它，内外总共击打九次。音乐停止时就击打敔（敔的形状就像是趴着的老虎，脊背上有着像锯齿一样的装饰），一曲结束之后，用破竹刮一下这个锯齿的装饰。礼直官禀奏，请皇上登上祭坛，前导官全都弯着身子引导皇上走到祭坛而止，只有大礼使可以登上祭坛。先向正北的一位祭拜，跪下进酒，殿中监面向东方拜一次，进呈爵盏，拜了两次之后，起身站立。再到正东的一位祭拜。才登上祭坛时，宫架乐就停止了，这时祭坛上的音乐响起，从祭坛上下来时，宫架乐就再次响起。此时武舞登场，再一次回到“小次”。在亚献、终献的时候，皇上也要做到和之前的礼仪一样。当时燕越王主持亚献、终献之礼。第二次登上祭坛时，音乐像初时一样响起。跪酒之礼结束后，中书舍人宣读册子上的祭文，旁边的左右两人举着册子，要跪着宣读。从祭坛上下来，再次回到“小次”，亚献、终献和之前一样。再次登上祭坛，进呈玉爵盏，皇帝此时就要饮下福酒了。亚献、终献结束之后，从祭坛下来，皇驾在“小次”前面停下，则祭坛上的礼料、币、帛、玉器，从西阶降下。

在南壝门外，离祭坛一百多步的地方，有个燎炉，高有一丈左右。众多祭物抬到炉台上，有一个人一边清点一边唱报，扔到燎炉中焚烧。祭坛有三层，在萦回的踏道之间，有十二座神龛，是用来祭祀十二宫神的，在内壝墙的外面祭祀着百星。主管者与陪同祭祀的官员会都面朝北面，按照班行站立。在宫架乐结束之后，而鼓吹还没有响起的时候，内外共数十万人严肃地站立着，只能听到轻风吹过环佩的声音。一位执掌礼仪的官员喝道："赞一拜。"众人皆礼拜，郊祀之礼至此而结束。

· 宋　佚名　《大傩图》

郊毕驾回

驾自"小次"，祭服还"大次"，惟近侍椽烛[1]二百余条，列成围子。至"大次"，更服衮冕[2]，登大安辇（辇如玉辂而大，无轮，四垂大带）。辇官服色，亦如挟路者。才升辇，教坊在外壝东西排列，钧容直先奏乐，一甲士舞一曲破讫，教坊进口号，乐作，诸军队伍鼓吹皆动，声震天地。回青城，天色未晓，百官常服入贺。赐茶酒毕，而法驾仪仗、铁骑鼓吹入南薰门。御路数十里之间，起居幕次，贵家看棚，华彩鳞砌，略无空闲去处。

注释

[1] 椽烛：像椽子一样的大烛。苏轼《武昌西山》："岂知白首同夜直，卧看椽烛高花摧。"

[2] 衮（gǔn）冕：衮衣和冕。古代帝王、上公所穿的礼服和礼冕。

译文

皇上穿着祭服，车驾从"小次"回到"大次"，身边只有服侍的人拿着二百多条椽烛，排列成一个圆圈。到"大次"的时候，换上衮龙服，登上大安辇（辇和玉辂相似，但大一些，没有车轮，四角有垂下来的大带子）。辇官身穿的衣服颜色也和夹道的侍卫一样。才升上车辇时，教坊就已经在外面矮土墙的东西两边排列好了，钧容直先奏起音乐。一位甲胄之士先舞一出曲破，然后教坊进呈口号，乐曲响起时，诸军队伍的鼓吹齐鸣，声震天地。皇驾回到青城，天色还没有完全变亮。百官穿着平常的衣服进宫朝贺，在皇帝赏赐茶酒之后，法驾、仪仗、铁骑、鼓吹进入南薰门。在数十里的御路之间，皇上起居所用到的幕次，以及权贵之家搭建的看棚，华丽精彩，鳞次栉比地堆砌在一起，没有一点空闲的地方。

·宋　王诜《玉楼春思图》

下　　赦

车驾登宣德楼，楼前立大旗数口[1]，内一口大者，与宣德楼齐，谓之“盖天旗”。旗立御路中心不动。次一口稍小，随驾立，谓之“次黄龙”。青城、太庙，随逐立之，俗亦呼为“盖天旗”。亦设宫架。乐作，须臾，击柝之声，旋立鸡竿，约高十数丈，竿尖有一大木盘，上有金鸡，口衔红幡子，书“皇帝万岁”字。盘底有彩索四条垂下，有四红巾者争先缘索而上，捷得金鸡红幡，则山呼谢恩讫。楼上以红绵索通门下一彩楼，上有金凤衔赦而下，至彩楼上，而通事舍人[2]得赦宣读。开封府、大理寺[3]排列罪人在楼前，罪人皆绯缝黄布衫，狱吏皆簪花鲜洁，闻鼓声，疏枷[4]放去，各山呼谢恩讫，楼下钧容直乐作，杂剧、舞旋，御龙直装神鬼，斫真刀倬刀。楼上百官赐茶酒，诸班直呈拽马队，六军归营，至日晡时，礼毕。

注　释

[1] 口：量词。唐代杜佑《通典》卷一百五十二《兵五》：“置旗一口、鼓一面。”

[2] 通事舍人：官名。始于东晋，掌管诏命以及奏呈案章等。杜佑《通典》卷二十一《职官三》：“初，魏置中书通事舍人官，其后历代皆有，然非今任。隋初罢为谒者官，置通事舍人十六员，承旨宣传。”

[3] 大理寺：官署名，掌刑狱案件的审理。秦汉时称为廷尉，北齐时改

廷尉为大理卿，是最高的审判机构。

[4] 疏枷：打开枷锁。文天祥《文山集》卷十七：“十一月二日，疏枷，惟系颈以索，得出户。”

·宋　赵佶　《芙蓉锦鸡图》

译文

皇上登上宣德楼。楼的前面竖起几面大的旗帜，其中有一面大旗与宣德楼一样高，称为“盖天旗”。旗帜竖立在御路的中心，不会摇动。另一面旗帜稍微小一些，随着皇驾而竖立，称为“次黄龙”。在青城宫、太庙时，随着皇驾所在而竖立，世俗亦将其称为“盖天旗”。也设有宫架乐，音乐响起后，再过一小会儿，就会传来击柝之声，随即竖立起鸡竿，高度大约有几十丈，鸡竿的顶端有一大的木盘，上面有一只金鸡，口中衔着红色的幡子，写着“皇帝万岁”的字样。木盘的底端有四条彩色的绳索垂下来，有四条红巾，众人争先沿着绳索往上爬，看谁最先得到金鸡和红幡，得到后就要山呼“万岁”以示谢恩。结束之后，宣德楼上会用红锦索直通门下的一座彩楼，上面有金凤衔着赦书飞下来，直到彩楼上，而通事舍人得到赦书就要宣读了。开封府和大理寺将罪人排列在宣德楼前面，罪人全都穿着红色面料上缝有黄布的衣衫，狱吏的头上都簪着花并且穿着鲜艳洁净的衣服，听到鼓声后，将罪人的枷锁打开将其放去。众人都山呼“万岁”以示谢恩。结束后，楼下的钧容直开始奏乐，杂剧表演回旋舞，御龙直装扮鬼神，用真刀倬刀表演。赏赐楼上百官茶和酒，诸班直整理组织好马队，六军各自归营。到日晡之时，赦礼结束。

驾还诣诸宫行谢

驾还内，择日诣景灵东、西宫，行恭谢[1]之礼三日。第三日毕，即游幸别宫观或大臣私第。是月卖糍糕、鹑、兔方盛。

注释

[1] 恭谢：皇帝所行的与郊祀相关的大礼。《宋史》卷二十三《钦宗本纪》：“（靖康元年三月）癸酉，诣景灵东宫行恭谢礼。”

译文

皇驾回到宫城中，选择日期到景灵东宫和景灵西宫，举行三日恭谢的礼仪。第三日礼仪结束，就到别的宫观游幸，或者到大臣的私人宅第。这个月是售卖糍糕、鹌鹑、野兔最兴盛的时候。

· 宋　王希孟　《千里江山图》局部

十 二 月

十二月，街市尽卖撒佛花、韭黄、生菜、兰芽、勃荷[1]、胡桃、泽州饧。初八日，街巷中有僧尼三五人，作队念佛，以银铜沙罗或好盆器，坐一金铜或木佛像，浸以香水，杨枝洒浴，排门[2]教化[3]。诸大寺作浴佛会，并送七宝五味粥与门徒，谓之“腊八粥”。都人是日各家亦以果子、杂料煮粥而食也。腊日，寺院送面油[4]与门徒，却入疏教化[5]上元灯油钱。闾巷家家互相遗送。是月，景龙门预赏元夕于宝箓宫，一方灯火繁盛。二十四日交年[6]，都人至夜请僧道看经，备酒果送神，烧合家替代钱纸，帖灶马[7]于灶上。以酒糟涂抹灶门，谓之“醉司命”[8]。夜于床底点灯，谓之“照虚耗”。此月虽无节序，而豪贵之家，遇雪即开筵，塑雪狮，装雪灯、雪□[9]，以会亲旧。近岁节，市井皆印卖门神、钟馗、桃板[10]、桃符，及财门钝驴、回头鹿马、天行帖子。卖干茄瓠、马牙菜、胶牙饧之类，以备除夜之用。自入此月，即有贫者三数人为一火，装妇人、神鬼，敲锣击鼓，巡门乞钱，俗呼为“打夜胡”，亦驱祟之道也。

注 释

[1] 勃荷：即薄荷。

[2] 排门：逐门挨户。

[3] 教化：宣讲佛道，又有乞讨之义。元代郑廷玉《看钱奴》第四折：

“大清早起，利市也不曾发，这两个老的就来教化酒喫，被我支他对门讨药去了。”

[4] 面油：润面的油脂。宋代庞元英《文昌杂录》卷一：“礼部王员外言：今谓面油为玉龙膏，太宗皇帝始合此药，以白玉碾龙合子贮之，因以名焉。”

[5] 却入疏教化：然后再入疏以教化（乞讨）。入，进、呈。疏，讲清楚，说明缘由，或是类似化缘簿的册子。

[6] 交年：新旧岁交替，后又称小年。欧阳修《与颜直讲长道书》（其一）：“交年积雪，极寒，体况想佳，计行李不久当东，会见何时，千万加爱。”

[7] 灶马：绘印的灶神像。《日下旧闻考·风俗》引《月令广义》：“燕俗，图灶神锓于木，以纸印之，曰灶马，士民竞鬻，以腊月二十四日焚之，为送灶上天。”

[8] 司命：主宰命运的神。《楚辞·九歌》有“大司命”“少司命”。

[9] 雪□：“□”，原文缺此字。

[10] 桃板：桃木制作的木板，上有文字，与桃符功能相当。《抱朴子》卷十七“入山符”条：“上五符，皆老君入山符也。以丹书桃板上，大书其文字。”

译文

十二月，大街集市上全都是卖撒佛花、韭黄、生菜、兰芽、薄荷、胡桃、泽州饧的。初八这一天，街巷中有三五位僧人尼姑，他们组成一队，口中念佛，用银铜沙罗或是好的盆器，在上面坐落一尊金的、铜的或是木的佛像，容器内浸泡着香水，用杨树枝挥洒，使众人沐浴，挨家挨户地进行宣扬教化。各个大的佛寺会举行浴佛会，并且为门徒赠送七宝五味粥，称为“腊八粥”。京城里的各家各户也都在这天用果子、杂料煮粥来吃。在腊日，寺院会给门徒送上面、油，然后再拿出化缘簿向百姓乞讨上元节的灯油钱。大街小巷里家家户户相互馈送。这个月会在景龙门外的宝箓宫预先欣赏如同元宵节的风光，这一带的灯火尤其繁盛。二十四日是交年，京城里的人到夜间时请僧人、道士看经文，备办酒水果品以送神，烧一次合家替代烧纸钱，在厨灶上粘贴灶马。把酒糟涂抹在灶门上，称为“醉司命”。夜晚在床底点上一盏灯，称为“照虚耗”。这个月虽然没有节候时序，但是豪贵之家，在遇到雪天的时候就会开宴，堆雪狮子，并且装上雪灯、雪口，在此时会晤亲戚、故交。临近除夕岁节，大街集市上都在印刷售卖门神、钟馗像、桃板、桃符，以及财门钝驴、回头鹿马、天行帖子。还有卖干茄瓠、马牙菜、胶牙饧之类的，以备除夕之夜使用。自从到了这个月份的时候，就会有三几个穷人组成一伙，扮演妇人、神、鬼之类，敲着锣打着鼓，挨门挨户地乞讨，世俗称之为“打夜胡”，也是驱邪辟祟的一种方式。

· 宋　佚名　《寒塘凫侣图》

除　夕

至除日，禁中呈大傩仪[1]。并用皇城亲事官、诸班直，戴假面[2]，绣画色衣，执金枪龙旗。教坊使孟景初身品魁伟，贯[3]全副金镀铜甲，装将军。用镇殿将军二人，亦介胄，装门神。教坊“南河炭”[4]丑恶魁肥，装判官。又装钟馗小妹[5]、土地、灶神之类，共千余人，自禁中驱祟，出南薰门外转龙弯，谓之“埋祟”而罢。是夜，禁中爆竹山呼，声闻于外。士庶之家，围炉团坐，达旦不寐，谓之“守岁”[6]。

凡大礼与禁中节次，但[7]尝见习按[8]，又不知果为如何，不无脱略，或改而正之，则幸甚。

注　释

[1] 傩仪：古代在腊月时举行的驱疫驱鬼的仪式。《论语·乡党》：“乡人傩，朝服立于阼阶。”

[2] 假面：面具。宋代陈元靓《岁时广记》卷四十“为面具”条引《岁时杂记》曰：“除日作面具，或作鬼神，或作儿女形，或施于门楣。驱傩者以蔽其面，或小儿以为戏。”

[3] 贯：穿戴。

[4] 南河炭：在这里指人的绰号。

[5] 钟馗小妹：民间有“钟馗嫁妹”的传说。

[6] 守岁：此风俗之记载始于晋代周处《风土记》，今犹存之。苏轼有

《守岁》诗，其诗题曰："至除夜，达旦不眠，为守岁。"

[7] 但：只是。

[8] 习按：演习、演练。

译文

到了除夕节的时候，皇宫中会呈现盛大的驱傩仪式。队伍中全是皇城里的亲事官、诸班直，他们戴着假面具，穿着绣有图画的彩色衣服，拿着金枪、龙旗。教坊使孟景初身材魁梧，全身上下穿着一整副镀金的铜甲，装扮将军。又选用两个镇殿将军，也穿戴着甲胄，装扮门神。教坊南河炭丑陋、凶恶、魁梧、肥大，装扮判官。又有装扮为钟馗小妹、土地神、灶神之类的，总共有一千多人，从皇宫开始驱除邪祟，然后走出南薰门外的转龙弯，称为"埋祟"，之后才结束。这一晚上皇宫中传出爆竹声、山呼声，声音传到皇城外。士人百姓之家，众人围着火户团团坐定，通宵达旦地不睡觉，称为"守岁"。

但凡是大的典礼和皇城中的节候，我只是曾经见过演习而已，并不知实际到底如何。难免会有所脱漏，如果有人能够修改进而使之正确，那就再好不过了。

附　　录

《百川书志》卷五《东京梦华录》提要

《东京梦华录》十卷，宋幽兰居士孟元老追记胜国时事也，八十六则。赵师侠曰："其事关宫禁、典礼，得之传闻，不无谬误。若市井游观、岁时货物、民情风俗，尚见闻习熟，皆得其真。"

《少室山房集》卷一百四《读〈东京梦华录〉》

《东京梦华录》四卷，记汴中风俗、时序、景物，以及祠宇、楼观甚详，信宋人之好事也。其辞颇猥俚，而开卷见当时全盛风华，种种目睫。吾尝欲稍加剪饰，合南渡《武林旧事》刻之，便自觉两都遗习烂漫著人。宋虽弱运，犹远胜今之秣陵燕市也。

《四库全书总目》卷七十《东京梦华录》提要

宋孟元老撰。元老始末未详。盖北宋旧人，于南渡之后，追忆汴京繁盛，而作此书也。自都城、坊市、节序、风俗，及当时典礼、仪卫，靡不赅载。虽不过识小之流，而朝章国制，颇错出其间。核其所纪，与《宋志》颇有异同。如《宋志》南郊仪注，郊前三日，但云"斋于大庆殿、太庙及青城斋宫"，而是书载车驾宿大庆殿仪，驾宿太庙奉神主出室仪，驾诣青城斋宫仪，委曲详尽。又如郊毕解严，《宋志》但云"御宣德门肆赦”，而是书载下赦仪，亦极周至。又行礼仪注，《宋志》有“皇帝初登坛，上香奠玉币仪，既降盥洗，再登坛然后初献”，而是书奏请驾登坛即初献，无上香献玉帛仪。又太祝读册，《宋志》列在初献时，是书初献之后再登坛，始称读祝，亦小有参差。如此之类，皆可以互相考证，订史氏之讹舛。固不仅岁时宴赏，士女奢华，徒以怊怅旧游，流传佳话者矣。

附

北宋　张择端《清明上河图》